나쁜 습관
다 루 기

나쁜 습관 다루기

김해원 지음

어떻게 해야 나쁜 습관을 고칠 수 있을까?

★★★★★

나쁜 습관 하나가
성공 습관
100개를 죽인다.

바른북스

정신 차리자

공자(孔子)는 아침에 도(道)를 깨달으면 저녁에 죽어도 좋다고 했다. 공자의 말처럼 도를 깨달아서 죽은 사람이 있다면, 이 세상에 수도하는 사람이 남아 있을 리 없다. 공자는 도를 깨닫는 것은 죽음과도 바꿀 수 있을 정도로 귀하다는 것을 에둘러 말한 것이다. 도를 깨닫는다는 것은 새롭게 다시 태어난다는 말이다. 노자(老子)가 도를 도라고 말하면 도가 아니라고 말을 했듯이, 도라는 것은 특정 지어 정의할 수 없는 형이상학적인 의미를 지녔다. 쉽게 말해서 도라는 것은 자연의 이치, 세상이 돌아가는 순리, 기준과 원칙, 인간의 도리 등으로 이해하면 된다. 도를 깨닫는 순간은 시공간의 차원을 넘어서는 매우 신비로운 체험이다. 얼음으로 변한 물을 보고 하염없이 움직이는 물도 휴식이 필요할 때가 있구나 하는 생각이 새로운 발견이고, 그런 생각이 깨달음의 기쁨을 준다.

이 책은 나쁜 습관으로 고민하는 사람들에게 특별한 깨달음의 기쁨을 주는 책이다. 사람들은 어찌하여 작심(作心)한 것을 3일(三日)도 채 넘기지 못하고 포기하는 것일까? 또 목표와 계획은 근사하게 세워 놓고 어찌하여 실행하지 못하는 것일까? 또 새해 첫날 기필코 금주 금연을 하겠다고 결심한 사람이 채 3일도 지나지 않아서 실패하는 근본원인은 무엇일까? 또 음주운전에 적발되어 면허취소를 당한 사람이 무면허로 음주운전 해서 패가망신을 당하는 이유는 무엇일까? 또 마지막으로 딱한 번 기회를 달라고 애원하던 사람이 다시금 유혹에 빠져 나쁜 행동을 하는 근본원인은 어디에 있을까? 모든 것은 습관(習慣)에 있다. 애초에 좋은 습관을 가졌다면 음주운전을 하거나 어처구니없는 실수를 하지 않았을 것이다. 그런데 좋은 습관을 가진 사람도 나쁜 행동으로 인해 실수를 한다. 호학자로 불리는 성인(聖人) 공자도 사람을 잘못 보는 실수를 했고, 마음먹은 바를 올바르게 실천하지 못한 것을 반성했을 정도니, 보통사람들이 실수하는 것은 지극히 당연하다. 그렇다고 번번이 실수를 반복하는 행위를 좌시하는 것은 자기 인생을 불행으로 몰고 가는 단초가 된다.

이 책의 요지는 공자의 수제자 안회(顔回)처럼 어떻게 하면 동일한 실수를 반복하지 않을까에 대한 답을 찾는 데 있다. 또, 한번 마음먹은 것을 어떻게 해야 끝까지 포기하지 않을까에 대한 답을 찾는 데 있다. 공자는 『논어』에서 자기를 다스리지 못하는 사람은 남을 다스릴 수 없다고 했다. 또 남을 아는 사람은 지혜롭고 자기를 아는 사람은 명석하다고 했다. 그렇다. 세상에서 제일 가장 강한 사람은 남을 이기는 사람이 아니라, 자기를 이기는 사람이다. 예컨대, 동일한 실수를 반복하거나 번번이 중도에 포기하는 사람은 또다시 그럴 공산이 크다. 그러므로 특단의 처방을 해야 한다. 어제의 방법으로는 오늘의 문제를 풀 수 없다. 또 동일한 방법을 고수하면서 풀리지 않는 문제가 풀릴 것이라고 생각하는 것은 바보짓이다. 아울러, 실수를 통해 배우면 그만이라는 생각으로 실수에 대해 너무 안일하게 대처한 것은 아닌지를 돌아봐야 한다. 사실 이 책은 나쁜 습관을 제거하고 보다 떳떳한 인생을 살려고 노력하는 50대 중년 남성의 반성문이다. 또 자기와의 소통을 통해 새로운 자기를 발견하고, 사랑하는 가족들에게 존경받는 가장(家長)으로 거듭나고자 하는 보통사람의 출사표이다. 모쪼록, 그간 나쁜 습관을 고치기 위해 온갖 수단과 방법을 썼는데도 도루묵이었다면 이제 다시 시작하자. 이제라도 늦지 않았다. 이제 더 이상 나쁜 습관을 방치하다가는 평생 쌓아 온 당신의 업적과 평판 등 모든 것이 일시에 무너질 수 있다. 자! 모든 문제를 해결하는 답은 이미 내 안에 있다. 그러므로 자기와의 소통을 통해 그 해답을 찾아 실천하면 된다는 생각을 품고, 새 인생의 포문을 열어 보자. 이 책의 내용이 나쁜 습관을 고치는 명약이 되기를 간절히 희망한다.

2023년 어느 여름날
황금빛 쇳물이 용트림하는 햇빛촌 광양에서 저자 김해원 올림

목차

CHAPTER 6.

위기관리
스킬

에필로그: **평생 해야 하는 숙제**

DEALING WITH BAD HABITS

CHAPTER 1.

자기와의
싸움

01.

이겨 놓고 싸운다

　　나쁜 습관을 고칠 요량이면, 실행 전 마음의 준비가 필요하다. 모든 일은 준비에서 성공 여부가 결정된다. 『손자병법』에 선승구전이라는 말이 있다. 이 말은 전쟁을 하기 전에 이미 이겨 놓고 싸움을 하라는 말이다. 또 평온한 시기에 혼란에 대비해서 준비해야 한다는 거안사위(居安思危)나 준비하면 근심이 없다는 유비무환(有備無患)이라는 말과 유사하다. 돈을 벌기 위해서는 기본적으로 경제적인 지식이 있어야 하고 축구를 잘하기 위해서도 축구에 대한 기술적인 지식을 습득해야 한다. 그러므로 자신의 무의식에 새겨진 나쁜 습관을 고칠 요량이면 그것을 고치는 데 필요한 것이 무엇이고, 무엇을 학습해야 하는지를 아는 것이 중요하다. 공자는 안다는 것은 자기가 알고 있는 것이 무엇이고 모르는 것이 무엇인지를 아는 것이라고 했다. 마찬가지로, 자기가 나쁜 행동을 하지 않기 위해서는 무엇을 알아야 하는지를 알아야 한다. 가장 기본적으로 알아야 하는 것은 자기 수양에 관한 것이다. 자기 수양에 필요한 것을 먼저 익혀서 자기 마음 안에 나쁜 습관으로 점철되어 있는 나쁜 기운을 없애는 것이 필요하다. 단순히 나쁜 행동을 하지 않겠다고 결심하는 것은 군인이 무기 없이 승리하겠다는 굳은 결심만을 가지고 전쟁터에 나가는 것과 같다. 그러므로 나쁜 습관을 고칠 요량이면 그에 필요한 이론적인 지식을 익히는 것이 무엇보다 중요하다. 이는 마치 농부가 씨앗을 파종하기 전에 토양을 가꾸는 것과 같다. 더불어 자기가 고치고자 하는 나쁜 습관이 어떤 특성을 가지고 있는지를 파악하여, 그 특성에 맞는 기본 지식을 습득해야 한다. 또 나쁜 행동을 하게 되는 행동 원리, 의식과 무의식, 생각과 감정의 속성 등 인간의 본능적인 욕구나 행동 원리에 대해 아는 것이 중요하다. 산업 현장에서도 안전사고를 예방하기 위해 사고를 일으키는 인간 행동의 메커니즘에 대한 지식 등 안전 관련 지식을 습득하고 안전 활동에 임하고 있다. 또 변화와 혁신을 위해서도 가장 먼저 그에 필요한 이론적 지식을 습득한다. 왜냐하면 아는 만큼 보이고, 보이는 만큼 느끼며, 느끼는 만큼 행동하기 때문이다.

나쁜 습관을 고치거나 제거하는 것도 자기 변화관리 영역에 속한다. 그렇다면 자기를 변화시키기 위해 무슨 지식을 습득해야 할까? 최우선적으로 알아야 하는 것은 자기를 아는 것이다. 즉 자기의 생각과 감정, 그리고 행동 패턴(Pattern)을 아는 것이 매우 중요하다. 이에 더하여, 자기 마음을 다스리는 이론적인 지식을 습득해야 한다. 어디서부터 어떤 지식을 습득해야 하는지에 대한 생각이 모호하다면 그 해답을 중국 고전에서 찾는 것도 좋다. 즉 성인들의 말씀을 토대로 자기 마음을 단련하고 혼란스럽고 복잡한 자기 생각을 맑게 정화할 필요가 있다. 아울러 학습의 끈을 놓는 순간 다시금 나쁜 행동을 하게 된다는 생각으로 끊임없이 학습해야 한다. 가장 기본적으로 『논어(論語)』, 『대학(大學)』, 『명심보감(明心寶鑑)』, 『손자병법(孫子兵法)』, 『도덕경(道德經)』, 『한비자(韓非子)』 등은 수시로 학습해야 한다. 특히 『논어』에서는 자기 안에 담아야 하는 오상(五常)이 무엇인지를 익히고, 『대학』에서는 가장 큰 배움이 무엇인지를 알며, 『명심보감』에서는 마음을 닦는 주옥같은 글을 마음에 새겨야 한다. 또, 『손자병법』에서 자기 마음 안에서 일어나는 갈등과의 전쟁을 승리로 이끌 수 있는 전략(戰略)을 배우고, 『도덕경』에서 자연을 닮은 삶이 무엇인지를 익히며, 『한비자』에서 주변 사람들의 유혹에 쉽게 넘어가지 않는 술책(術策)을 익혀서 자기 생활의 주도권을 확고히 다져야 한다. 그러기 위해서는 마음의 근력을 길러 주는 지식, 마음의 아픔을 달래는 지식, 마음 씀씀이를 올곧게 유지하는 데 필요한 지식 등 마음을 다스리는 지식을 익히는 것이 필요하다. 모든 것은 마음먹기에 달려 있고, 마음을 먹어야 마음속에서 마음이 자란다. 그런 생각으로 자기 마음을 다스리는 데 필요한 지식을 습득하자. 자기를 제일 잘 아는 사람은 자기 자신이다. 즉 자기가 나쁜 행동을 하지 않을 요량이면 자기 특성에 맞게 취사선택해서 익혀야 실효성이 높다. 나쁜 행동을 고치면 그만인데 굳이 이론적인 지식을 배우고 익혀야 하는 이유는 지식을 습득하는 과정에서 이미 나쁜 행동의 반이 고쳐지기 때문이다. 나쁜 행동을 고치는 데 필요한 지식을 습득하는 행동은 좋은 행동이고 좋은 습관이다. 즉 배우고 익히는 것 자체가 좋은 습관을 배양하는 과정이고 그것이 습관화되면 나쁜 습관이 제거된다. 그런 관점에서 배우고 익혀야 하는 것이 많으면 많을수록 좋다. 그렇다고 배우기만 하고 행동하지 않으면 아무런 의미가 없다. 즉 배우고 익혔다면 그것을 실천해야 한다.

공자는 『논어』에서 올바른 행동을 하는 사람은 배우지 않았어도 이미 배운 사람이라고 했다. 배우는 것이 결과적으로 행동으로 이어질 때 진정으로 열매를 맺는다. 이론적인 지식을 습득하다 보면 그간에 자신이 너무도 모르고 행동했다는 것을 알게 된다. 또 그간에 왜 번번이 작심삼일로 끝났는지 그 근본원인을 발견하게 된다. 사실 이론적인 지식을 습득하는 과정은 좋은 습관을 형성하는 과정이다. 또, 무엇을 어떻게 해야 할지에 대한 전략을 세우는 과정이다. 또 복잡하고 혼란스러운 생각을 정리하는 시간이고, 마음의 안정과 정서적인 안정을 꾀하는 시간이다. 엄밀하게 말해서 배우고 익히는 것은 그 본질을 알아가는 것이고, 그간에 생각하지 못한 창의력을 기르는 것이다. 또 눈에 보이지 않는 것을 볼 수 있는 혜안을 기르고, 귀로 들을 수 없는 소리를 들을 수 있는 감각을 기르는 과정이다. 공자는 나이 60을 이순(耳順)이라고 했는데, 귀가 순해진다는 의미는 들으면 굳이 분석하지 않아도 저절로 이치를 이해한다는 의미이다. 이처럼 배우고 익히는 것은 저절로 이치를 알게 되는 경지에 이르는 과정이다. 또 배우고 익히는 과정이 바로 자기의 불필요한 생각과 행동을 제거하는 과정이다.

일반적으로 사람들은 성공하기 위해 성공 습관을 배우려고 하지만 나쁜 습관에 대해서는 공부를 하지 않는다. 왜냐하면, 좋은 습관을 기르면 저절로 나쁜 습관이 고쳐질 것이라고 착각하기 때문이다. 하지만 성공의 반열에 올라도 나쁜 습관 하나가 그 모든 것을 무너뜨릴 수 있다는 것을 알아야 한다. 그러므로 성공을 꿈꾸고 있다면 성공 습관만 배울 것이 아니라 나쁜 습관에 관한 것도 배워야 한다. 대부분의 사람들이 성공에 중독되어 성공을 쫓다 보면 그로 인해 나쁜 습관이 형성되는 것을 인지하지 못한다. 그렇다. 성공에만 치중하다 보면 나쁜 습관이 시나브로 무의식에 새겨지는 것을 인지하지 못한다.

이제라도 늦지 않았다. 그간에 성공 습관을 많이 쌓았다면, 이제는 나쁜 습관을 고치고 제거할 때이다. 나쁜 습관은 결코 저절로 사라지지 않는다. 그러므로 나쁜 습관을 발본색원(拔本塞源)하여 제거할 요량이면 나쁜 습관의 속성을 배우고 익혀야 한다. 그래서 나쁜 습관이 성공 습관을 잠식하지 못하도록 해야 한다. 비옥한 토양에 좋은 씨앗을 뿌려도 잡초가 많으면 채소가 제대로 성장할 수 없다. 잡초는 뿌리째 뽑아내지 않으면 다시 살아난다. 나쁜 습관은 우리 인생의 토양에 기생하는 잡초와 같다. 그러므로 나쁜 습관의 뿌리가 완전히 제거될 때까지 끊임없이 배우고 익히며 실천하자.

02.

제일 먼저 나를 안다

자기와의 소통 능력을 강화하기 위해서는 수시로 자기의 현실을 직시(直視)해야 한다. 즉 현재 자신이 보유한 자산과 건강 상태 등 자기가 동일한 실수를 반복하는 데 영향을 주는 모든 요소에 대해서 현실적으로 세세하게 따져봐야 한다. 손자는 승산이 있는 싸움인지를 저울질해서 이길 수 있을 때 전쟁을 하고 그렇지 않으면 뒤로 물러나 부족분을 채우고 전쟁에 임해야 한다고 했다. 마찬가지로, 동일한 실수를 반복하는 자기와의 싸움에서 이기기 위해서는 최소한 자기가 처해 있는 현실은 어떠하고 자기가 쓸 수 있는 패는 어떤 패가 있는지를 세세하게 따져 봐야 한다. 건강 상태도 좋지 않고, 가진 재원이 일천한데 무조건 무의식에 있는 나쁜 습관과 설불리 전쟁을 벌이는 것은 무모한 짓이다.

손자는 전쟁에 임하기 전에 최소한 5가지를 따져봐야 한다고 했다. 첫째는 도(道), 백성들의 뜻은 어떠한지, 둘째는 천(天), 하늘의 상태는 어떠하고, 셋째는 지(地), 지리적인 상황은 어떠하며, 넷째는 장(壯), 인적인 측면, 다섯째는 법(法), 법과 제도적인 측면 등 5가지 요건을 살펴서 승산이 있다고 판단되면 전쟁을 하라고 했다. 이와 마찬가지로 동일한 실수를 반복하지 않으려면 현실적으로 자신의 상태를 파악해서 자기가 처한 현실을 마음에 깊이 새겨야 한다. 진정으로 자기가 행하고자 하는 뜻이 도의적으로 어긋남이 없고 널리 세상을 복되게 하는 정의로운 것인지를 따져보고, 주변 상황은 어떠한지를 따져 봐야 한다. 또 인적, 물적, 제도적인 측면에서 충분히 준비가 되어 있는지를 따져 보고 이길 수 있다면 자기 안에 있는 나쁜 습관과 단판 승부를 걸어야 한다. 반면에 시간과 환경적인 여건, 그리고 제반 상황이 동일한 실수를 반복할 수밖에 없는 여건이라면 잠시 보류하는 것이 상책이다. 손자는 싸우지 않고 승리하는 부전승(不戰勝)이 가장 이상적인 승리라고 했다. 이와 마찬가지로 자기와의 싸움에서 승리할 요량이면 이길 수밖에 없는 환경적, 인적, 경제적, 물리적 여건 등을 완벽하게 갖춰야 한다. 준비하면 기회가 온다는 말이 있듯이 자기와의 싸움에서 이길 수 있는 충분한 조건이 충족되면 자기 무의식에 새겨진 나쁜 습관이 순순히 백기를 들지도 모른다. 사실 준비가 완벽하면 굳이 싸울 필요가 없다. 왜냐하면 이미 승리한 상태이기 때문이다. 아울러 현실을 직시할 때 지극히 객관적인 사실에 입각하여 준비하는 것이 필요하다. 내가 나를 모르는데 넌들 나를 알겠느냐는 유행가 가사가 있듯이 자신의 현실은 자기가 제대로 파

나쁜 습관 다루기

악하지 못하는 경우가 많다. 특히 지식과 경험이 일천하면 더욱 그러하다. 그러므로 자기의 힘으로 자기와의 싸움이 역부족이라면 타인의 도움을 받아야 한다. 더불어 자기가 나쁜 습관을 가지고 있다는 것을 다른 사람에게 알리는 것 자체만으로 문제의 반은 해결 가능하다.

대부분의 사람들이 동일한 실수를 반복하는 근원적 이유 중 하나는 자신의 실수를 남들이 모른다고 생각하기 때문이다. 그런 관점에서 볼 때, 금주 금연을 결심했다면 제일 먼저 주변 사람들에게 알리는 것이 실행력 증진에 도움이 된다. 인간은 사회적인 동물이라는 점을 감안하면 사람들은 자기가 하고 싶은 것이 있어도 다른 사람들 눈을 의식해서 일정 부분 절제하는 경향이 있다. 실제로 금주 금연에 성공한 사람들은 주변 사람들에게 자신의 결심을 알리고 직간접적으로 그들의 도움을 받았다고 말한다. 물론 혼자서 자신의 나쁜 습관을 고치는 것이 제일 바람직하다. 왜냐하면 다른 사람의 도움을 받아서 해결한 것은 언제든 재발 가능성이 높기 때문이다. 진정한 변화는 자기 마음에서 비롯된다. 그래서 선인들은 혼자 있어도 하늘을 우러러 한 점 부끄러움이 없는 신독(愼獨)의 생활을 자기 수양의 최고 덕목(德目)으로 꼽았다. 악습을 끊고 새로운 사람으로 거듭나는 과정은 송골매가 새롭게 거듭나기 위해 자신의 발톱과 부리를 뽑아내는 고통을 감내하는 과정과 같다. 즉, 나쁜 습관을 고치는 것은 나쁜 습관을 고치겠다는 생각만으로 해결할 수 있는 단순한 문제가 아니다. 그렇게 쉽게 끊을 수 있는 나쁜 습관이라면 그것은 우연한 행동이지 습관이 아니다.

일반적으로 혁신의 첫걸음은 3현(現)에서 시작된다. 즉 현장에서 현물을 보고, 현상을 명확하게 파악하는 것이 변화와 혁신의 첫걸음이다. 현장에 맞지 않는 변화는 또 다른 문제를 야기할 뿐이다. 그런 점에 입각하여 자신의 동일한 실수를 반복하는 습관을 제거할 요량이면 가장 먼저 자신이 처한 현실을 냉정하게 따져 봐야 한다. 앞서 손자가 전쟁을 하기 전에 최소한 '도천지장법'에 의해 승산을 따져 봐야 한다고 말을 했듯이 뭔가를 개선하기 위해서는 현상치가 정확해야 한다. 측정되지 않는 것은 개선할 수 없다. 즉 현재의 측정치가 어느 정도인지를 알아야 목표치를 정할 수 있고, 그 목표치에 따라 해결수단과 방법을 정하게 된다. 그러므로 나쁜 습관을 제거할 요량이면 현재 자신의 상태가 어떤 상태이고 어느 정도의 상태에 이르도록 변화를 할 것이라는 목표치를 명확하게 정할 필요가 있다. 아울러 보다 명확하고 정밀하게 현상을 파악하기 위해서는 그에 따른 지식을 충분히 보유하고 있어야 한다. 동일한 현상에 대해 비전문가와 전문가의 견해 차이는 매우 크다. 그러므로 현상을 명확하게 파악하기 위해서는 그에 필요한 전문지식을 익히는 것도 필요하다. 왜냐하면 현상을 보고 문제로 정의되는 것만이 해결 가능하기 때문이다. 그래서 자기의 힘으로 성공적인 변화가 어렵다면 전문가의 도움을 받아서라도 성공적인 변화를 꾀해야 한다. 제자가 준비가 될 때 스승이 나타나고 준비가 기회를 부른다는 말의 의미에는 뭔가를 얻기 위해서는 그에 상응하는 정도의 준비가 필요하다는 의미가 담겨 있다. 그러기에 목표가 원대하면 원대할수록 더 많은 준비를 해야 하고, 개선의 목표가 크면 클수록 더 많은 준비를 해야 한다. 사실 동일한 실수를 반복적으로 행하는 나쁜 습관을 제거한다는 것은 결코 쉬운 일이 아니다. 인간의 두뇌를 연구하는 학자들은 나쁜 습관은 제거할 수 없으며, 좋은 습관을 형성하여 나쁜 행동을 행하지 않는 것이 최상의 방법이라고 말한다. 즉 무의식에 새겨진 나쁜 습관을 제거한다는 것은 거의 불가능하기 때문에 좋은 습관으로 대체해야 한다고 말한다. 왜냐하면 무의식에 새겨진 나쁜 습관을 기억하고 있는 세포가 살아 있기 때문이다. 또 나쁜 습관을 행하도록 신경회로에 길이 나 있기 때문이다.

결론적으로 인간이 숨을 멈추는 순간 나쁜 습관이 죽는 것이지, 살아 숨 쉬는 동안에는 나쁜 습관이 결코 죽지 않는다. 그러므로 나쁜 습관을 제거할 요량이면 나쁜 습관을 기억하고 있는 세포를 죽이면 된다. 아인슈타인은 인간은 6,000억 개의 두뇌 세포 중 10% 정도만 활용한다고 했다. 이는 90%는 활용하지 않고 있다는 말이다. 두뇌 활용은 그야말로 무한하다. 중요한 것은 두뇌 세포 중 장기간 활용하지 않는 세포는 죽는다는 점이다. 이점에 착안하여 나쁜 습관이 새겨진 세포를 장기간 활용하지 않는 것이 그나마 죽지 않고 나쁜 습관을 제거할 수 있는 최상의 방법이다. 그러므로 나쁜 습관을 제거할 요량이면 첫째, 다른 세포를 많이 활용하여 나쁜 습관을 기억하고 있는 세포들이 활동하지 못하도록 해야 한다. 둘째, 나쁜 습관이 다니는 신경회로의 길을 차단한다. 셋째, 본연의 순수하고 착한 자기다운 자기를 찾는다. 이러한 3가지 미션을 잘 실천한다면 능히 나쁜 습관을 정복할 수 있다. 아울러

이 3가지 미션을 지속적으로 실천하기 위해서는 자기와 끊임없이 소통해야 한다. 객관적인 현실 속에서 사는 의식의 자기도 자기이고, 심리적인 현실 속에서 사는 무의식의 자기도 자기이다. 모든 사람들은 2개의 얼굴을 가지고 살고 있다. 굳이 어떤 얼굴이 진면목인가를 따지자면 무의식의 자기가 진정한 자기이다. 그런데 사람들은 의식이라는 가면을 쓰고 산다. 간혹 무의식을 드러내는 삶을 살기도 하지만 대부분의 사람들은 다른 사람들과 상생해야 한다는 생각에 남을 의식하면서 산다. 그래서 동일한 실수를 반복적으로 행하는 나쁜 행동을 자기 혼자 있을 때 주로 행한다. 공자가 『논어』에서 군자는 자기 혼자 있어도 부끄러운 행동을 하지 않고 삼가야 한다는 신독(愼獨)의 생활이 자기 수양의 전부라고 하는 이유가 여기에 있다.

03.

긴급사태를 선포한다

동일한 실수를 반복하는 나쁜 행동을 하지 않으려고 결심했다면 수시로 긴장의 끈을 다시 옥죄는 특별 기간을 정해서 생활해야 한다. 나쁜 행동을 하지 않으려고 해도 방심한 나머지 자기도 모르게 습관적으로 나쁜 행동을 하는 경우가 있다. 그런 때에는 그 시점을 기점으로 나쁜 행동을 절제하는 특별 기간으로 정해서 자기 생활의 긴급사태를 선포해야 한다. 그래서 일정 기간 금식을 하는 등 스스로 자기에게 체벌을 가해야 한다. 또 그 기간에는 일상적인 생활이 아니라 특별하게 행동해야 한다. 묵언(黙言)을 수행하는 것도 좋고, 한쪽 팔을 쓰지 않거나 금식을 하면서 자기반성의 시간을 가져야 한다. 그렇지 않고 마음속으로 더 이상은 하지 않겠다고 결심만 다지는 것은 또다시 나쁜 행동을 할 확률이 높다. 또 아무도 모르게 해서 괜찮다고 생각하거나 스스로 나쁜 행동을 한 것에 대해 면죄부를 내리는 것은 또다시 나쁜 행동을 하겠다고 다짐하는 것과 같다. 그러므로 나쁜 행동을 했거나 나쁜 행동을 하려고 생각했다면 즉시 자기를 단죄하는 체벌을 가해야 한다. 왜냐하면 나쁜 행동을 생각하는 것 자체만으로도 무의식은 실제로 나쁜 행동을 한 것이라고 인식하기 때문이다. 그렇다. 생각하고 상상한 것만으로도 이미 나쁜 행동을 한 것이다. 그러므로 나쁜 행동을 제거할 요량이면 나쁜 행동을 하고 싶은 생각조차 하지 않아야 한다. 더불어 룰이 바뀌고 환경이 바뀌면 즉시 자기 생활의 비상계엄을 선포하여 일정 기간 자기의 행동거지에 신중을 기하는 것이 상책이다. 룰(Rule)과 환경이 바뀌었음에도 불구하고 그것을 인지하지 못하거나 이제까지 생활해 온 패턴(Pattern)대로 생활해도 크게 문제 될 것이 없다는 생각으로 대응하는 것은 안일한 처사이다. 그러므로 극히 미세한 변화가 생겼더라도 자기 생활에 분명히 큰 변화가 생길 것이라는 생각으로 일정 기간을 특별 기간으로 정해서 자기 행동에 신중을 기해야 한다. 일반적으로 평소와 다른 환경에서 색다른 룰과 프로세스에 의해서 생활해야 하는 상황에 처하면 왠지 어색하고 뭔가 2% 부족한 듯 행동하게 된다. 그런 불안한 행동이 사고를 부르고 전혀 생각하지 않는 방향으로 일이 진행되게 한다. 그러므로 룰과 환경의 변화에도 불구하고 자기 생활의 안정을 기하기 위해서는 자기가 어떻게 처신하는 것이 올바른지에 대한 생각을 깊이 있게 해서 행동해야 한다. 아울러 변경된 룰과 환경의 세세한 사항을 면밀히 살펴서 현재 기존과 같이 행하면 어떤 문제가 발생되는지,

나쁜 습관 다루기

혹은 변경된 룰과 환경에 영향을 받지 않고 자기만의 삶의 패턴을 유지하기 위해서는 어떻게 해야 하는지를 강구하여 만반의 준비를 해야 한다. 그렇지 않고 아무런 준비 없이 변화된 룰과 환경에 맞서다 보면 득보다 실이 많다. 아울러 변화된 룰과 환경에 따라 자신에게 주어진 역할과 책임을 다하는 것이 필요하다. 왕년에 자기가 어떻게 했는지는 중요하지 않다. 현재 자신이 어떤 환경에 처해 있고 어떤 역할과 책임을 다해야 하는지를 알고 실행하는 것이 더 중요하다.

04.

36계도 전략이다

　나쁜 습관을 고칠 요량이면 우선적으로 나쁜 행동을 할 징후를 감지하는 즉시 신속하게 그 자리를 벗어나거나, 쾌속하게 관심을 다른 곳으로 돌려야 한다. 생선을 싼 종이에서는 생선 냄새가 나기 마련이다. 또 이슬비가 내리는 곳에 가면 이슬비에 젖게 마련이고, 검은 것을 가까이하면 결국 검게 된다. 그러므로 나쁜 행동을 할 조짐이나 징후가 보이면 신속하게 그 자리를 벗어나는 것이 상책이다. 그러기 위해서는 우선적으로 나쁜 행동을 할 징후나 낌새를 빨리 알아차릴 수 있는 민감한 감각을 지녀야 한다. 그런 감각은 자신의 행동을 면밀하게 들여다보는 것에서 비롯된다. 관심이 관찰을 낳고 관찰이 통찰을 낳는다. 그러므로 관심과 관찰을 통해 자신이 나쁜 행동을 할 조짐이 생기면 일차적으로 그 자리를 벗어나거나 관심을 다른 곳으로 돌려야 한다. 일례로 금주를 결심한 사람이 술 생각이 나거나 주변 사람들이 술을 마실 조짐이 보이면 그 생각에서 벗어나거나 그 사람들과 거리를 두는 것이 상책이다. 생각하지 않고 눈으로 보지 않고, 귀로 듣지 않으면 나쁜 행동을 할 가능성이 낮다. 공자가 『논어』에서 예(禮)가 아니면 보지도 듣지도 말며, 행하지도 말라고 말을 했듯이 나쁜 행동을 할 징후가 보이면 신속하게 발을 빼는 것이 상책이다.

중국 병법서에 36가지의 전략을 담은 『36계(計)』라는 책이 있다. 이 책의 36번째 전략이 주위상계이다. 즉 전쟁을 해서 승산이 없다고 생각하거나 패배가 예견된다면 도망을 치라는 말이다. 아울러 단순히 도망가는 것에서 끝낼 것이 아니라 다시금 승산이 있을 때까지 준비해서 전쟁에 임해야 함을 내포하고 있다. 도망을 가거나 벗어나는 것이 비겁한 것은 아니다. 또 열세에도 불구하고 끝장을 보겠다는 생각으로 무리하게 전쟁을 지속하는 것은 기름을 뒤집어쓰고 불구덩이에 들어가는 것과 같다. 그래서 나쁜 행동을 할 징후가 보이면 신속하게 자취를 감추라는 것이다. 물론 때로는 도망갈 수 없는 상황에 처하는 경우도 있다. 또 도망을 쳐도 손오공이 부처님 손바닥에서 노는 것과 같은 형국에 처하는 경우도 있다. 그런 경우에는 눈과 귀를 닫고 다른 생각을 하면서 생각 속에 나쁜 생각을 담지 않으면 된다. 겉으로 드러나지 않는 자기의 생각은 얼마든지 자기가 통제할 수 있다. 아울러 술을 마실 수밖에 없는 상황에 처했다면 한 잔도 채 마시기 전에 즉시 그 자리를 벗어나면 된다. 여하튼 모든 일에는 예외가 있을 수 있지만 이 세상에 꼭 해야 한다는 일은 없다. 또 어쩔 수 없이 할 수밖에 없는 그런 일도 없다. 자신이 하지 않으면 된다. 남의 눈치를 볼 필요가 없다. 자신이 목숨 걸고 나쁜 행동을 하지 않으려고 한다는데 누가 이해를 해주지 않으리오. 만일 자기가 나쁜 행동을 하지 않기 위해서 필사적으로 그 자리에서 벗어나야 한다는 말에 동의하지 않는 사람이라면 관계를 단절하는 것이 상책이다. 지성이면 감천이다. 하늘도 감동하는 일을 사람이 감동하지 않을 리 없다. 어떻게 생각하면 나쁜 행동을 고치려고 하는 것은 좋은 행동을 하려는 마음과 나쁜 행동을 하려는 마음이 전쟁을 하는 것과 같다. 그러므로 좋은 행동이 이길 수밖에 없는 환경을 조성해서 그 환경 속에서 생활하면 된다. 더불어 과거 나쁜 행동을 했던 기억을 떠올려서 그와 관련한 인적, 물적 자원과 거리를 두어야 한다. 또 나쁜 행동을 했던 시간대를 분석해서 그 시간대에 하는 행동을 좋은 행동으로 대체하는 것도 나쁜 습관에서 벗어나는 방법이다. 그렇다고 나쁜 행동을 고치기 위해서 세상과 등지고 첩첩산중으로 들어가는 것은 어리석은 선택이다. 그것은 자국에서 죄를 범하고 해외로 도주하는 것과 같다. 자국에서 범한 죄는 자국에서 죄의 대가를 치르면 된다. 이 말인즉, 나쁜 행동을 할 징후가 보이면 도망을 가서 후일을 도모하는 것이지, 자취를 감출 정도로 도피를 하라는 것이 아니다. 간혹 이에는 이, 눈에는 눈으로 대한다는 생각으로 나쁜 습관의 굴에 들어가 맞장을 뜨거나 나쁜 행동을 더 나쁜 행동으로 없애려는 사람도 있는데 그것은 스스로를 자멸로 이끄는 최악의 선택이다. 독을 독으로 치유하는 것은 선택의 경우의

수가 없는 막바지 최후의 수단으로 사용해야 하는 극약처방이다. 그러
므로 일단 피하고 그런 연후에 사후를 준비하자.

05.

채우면서 비운다

노자는 『도덕경』에서 학(學)은 채우는 것이고 도(道)는 비우는 것이라고 했다. 이 말은 배우고 익히는 것은 채우는 것이고, 도를 행하는 것은 비우는 것이라는 말이다. 즉 채우기 위해서는 배우고 익혀야 하고, 비우기 위해서는 도를 깨달아야 한다. 노자는 배우고 익힌 사람도 결국에는 좌망(坐忘)의 경지에서 도를 깨닫는 단계를 향해 자기 수양을 한다고 했다. 불현듯 채움이 먼저인지 아니면 비움이 먼저인지에 대해 생각하게 된다. 이는 닭이 먼저인지 달걀이 먼저인지를 묻는 것과 같다. 채움이 먼저인지 비움이 먼저인지가 중요한 것이 아니라 비움의 삶이 행복한 삶이고 그런 삶이 완성된 삶이다. 채우든 비우든 비움이라는 끝점을 향해 우리는 인생을 살고 있다. 빈손으로 왔다가 빈손으로 가는 것이 인생이라는 점을 생각하면 굳이 채울 필요가 없다. 그렇다고 해서 채움이 없이 사는 것은 현명한 삶이 아니다. 특히 더불어 함께하는 우리네 삶은 자본주의 삶이고 일등이 모든 것을 싹쓸이하는 그런 약육강식(弱肉強食)의 세상이다. 그래서 채움이 없는 약자의 삶은 강자의 재물로 살 수밖에 없는 불행한 삶이다. 비운다는 말의 의미에는 현재 상태가 채워져 있다는 의미를 내포하고 있다. 채운 것이 없으면 비울 것도 없다. 즉 비우기 위해서는 채움이 우선되어야 한다. 그렇다고 해서 채움이 많은 사람이 많이 비우는 삶을 사는 것이 아니다. 조금 채워도 채운 것보다 더 많은 것을 비우는 사람도 있고, 많이 채워도 조금 비우는 사람도 있다. 나쁜 습관을 제거할 요량이면 채움보다 비움의 삶을 사는 것이 현명하다. 왜냐하면 비우는 것보다 채우는 과정에서 더 많은 스트레스를 받기 때문이다. 반드시 비우는 사람이 스트레스를 받지 않는다는 말은 아니지만, 채우는 사람은 채우는 만큼 더 많은 스트레스를 받는다. 채움의 강도가 강하면 강할수록 그에 반하여 더 많은 스트레스를 받는다. 그런데 채우는 것은 채우지 못하는 스트레스까지 포함하면 그 자체가 스트레스를 채워 가는 과정이다. 채워야 하는 스트레스, 채울 수밖에 없는 스트레스, 채우는 과정에서 채워지지 않아서 조바심을 느끼는 스트레스, 채우려고 해도 채우지 못하게 하는 사람들로 인해 채워지는 스트레스 등 채움의 과정은 스트레스를 채우는 과정이다. 그래서 채움의 과정에서는 필연적으로 스트레스를 받는다. 왜냐하면 채움의 과정에는 욕심이나 욕망이라는 욕구가 함께하기 때문이다. 더 많이 채우고자 하는 욕심, 더 좋은 것을 채우고 싶어 하는 욕망 등 인간의 욕구와 욕망이 무한하다는 점을 생각하면 채움의 과정이 스트레스를 채우는 과정이라는 말은 맞다.

공자는 『논어』에서 아는 것은 좋아하는 것보다 못하고, 좋아하는 것은 즐기는 것보다 못하다고 했다. 물론 배우고 익히는 채움의 과정을 좋아하고 즐긴다고 해서 스트레스가 사라지는 것은 아니다. 하지만 배우고 익히는 그 자체를 좋아하고 즐기는 사람은 그렇지 않은 사람보다 스트레스를 덜 받는다. 반면에 그로 인해 그 사람과 함께하는 다른 사람이 스트레스를 받을 확률이 높다. 왜냐하면 자신이 스트레스를 받지 않으면 다른 누군가가 그에 상응하는 정도의 스트레스를 받기 때문이다. 일례로 치매에 걸린 사람은 스트레스를 받지 않지만 그 사람을 간호하는 사람은 스트레스를 받듯이 채움의 과정에서 자신이 스트레스를 받지 않는다면 다른 누군가가 스트레스를 받는다. 이는 자신이 돈을 번다면 누군가는 돈을 잃어서 스트레스를 받는 것과 같은 논리이다. 좋은 일이 있으면 마가 낀다는 말이나, 공을 세우면 뒤로 물러나야 한다는 말의 의미에는 자신이 스트레스를 받지 않는 기쁜 상태에 있으면 누군가는 그에 반하는 정도의 스트레스를 받는다는 의미가 담겨 있다. 그러기에 시기와 질투로 인해 그 스트레스가 결국 자신에게도 돌아온다는 생각을 하면서 공을 세웠다면 행동에 신중을 기하는 것이 지혜로운 삶이다.

06.

자기답게 행동한다

『논어』에서 공자는 좋은 정치는 부부자자(父父子子) 군군신신(君君臣臣)
이라고 말하면서 아버지는 아버지다워야 하고 아들은 아들다워야 하며
임금은 임금답고 신하는 신하다워야 한다고 했다. 이는 모든 사람들이
자기 위치에서 자신에게 주어진 역할과 책임을 다하는 것이 좋은 세상
이고, 위정자는 그렇게 되도록 정치를 해야 한다는 말이다. 또 제각각
자기 역할과 책임을 다하는 것이 좋은 세상을 여는 길이고, 그렇지 않
다면 그렇게 하도록 하는 것이 참된 정치라는 말이다. 이와 마찬가지로
동일한 실수를 반복하는 나쁜 행동을 제거할 요량이면 자기다움이 뭔
가를 찾는 노력이 선행되어야 한다. 또 자기가 자기로서 자기다워지기
위해서는 어떻게 해야 하며, 어떻게 말하고 행동하는 것이 자기다움을

잃지 않는 것인지를 아는 것이 중요하다. 배우고 익히는 것은 결국 사람을 알기 위한 것에 있다는 공자의 말에 견주면 사람이 사람다워지기 위해서는 결국은 배움이 선행되어야 한다.

　나이를 먹으면 먹을수록, 경험이 더해지면 더해질수록 일보다는 사람을 먼저 보게 된다. 배움의 단계에서 어느 정도 경험이 쌓이고 인생의 연륜이 더해지면 자연스럽게 사람을 먼저 생각하게 되고 사람이 먼저라는 것을 삶을 통해 몸으로 체득하게 된다. 그러므로 자기라는 사람이 자기답지 못하게 실수를 반복하는 이유는 어디에 있고 그 원인은 어디에 있는지를 생각하는 것이 우선이다. 나는 왜 이럴까? 나는 왜 나답지 않게 그런 실수를 자주 할까? 지나고 보면 모든 것이 나로 인해 비롯된 일인데 왜 나는 남의 탓으로 돌리는 것일까? 진정으로 나다움은 무엇이고 내가 왜 나다움을 행하지 못하는 것일까? 아버지로서 나는 어떠하고 남편으로서 나는 어떠하며 직장 상사로서 혹은 작가나 교수로서 나는 어떠한가를 무의식의 자기에게 숱하게 질문을 던져야 한다. 무의식이 답을 하지 않는다면 계속해서 그에 대한 질문을 던지는 것이 자기와의 소통이다. 자기가 하고 싶은 말을 하고 자기의 속내를 무의식에 고하는 것은 진정한 자기와의 소통이 아니다. 자기와의 소통은 자기에게 던지는 질문이 8할 이상을 차지한다. 자신의 질문에 대해서 무의식이 답을 주지 않는다면 답을 줄 때까지 질문을 던지는 것이 자기와의 소통이다. 이때 계속 질문해도 무의식이 응답하지 않는다면 그에 대한 대답을 할 때까지 계속해서 동일한 질문을 반복하는 것이 중요하다. 이때 적당히 자신과 타협하거나 자기 스스로 답을 내지 않아야 한다. 그것은 자기 합리화이고 이미 자기가 아는 자기의 답일 뿐이다. 진짜 답은 무의식의 대답 속에 있다. 그러므로 무의식이 대답을 할 때까지 자기와 끊임없이 질문을 던지는 것이 필요하다. 자기와 소통을 할 때는 눈을 지그시 감고 현실을 초월하여 마음이 구름 위에 붕 떠 있는 것 같은 분위기를 형성하는 것도 필요하다. 무의식은 고요하고 적막이 흐르는 분위기에서 응답하는 속성을 지녔다. 또 무의식은 현실과 차단된 세계에서 대화를 하기를 원한다. 그러므로 자기와 소통을 할 요량이면 가장 먼저 무의식이 선호하는 분위기를 조성해야 한다. 무의식은 정갈한 마음, 엄숙한 분위기, 적막하고 외롭다고 느낄 정도로 현실과 차단된 공간에서 은밀하게 만나기를 좋아한다. 또 은밀한 장소, 신비로운 장소, 성스러운 장소 등 악의 기운이 미치지 않는 공간을 선호한다. 그런 공간에서 무의식의 자기와 소통을 할 요량이면 자기의 마음을 비우는 것이 우선이다. 그러기 위해서는 그간 채운 것을 내려놓고 몸과 마음의 힘을 가볍게 하는 것이 필요하다. 또 자신에게는 아무것도 없고 오직 이 공간에 존재한다는 마음을 지녀야 한다. 소유의 자기가 아니라 존재의 자기를 소통의 자리에 참가시켜야 한다는 말이다. 그러기 위해서는 나는 누구인가? 나는 어디에서 와서 어디로 가는 것일까? 나는 진정 누구란 말인가? 이처럼 자기다운 자기를 찾기 위해서는 자기가 누구이고 현재 이곳까지 어떻게 왔으며, 자기가 원하는 자기다움은 어떤 자기인지에 대한 질문을 던지는 것이 선행되어야 한다. 아울러 자기다움으로 살았던 생각을 많이 하는 것이 필요하다. 어쩌면 힘들게 무의식의 자기와 대화를 하지 않아도 이미 의식의 자기 안에 자기다움이 있을지도 모른다. 그러므로 성급하게 자기다움이 무엇인지에 대해 무의식에 질문하는 것이 아니라, 자기가 살아오면서 자기답지 못하게 행한 것들에 대해서 성찰하고 후회하고 회개하고 반성하는 것이 우선되어야 한다. 그런 연후에 자기다움이 무엇이고 자기답게 행동하기 위해서는 어떻게 해야 하는가에 대해 무의식에 질문하고 그에 대한 답을 찾는 것이 진정한 자기와의 소통이다. 또 자기 내면의 소리를 듣는 것과 자기의 의식적인 자기로 인해 무의식이 느끼는 감정을 공감할 줄 알아야 한다. 앞서 자기다움에 대한 질문을 던지기 이전에 자기다움을 행하지 않았던 것에 대해서 성찰하고 진정으로 회개했다면 무의식의 자아가 눈물을 흘릴 것이다. 무의식은 의식이 전하는 이슈에 대해서 그것이 참인지 거짓인지를 구분하지 못하지만 그로 인해 발생된 감정 표현에는 솔직하다. 그래서 성찰하고 반성하고 지난날에 대해서 통렬히 회개하면 눈물을 흘린다. 눈물이 수반되지 않는 자기와의 소통은 진정한 성찰의 소통이 아니다. 위선적이고 형식적인 반성일 뿐이다. 그런 반성은 또다시 동일한 실수를 반복하게 하는 나쁜 습관에 유리함을 줄 뿐이다. 그러므로 자기다움을 찾지 못하는 이유는 무엇이고 평상시 자기답게 살다가 자기답지 못하게 행동하는 원인을 찾는 노력이 수반되어야 한다. 대부분 자기답지 않게 행동하는 원인은 자기답게 행동한다는 의식의 끈을 놓아 버리고 감정적이고 즉각적인 행동에서 비롯되는 경우가 많다. 평상시에는 전혀 자기답지 않을 이유가 없는데 주어진 환경과 상황으로 인해 자기도 모르게 자기답지 않은 행동을 한다. 그러므로 자기답지 못하게 행동했던 과거의 환경은 어떤 환경이며, 자기답게 행동했던 환경은 어떠한 환경이었는가에 대한 비교 분석이 필요하다. 일반적으로 사람은 환경변화로 인해 감정의 변화가 일어나고, 그 감정 변화로 인해 실수를 하는 경향이 있다. 그러므로 동일한 실수를 반복하지 않을 요량이면 자신의 감정 변화에 영향을 주는 요소가 무엇이고, 주변의 환경변화에도 쉽게 감정이 흔들지 않도록 하는 비책은 무엇인지를 고민해 보는 것이 좋다. 감정 변화에 영향을 주는 요인 중 가장 큰 영향을 주는 것은 마음이다. 이 마음이라는 녀석은 흔들리는 갈대와 같아서 미풍에도 쉽게 흔들리는 속성을 지녔다.

일반적으로 동일한 실수를 유발하는 나쁜 습관은 순간적인 쾌락을 추구하려는 욕구에서 비롯된다. 또 이번 한 번은 괜찮겠지, 혹은 자기만 아는 비밀이고 설마 과거처럼 실수를 하랴 하는 생각에서 비롯된다. 이 중 남몰래 하는 것이라는 생각이 제일 위험하다. 또 설마 하는 생각은 치명적인 실수를 유발하는 주범이다. 그러므로 꼬리가 길면 걸린다는 생각과 함께 나쁜 습관에 먹이를 주면 자기에게는 남는 것이 전혀 없다는 생각을 하는 것이 필요하다. 사람은 공통적으로 자기에게 전혀 이로울 것이 없다고 생각하는 일에는 나서지 않으려는 경향이 있다. 그런 점을 잘 활용하는 것이다. 아울러 그런 생각이 들면 보다 건전한 생각, 발전적인 생각, 긍정적인 생각, 희망적인 생각으로 그런 생각을 치환하는 것도 습관이다. 또 찰나지간에 자기답지 않은 행동을 해서 후회했던 생각만으로도 순간적인 쾌락을 얻으려고 하는 욕구를 잠재울 수 있다. 그래도 순간적인 쾌락을 느끼려는 유혹의 생각이 거듭된다면 자기가 동일한 실수를 하면 누가 득을 볼 것인가를 생각하면서 참고 또 참아야 한다. 잠시만 참으면 된다. 그래도 그런 생각을 떨쳐 버릴 수 없다면 잠자리에 들면 된다. 한숨 푹 자고 나면 그런 생각이 어느덧 자취를 감출 것이다.

나쁜 습관 다루기

07.

자기를 속인다

　자기 안에 자기가 아닌 또 다른 자기가 있고, 그런 자기가 자기를 조종하고 자기의 모든 생각과 행동을 또 다른 자기가 마음대로 조종하고 있다고 생각하면 온몸에 전율이 느껴진다. 그런데 더욱 놀라운 것은 그것이 사실이라는 것이다. 우리는 자기가 자기라고 생각하는 의식의 자기와 자기의 의지와는 전혀 다른 반응을 보이는 무의식의 자기와 늘 공생하며 병존의 삶을 살고 있다. 그래서 자기 의지는 동일한 실수를 반복하지 않으려고 각고의 노력을 하지만 특정된 상황에 처하면 자기의 의지와는 전혀 무관하게 무의식적으로 다른 행동을 하는 경향이 있다.

　대부분의 중요한 실수나 동일한 실수를 반복하는 것은 의식적인 자기보다는 무의식적인 자기의 행동으로 인해서 비롯된다. 그래서 동일한 실수를 반복하는 어리석은 행동을 반복하지 않기 위해서는 무의식의 자기를 다스리는 데 심혈을 기울여야 한다. 가장 이상적인 생활은 의식과 무의식이 같은 방향을 향해 가는 것인데, 사람마다 살아온 환경과 경험에 의해 의식과 무의식의 격차가 크다. 일반적으로 의식수준이 높다 혹은 법이 없어도 그릇됨이 없다는 평판이 자자한 사람은 의식과 무의식의 편차가 적다. 그만큼 의식으로 무의식을 제어하는 힘이 강하고 겉으로 드러나는 행동과 내면에 감춰진 마음이 서로 일치를 이루는 삶을 산다. 공자가 그림을 그리기 위해서는 백지에 그려야 제대로 된 그림을 그릴 수 있다고 말을 하지만 사람은 살아온 만큼 그에 상응하는 삶의 연륜과 경험으로 인해 백지상태로는 되돌릴 수 없는 삶을 살고 있다. 보통사람들은 백지상태가 아닌 자기 삶의 연륜과 경험에 상응하는 정도의 그림이 그려진 상태에서 나날이 새로운 그림을 그리면서 살고 있다. 그렇다. 컴퓨터 하드를 포맷하듯이 우리네 인생을 완전히 백지상태로 할 수는 없다. 그래서 과거의 좋지 않은 그림, 아름답지 않은 그림, 착하지 않은 그림은 결코 지워지지 않는다. 간혹 자기의 힘으로는 결코 지울 수 없는 그림을 타인의 도움으로 지우기도 하지만 제아무리 좋은 지우개로 지워도 지울 수 없는 것이 무의식이라는 그림이다. 그래서 심리학자들은 나쁜 습관을 제거하는 것은 거의 불가능한 일이므로 좋은 습관을 기르는 데 힘쓰는 것이 나쁜 습관을 행하지 않는 최선의 방법이라고 말한다. 하지만 그것 역시도 완연한 진리는 아니다. 인간은 인간의 입장으로 이해할 수 없고 인간이 인간의 모든 것을 정확히 아는 것은 불가능하다. 특히 자기 자신도 모르는데 남을 안다는 것 역시 어불성설이다. 그러므로 동일한 실수를 반복하는 나쁜 습관을 제거할 요량이면 그 습관을 제거할 수 있다는 생각으로 나쁜 습관을 제거하는 전략과 전술을 세워서 삶에 임하는 것이 상책이다. 나쁜 습관은 의식의 자기가 아닌 무의식의 자기가 하는 행동이다. 그래서 나쁜 습관을 제거할 요량이면 무의식 안에 있는 나쁜 습관을 제거하는 것이 선행되어야 한다. 살아온 연륜과 경험이 많아 무의식의 그림을 그릴 수 없다면 그 무의식의 종이 위에 새로운 종이를 올려놓고 좋은 습관으로 채색되는 새로운 그림을 그리면 된다. 새로운 종이에 좋은 습관이라는 그림을 그리다 보면 무의식의 그림이 자취를 감출 것이다. 또 무의식의 그림을 제거할 수 없다면 그 그림이 삶으로 드러나지 않도록 평생 감옥에 가둘 수밖에 없다. 즉 동일한 실수를 반복하는 나쁜 습관이라는 범죄자에게 사형을 구형할 수는 없어도 무기징역을 구형해서 세상 밖으로 그 모습을 드러내지 않도록 하면 된다. 이때 그 감옥의 자물쇠는 새로운 좋은 습관이라는 자물쇠를 사용해야 한다. 무의식이 갖는 힘이 얼마나 큰지는 어린 자녀가 자동차에 깔렸을 때 괴력을 발휘하여 무거운 자동차를 들어 올리는 어머니의 저력을 보면 알 수 있다. 그러므로 일단은 무의식과 거리를 두는 것이 상책이다. 또 무의식을 무관심으로 대하는 것이 자기를 방어하는 최소한의 방법이다. 오래도록 반복해서 생각하는 것과 행동하는 것이 무의식에 새겨지고 비밀리에 혼자서 골방에서 생각한 것을 무의식이 알아차린다고 생각하면 생각도 함부로 할 수 없는 노릇이다. 의식의 자기로서 할 수 있는 최상의 방법은 무의식에 거짓 정보를 주는 수밖에 없다. 그것도 등대가 반복적으로 동일한 시간대에 동일한 언어로 어부와 소통을 하듯이 자기 역시 무의식에 반복적으로 동일한 언어로 거짓 정보를 주면 된다. 무의식이 참과 거짓을 불문하고 무조건 받아들인다는 점을 최대한 이용해야 한다. 일례로, 담배를 끊고 싶다면 흡연하는 척을 하면서 자신은 흡연을 하고 있다고 생각하는 것이다. 또 술을 끊고 싶다면 물을 마시면서 자신은 술을 마시고 있다고 무의식에 고하는 것이다. 그것도 그냥 하지 말고 정갈한 마음과 엄숙한 태도로 해야 한다. 그러면 무의식은 그런 사실을 진실로 받아들인다. 이때 중요한 것은 자기가 하는 거짓을 자기가 참으로 믿을 정도로 그 거짓 속에 자신이 녹아 있어야 한다. 자기가 자기를 속이는 행동은 그리 나쁜 행동은 아니다. 동일한 실수를 반복하는 나쁜 습관을 제거할 요량으로 하는 거짓은 정의로운 거짓이고 선한 행동에 버금가는 행동이다. 흔히 신자들이 하느님의 소리를 듣는다는 말을 하곤 하는데 그 하느님의 소리가 바로 자기 안에 있는 무의식이 들려주는 소리이다. 자기 안에 부처가 있고 자기 안에 하느님이 있다. 외부에서 들려오는 소리보다는 자기 안에 있는 그 소리가 바로 계시이고 깨달음의 소리이다.

　일반적으로 착한 결과를 얻기 위해서 하는 거짓말을 하얀 거짓말이라고 한다. 자기의 무의식을 속이는 거짓말은 착한 결과를 얻으려는 선한 거짓말이고 좋은 습관을 얻기 위한 계기에서 행하는 하얀 거짓말이다. 아울러 나쁜 행동을 하는 습관을 줄이기 위해서는 만약에 지속적으로 그런 행동을 하면 자기의 인생이 어떻게 될 것이라는 것을 수시로

　　　　　　　　　나쁜 습관 다루기

생각하는 것이 큰 도움이 된다. 만약에 음주운전에 적발된다면, 만약에 폐암에 걸린다면, 만약에 다른 사람들에게 피해를 준다면 등 자기의 나쁜 행동으로 인해 자기 인생에 미치는 영향을 생각하면서 자극을 받는 것이 필요하다. 사노라면 아차 하는 순간이 찾아오기 마련이다. 그런 아차 하는 순간에 자기의 삶을 신중하게 돌아보지 않으면 또다시 동일한 실수를 반복할 확률이 높다. 그러므로 아차 하는 순간을 아무 생각 없이 보내지 말고 그 순간에 자기의 삶을 다시금 신중하게 돌아봐야 한다. 또, 아차 하는 순간에 그만하기가 천만다행이라는 생각이 들 때도 있다. 하마터면 큰일 날뻔했다고 생각되는 순간이 오면 자기의 삶을 통렬히 반성하면서 자기의 나쁜 행동을 통회하고 다시는 그런 행동을 하지 않겠다고 다짐해야 한다. 아울러 그런 행동을 하게 된 근본적인 원인은 어디에 있는지를 꼼꼼하게 따져 보고 두 번 다시 그런 행동을 하지 않겠다는 다짐을 끊임없이 무의식에 새겨야 한다.

08.

오직 하나에 집중한다

동일한 실수를 반복하는 나쁜 행동의 횟수를 줄이거나 나쁜 습관 대신 좋은 습관을 행하기 위해서는 한 가지씩 차근차근 고쳐 나가야 한다. 한꺼번에 코끼리를 냉장고에 넣을 수는 없다. 냉장고에 들어갈 수 있도록 코끼리를 조각조각 잘라서 넣어야 한다. 마찬가지로 나쁜 습관을 제거할 요량이면 단숨에 고치려고 하지 말고 한 가지씩 야금야금 고쳐 가는 것이 성공할 확률이 높다. 이때 온리 원(Only one) 전략을 활용하면 실행력을 배가시킬 수 있다. 자기 인생의 목표는 오직 금주하는 것에 있다는 생각, 이생에서 꼭 해야 하는 단 한 가지가 있다면 오직 금연이라고 생각하는 것이다. 아울러 금주를 하기 위해서는 어떻게 해야 하는가에 대한 세세한 실천항목을 세우고 그중 가장 실행하기 쉬운 것을 목표로 정해서 그것 한 가지만 해결되면 금주에 성공한다는 생각을 하면서 한 가지씩 실행하면 된다. 하나의 나쁜 습관이 형성되는 과정에는 많은 요소들이 영향을 미친다. 하나의 문제는 직간접적으로 영향을 주는 수많은 요소들에 의해서 발생된다. 마찬가지로 하나의 나쁜 습관은 셀 수 없이 많은 요소들이 합작해서 만들어진 산물이다. 그중에서 실행하기 가장 쉬운 것을 하나씩 해결해 가는 노력을 한다면 언젠가는 동일한 실수를 반복하는 나쁜 습관을 제거할 수 있을 것이다. 단 중요한 것은 끝까지 포기하지 않는 불굴의 정신이다. 강한 사람이 오래도록 살아남는 것이 아니라 오래도록 살아남는 사람이 강한 사람이라는 생각으로, 될 때까지 계속하면 반드시 나쁜 습관을 정복할 수 있을 것이다. 온리 원 전략을 제대로 실행하기 위해서는 일정 부분 평소에 하던 것들 중에서 일부의 행동을 포기해야 한다. 할 것 다 하고 먹을 것 다 먹어가면서 온리 원 전략을 성공적으로 이끌 수 없다. 우리가 뭔가를 한다는 것은 다른 것을 포기한다는 의미가 내포되어 있다. 그간에 해오던 것들을 모두 소화하면서 온리 원 전략을 성공적으로 이끌 수는 없다. 왜냐하면 어차피 인생은 시간 싸움이기 때문이다. 온전히 온리 원 전략에 혼신의 노력을 기울여도 될까 말까 하는 상황에서 다른 일을 복합적으로 하면서 온리 원 전략을 실행할 수는 없다. 특히 여러 해 동안 무의식에 깊게 뿌리내린 나쁜 습관은 쉽게 제거될 수 없는 속성을 지녔다. 그러므로 온리 원 전략을 성공적으로 실행할 요량이면, 특정 기간 동안은 자기 인생의 비상 상황이고 계엄령이 떨어진 상황이며 풍전등화(風前燈火)의 전시 상황이라는 생각으로 온리 원 전략에 매진해야 한다.

일례로 금주를 하기 위해 술집에 가지 않는다. 금연을 하기 위해 담배 가게에 가지 않는다, 말실수를 하지 않기 위해서 1시간 동안 침묵한다, 늦잠을 자지 않기 위해 무조건 6시에 기상한다는 등 자기가 나쁜 습관을 제거하기 위해 가장 손쉽게 행할 수 있는 것을 정해서 실행하면 된다. 이때 중요한 것은 최소한 90일이 될 때까지 하는 것이 중요하다. 사람의 세포는 90일이 지나면 두뇌 세포를 제외한 모든 세포가 새롭게 태어난다. 그래서 나쁜 습관을 제거할 요량이면 성공할 확률이 높은 것이라도 최소한 90일 동안 습관으로 자리 잡을 때까지 계속할 필요가 있다. 그것이 성공하면 또다시 새로운 것을 추가적으로 온리 원 전략을 세워서 실행하면 된다. 나쁜 습관을 제거하는 것은 고층 빌딩을 건축하는 것보다 오래 걸리고 평소보다 더 많은 에너지가 소모되기 마련이다. 결코 서두르지 말고 공의 개수를 늘리면서 저글링을 하듯이 온리 원 전략을 성공적으로 실행할 때마다 또다시 새로운 요소를 온리 원 전략에 넣어서 실행하면 된다. 온리 원 전략을 실행하다 보면, 나쁜 습관을 형성하게 했던 어느 한 가지가 해결되면 다른 요소들이 저절로 해결되는 경우도 있다. 또 단 한 가지를 하지 못해서 모든 것이 도루묵이 되는 경우도 있다. 그러므로 극히 사소한 것이 나쁜 습관을 다시금 활성화시키는 요소가 되므로 방심은 금물이다.

온리 원 전략을 실행할 때 제일 먼저 해야 하는 것은 자기와의 소통이다. 즉 객관적인 현실에 사는 의식이라는 자기가 심리적인 현실에 사는 무의식이라는 자기에게 양해와 선처를 구하는 소통의 시간을 갖는

나쁜 습관 다루기

것이 필요하다. 무의식의 자기가 나쁜 습관이 행해지는 것을 일시 잠깐 멈춰 달라고 간절하게 부탁하는 소통의 시간을 보내야 한다. 왜냐하면 의식의 자기가 하는 것을 무의식의 자기가 알 수 있도록 해야 성공할 확률이 높기 때문이다. 무의식의 자기도 사람이다. 또 무의식의 자기에게도 양심이 있다. 제아무리 독한 사람도 눈물로 호소하고 간절한 심정으로 부탁하면 매몰차게 거절하지 않는다.

09.

부지런하면 이긴다

　동일한 실수를 반복하는 나쁜 행동을 좋은 습관으로 대체하려면 일단 부지런해야 한다. 부지런함은 값없는 보배라는 말이 있듯이 부지런한 것은 값으로 따질 수 없을 정도로 무한 가치를 지녔다. 사실 부지런한 것 자체만으로 나쁜 습관의 8할 이상은 고쳐진다. 왜냐하면 부지런하면 무의식적으로 나쁜 행동을 할 겨를이 없기 때문이다. 부지런하다는 것은 뭔가에 열중한다는 것을 의미하고, 해야 할 일이 있거나 하고 싶은 일을 하고 있다는 의미가 함축되어 있다. 즉 뭔가를 해야 하고 뭔가를 하고 싶은 마음에서 부지런함이 싹튼다. 전혀 할 일도 없고 무엇을 해야 할지 갈피를 잡지 못하고 있는 사람은 나태하다. 반면에 뭔가를 해야겠다는 목표가 있거나 반드시 해야 하는 책임감을 안고 있는 사

나쁜 습관 다루기

람은 부지런할 수밖에 없다. 왜냐하면 부지런하지 않으면 자기의 존재 가치가 없다고 느끼기 때문이다. 일반적으로 새벽에 일찍 일어나는 사람을 부지런하다고 말한다. 일찍 일어나는 새가 먹이를 먼저 먹을 수 있듯이 부지런하다는 것은 남보다 먼저 행동하는 것을 의미한다. 그런 부지런한 사람이 나쁜 행동을 하지 않을 공산이 크다. 왜냐하면 부지런히 하지 않으면 안 되는 일이 있기 때문에 나쁜 행동을 할 여력이 없기 때문이다. 일례로 새벽에 일찍 일어나는 사람이 저녁 늦게까지 술을 마실 리 없고 밤새 도박을 하는 등 나쁜 행동을 할 확률은 지극히 낮다. 그렇다고 반드시 부지런한 사람이 나쁜 행동을 하지 않는다는 보장은 없지만, 그래도 나태하고 게으른 사람보다 바른 생활을 할 확률이 높다. 경영자들의 대부분은 새벽에 일어난다. 한때 아침형 인간이 성공할 확률이 높다고 해서 붐을 이룬 적이 있는데, 충분히 수면을 취해야 한다는 말과 사람의 성향에 따라 저녁 늦게까지 할 일을 하고 늦게까지 자는 경우도 있다는 등의 말이 회자되어 붐이 꺼졌다. 하지만 그럼에도 불구하고 아침형 인간이 저녁형 인간보다 성공할 확률이 높다. 무엇보다 건강에 좋다는 점을 생각하면 건강한 생활을 한다는 것 자체만으로 성공은 보장받은 것이다. 대부분 아침에 일찍 일어나는 사람은 생기가 있다. 또 뭔가 의욕이 넘치고 활력이 있어 보인다. 늦잠을 자고 잠이 덜 깬 부스스한 모습으로 하루를 시작하는 사람과 일찍 일어나 생동감 있는 모습으로 하루를 시작하는 사람 중 어떤 사람이 주변 사람들에게 호감을 주게 될지는 굳이 따져보지 않아도 불을 보듯 뻔하다. 그러므로 나쁜 습관을 고칠 요량이면 일찍 일어나는 것부터 시작해야 한다. 일찍 일어난다는 것은 더 자고 싶은 수면 욕구를 이기는 것을 의미한다. 본능적인 욕구를 이기는 것만으로도 자기를 이기는 것이다. 늦게 일어나는 것이 나쁘다는 것은 아니지만 일찍 일어나는 것은 분명히 좋은 습관이다.

대부분의 나쁜 습관은 인간의 본능적인 욕구를 이기지 못하는 것에서 비롯된다. 새벽에 일어난다는 것은 그날 할 일이 있다는 것을 의미한다. 나이가 들면 새벽잠이 없어 일찍 일어나는 경우도 있지만 대부분 할 일이 있어서 일찍 일어난다. 할 일이 있다는 것은 평소에 생활 관리를 잘했다는 것을 의미하고 하루하루 건실하고 알차게 산다는 것을 의미한다. 할 일이 없는 사람이 아무런 이유 없이 본능적으로 일찍 일어나는 경우는 드물다. 한편 대부분의 나쁜 행동은 저녁 늦게 발생하는 경우가 많다. 특히 직장인의 경우 낮에 쌓인 스트레스를 해소하기 위해 회식을 하는 경우가 많은데, 새벽에 출근하기 위해서는 저녁 9시 이전에 귀가해서 수면을 취하는 것이 상책이다. 새벽 6시에 출근하는 직장인치고 저녁 늦게까지 술을 마시는 경우는 드물다. 새벽에 일어나는 사람은 저녁 잠자리에 비교적 일찍 든다. 새벽에 일어났으니 초저녁에 잠이 올 수밖에 없다. 일찍 잠자리에 들면 일찍 일어날 확률이 높다. 하나를 보면 열을 알 수 있다는 말이 있듯이 일찍 일어난다는 것 하나만으로 그 사람의 생활은 건실하다고 볼 수 있다. 그런 관점에서 볼 때 뭔가를 고치려는 생각을 가졌다면 제일 우선적으로 해야 하는 일이 바로 일찍 자고 일찍 일어나는 습관을 기르는 것이다. 더욱이 자기가 일찍 일어나는 이유가 나쁜 행동을 고치기 위한 것이라는 생각을 가지면 하루 일과를 허투루 보내지 않는다. 시작이 반이다. 일단 새벽에 일찍 일어나서 자기의 나쁜 습관을 고치기 위해서는 어떻게 해야 할 것인가를 생각해 보고, 하루 일과를 마치고 잠이 들기까지 단 하루만 잘하면 된다는 생각으로 하루 일과를 마무리하면 된다. 하루가 모여 한 달이 되고 한 달이 모여 일 년이 된다. 하루를 무사히 보내면 된다는 생각으로 하루를 시작하면 분명히 알찬 하루를 보낼 수 있을 것이다. 근면한 사람치고 성실하지 않은 사람은 없다. 새벽에 일어나는 사람들은 새벽에 일어나는 것이 얼마나 힘든 일인지를 안다. 비가 오나 눈이 오나 바람이 불어도 새벽에 일어나 매일 하던 대로 자기의 할 일을 묵묵히 하는 사람을 보면 저절로 감탄사가 나온다. 그것은 아무나 할 수 있는 것이 아니기 때문이다. 정주영 현대그룹 창업자는 다음 날 할 일이 너무 즐거워서 새벽에 일찍 일어날 수밖에 없다고 말을 했듯이 하고 싶은 일을 하고 싶어서 일찍 일어난다면 성공은 보장된 것이다. 그런데 하루 24시간 중에서 정말로 자신이 하고 싶어 하는 일을 하는 시간이 얼마나 될까? 또 하기 싫은 일인데도 불구하고 하지 않으면 안 되는 일을 하느라 소비하는 시간은 얼마나 될까? 하루 24시간 중에서 자기가 하고 싶은 일을 하는 시간이 많다면 분명히 나쁜 행동을 할 시간은 많지 않을 것이다. 끝으로 부지런함이 몸에 밴 사람은 나태한 사람보다 생각과 행동의 속도가 빠르다. 부지런하다는 것은 단순히 일찍 일어나는 것만을 의미하지는 않는다. 다른 사람보다 행동의 속도가 빠르고 일도 깔끔하게 하며 부정적이지 않고 매사 긍정적으로 임하는 것을 의미한다. 성격도

원만하고 매사 긍정적이며 정성을 다하는 사람의 일면을 들여다보면 남들보다 부지런하다. 그래서 근면과 성실은 근면 성실이라는 한 단어로 표현한다. 근면 성실한 사람이 나쁜 행동을 하는 경우는 드물다.

10.

자기만의 철학을 갖는다

　동일한 실수를 반복하는 나쁜 행동을 한다는 것은 자기만의 철학이 없이 주변 상황에 따라 줏대 없이 행동한다는 것을 의미한다. 그것이 자기만의 철학이라면 할 말이 없다. 하지만 일단 이 책을 읽고 있다는 것은 남에게 밝혀지고 싶지 않은 자기만 아는 나쁜 행동이 있거나 현재 나쁜 습관을 고쳐야 한다는 긴박한 마음에서 이 책을 읽고 있지 않은 가? 그렇다면 남과 다른 자기만의 철학이 있는가를 먼저 따져 보자. 노자는 수시처변이라고 해서 가장 좋은 삶은 물처럼 상황에 따라 유연하게 사는 삶이라고 했다. 또 손자는 『손자병법』에서 병형상수라고 하면서 무릇 군대는 물처럼 행해야 한다고 말했다. 물처럼 사는 것이 철학이라면 철학이지만 여기서 말하는 자기 철학은 결코 어떤 상황에서도 변하지 않는 북극성과 같은 철학을 의미한다. 동일한 실수를 반복적으로 행하는 나쁜 행동을 고치겠다는 생각을 했다면 우선적으로 자기 철학에 대해서 자기와 대화를 나누는 소통의 시간을 가져 보자. 사실 자기 철학이 또렷한 사람은 나쁜 행동을 행할 확률이 낮다. 왜냐하면 자기 철학을 가진 사람은 자기를 이기는 힘이 강하고 자기 절제에 능하기 때문이다.

그렇다면 자기 철학이란 무엇인가? 철학의 의미는 인간과 세계에 대한 근본 원리와 삶의 본질 따위를 연구하는 학문을 말한다. 흔히 인식, 존재, 가치의 세 기준에 따라 하위 분야를 나눌 수 있다. 그래서 자기 철학을 가졌다는 것은 자신의 경험에서 얻은 인생관, 세계관, 신조나 신념 따위를 갖고 있다는 말이다. 자기 철학은 자기 인생의 모든 것이 싹트는 토양이고 자기를 대변하는 본연의 자기이다. 한마디로 말해서 자아정체성이고 자기 삶의 DNA라고 보는 것이 타당하다. 그러므로 나쁜 행동을 계속 반복적으로 행하고 있다면 자기 철학에 대해 신중하게 고민해 봐야 한다. 자기 철학은 자기의 반복적인 생각과 행동에 의해서 무의식에 새겨진다. 나쁜 행동이 무의식에 새겨지듯이 말이다. 엄밀하게 따져 볼 때, 자기 철학도 나쁜 습관과 마찬가지로 습관의 영역에 속한다. 어쩌면 자기 철학의 영역이 자기 습관의 영역을 포함하고 있다고 보는 것이 타당하다. 반복되는 경험에 의해서 자기만의 세계관이 형성되는 원리나 반복적으로 행해서 무의식에 새겨지는 나쁜 습관이나 다를 바 없다. 즉 자기 철학이 습관이고 습관이 자기 철학으로 형성된다.

나쁜 습관 다루기

속된 말로 똥고집이라고 행하는 것도 일종의 자기 철학에서 비롯되는 악의 산물이다. 선한 행위로 인해 형성된 좋은 습관을 똥고집이나 아집이라고는 하지 않는다. 선보다는 악의 축으로 기울어진 나쁜 습관을 똥고집이나 아집이라고 말한다. 그래서 자기 철학이 매우 중요하다. 『효경』에 효는 백행지근본이라고 하는데 효도를 행하는 것도 자기 철학의 영역에 속한다. 자기 철학은 단순히 한 가지에 국한하지 않는다. 직장인의 경우 직장생활에 임하는 자기 철학이 있고, 리더로서 자기 철학이 있고 일반 직원으로서 자기 철학도 있다. 이처럼 자기 철학은 겉으로 보기에는 여러 가지로 표현되지만 그 속내를 면밀하게 들여다보면 선과 악으로 양분된다. 즉 선한 행동에 기인하여 형성된 자기 철학과 악의 행동에 기인하여 형성된 자기 철학이 있다. 나쁜 행동을 하는 사람은 악의 행동에 기인하여 자기 철학이 형성되고 선한 행동을 반복적으로 행하는 사람은 그 행동에 기인하여 선한 자기 철학이 형성된다. 악의 대변인을 자처하면서 악행을 일삼는 사람의 자기 철학은 악의 습관을 지닌 자기 철학이다. 반면에 정의로운 사람들이나 정의의 사도임을 자처하는 사람들은 선의 습관을 지닌 자기 철학을 지닌 사람이다. 모든 사람에게는 선과 악이 함께 병존하며 살고 있다. 자기 철학은 주변 환경과 상황에 따라 선이 악이 되기도 하고 악이 선이 되기도 한다. 그런 관점에서 볼 때 악의 철학을 가진 사람은 나쁜 행동을 선으로 생각하고, 선의 철학을 가진 사람은 착한 행동을 선으로 인지한다.

자기 철학은 일순간에 생기는 것이 아니라, 오랜 기간 다양한 경험과 많은 지식을 쌓는 과정에서 만들어지는 자기 삶의 결정체이다. 어쩌면 나쁜 행동을 습관처럼 행하는 것도 자기 철학을 형성해 가는 일련의 과정일지 모른다. 실패가 성공의 자양분이 되고 바닥으로 떨어진 만큼 높이 오른다거나 어둠이 있으면 밝음이 있다는 말의 의미를 생각하면 나쁜 습관은 좋은 습관을 잉태하기 위한 몸부림일지도 모른다. 또 흔들리지 않고 피는 꽃이 없고 고통 없이 얻어지는 것은 없다는 말의 의미를 생각하면 능히 그런 생각도 틀린 생각은 아니다. 하지만 굳이 나쁜 행동을 경험하면서 자기 철학을 형성할 필요는 없다. 왜냐하면 나쁜 행동을 하지 않고 얼마든지 좋은 자기 철학을 형성할 수 있는 길이 많기 때문이다. 『주역』의 "모든 만물은 극에 달하면 쇠한다"는 말의 의미를 생각하면 나쁜 행동을 하는 것은 아마도 나쁜 행동이 극에 달하지 않고 미성숙한 상태라고 할 수도 있다. 한 가지 간과하지 말아야 하는 사실은 자기 철학을 가진 사람도 나쁜 습관을 가지고 있다는 점이다. 하지만 자기 철학을 가지고 있지 않은 사람이 말하는 나쁜 습관의 범주에 속하지 않는 나쁜 습관이다. 즉 보통사람들 입장에서는 나쁜 습관이 아닌 습관이다. 자기 철학을 가진 사람의 나쁜 습관은 자기 철학을 둘러싼 좋은 의도에서 발의되는 행동이다. 우리는 흔히 부화뇌동(附和雷同)하거나 자기의 득실에 따라 입장을 달리하는 사람을 자기 철학이 없는 사람이라고 말한다. 이에 반해 그 어떠한 상황에서도 변치 않는 신념으로 일관되게 말하고 행동하는 사람을 자기 철학이 확고한 사람이라고 말한다. 그렇다 자기 철학이 있다는 것은 일관성을 의미한다. 쉽게 변하지 않는 투철한 신념을 가진 사람이나 사명의식을 가지고 생활을 하는

나쁜 습관 다루기

사람이 바로 자기 철학이 확고한 사람이다. 그래서 태어나면서 지닌 성격을 천성이라고 한다면 자기 철학은 후천적으로 형성된 천성이다. 또 자기 철학을 가지고 있다는 것은 자기만의 기준과 원칙에 준하여 생활한다는 것을 의미한다. 자기 철학이라는 말이 다소 어렵고 난해하다면 자기만의 좋은 고집이라고 생각하면 된다. 사익보다는 공익을 우선시한다는 생각, 어려운 사람을 돕는다는 생각, 나누고 베푼다는 생각 등 살신성인(殺身成仁)에 상응하는 정도의 행동이 바로 자기 철학에서 비롯되는 행동이다. 그중에서 목숨 바쳐 나라를 구하는 애국지사의 철학이 자기 철학의 최고이다. 사익을 챙기기 위한 자기 철학이 아니라 애국지사처럼 공익을 위해서 기꺼이 자기의 목숨을 바칠 수 있는 자기 철학을 가진 사람이 어찌 나쁜 행동을 하랴.

11.

수족을 자른다

    동일한 실수를 반복하는 행동의 횟수를 줄이거나 나쁜 습관을 고칠 요량이면, 고비를 잘 넘겨야 한다. 화재가 발생할 수 있는 조건이 마련되면 화재가 발생하고, 물이 얼음이 되는 조건을 만족하면 얼음이 되듯이 나쁜 습관 역시 일정한 조건을 만족하면 무의식적으로 그 행동을 하게 된다. 심리적으로 심한 스트레스를 받거나 감정의 기복이 클 때 혹은 주변 환경이 나쁜 습관을 행할 수 있는 조건이면 자기도 모르게 무의식적으로 나쁜 행동을 하게 된다. 전기 충격에 대한 밀의 시험에서 알 수 있듯이 사람은 일정한 요건이 충족되면 선악의 성품에 상관없이 그 분위기에 휩쓸려 자신도 모르게 무의식적으로 나쁜 행동을 하게 된다. 무더운 여름철 갈증을 느끼는 상태에서 시원한 맥주나 탁주가 있으

나쁜 습관 다루기

면 자기도 모르게 갈증을 해결하고 싶은 생각에서 술을 마신다. 또 무료하고 뭔가 본능적인 욕구를 충족하거나 쾌락의 욕구를 충족하기 위해 그간에 무의식 속에 새겨진 나쁜 행동을 하게 된다. 하지만 나쁜 습관을 고칠 요량이면 찰나의 그 순간을 잘 넘겨야 한다. 그럼에도 불구하고 그 순간에 무너질 것 같은 생각이 든다면 이중삼중으로 안전장치를 하는 것이 필요하다. 왜냐하면 의식적으로는 나쁜 행동을 하지 말아야 한다는 것을 알면서도 무의식적으로 자기도 모르게 나쁜 행동을 하기 때문이다. 즉 무의식이 의식의 근처에 오지 못하도록 바리케이드를 쳐야 한다. 술을 끊을 요량이면 술을 구하려고 해도 술을 구할 수 없는 환경을 만들어야 하고, 술을 사는 데 들어가는 돈줄을 막아 놓아야 한다. 또 무엇보다 나쁜 행동을 할 수 있는 시간적인 여유를 갖지 않는 것이 필요하다. 술을 마시고 싶어도 할 일이 너무 많아서 마실 여유가 없다면 술을 마시지 않을 것이다. 그런 것이 나쁜 행동을 하지 않기 위해 수족을 자르는 것이다. 음주운전을 하지 않기 위해 자동차를 타지 않고 회식 장소에 가는 등의 조치가 바로 수족을 자르는 것이다. 수족을 자를 때는 이중삼중으로 무의식에 새겨진 나쁜 습관이 활기를 펴지 못하도록 환경을 조성해야 한다. 간혹 자기는 이중삼중으로 방어벽을 쳤는데 자기의 뜻과는 상관없이 주변 사람들로 인해 나쁜 행동을 하게 되는 경우도 있다. 하지만 50대에 접어들면 굳이 남을 생각하지 않고 자기 의지대로 행동을 해도 크게 그릇됨이 없다. 나이 들어 혼자만의 시간을 많이 갖는다고 주변에서 누가 질타하는 사람도 없다. 그 나이에는 능히 그럴 수 있다고 생각한다. 50줄에도 다른 사람의 눈치를 보면서 자신의 나쁜 습관이 행해지도록 방관하는 것은 자신의 삶을 타인에게 저당 잡히는 것과 같다. 그러므로 그물에 걸리지 않는 바람처럼 무소의 뿔처럼 그냥 혼자서 가면 된다. 50이 넘어서도 남의 눈치를 보면서 자기가 하고 싶은 일을 하지 못하는 인생은 실패작이다.

나쁜 행동을 하지 않기 위해 수족을 자른다는 말의 의미에는 불편을 감수해야 한다는 의미가 내포되어 있다. 그간 평소에 하던 것을 모두 하면서 나쁜 행동을 고치려고 하는 것은 자만이다. 이익을 보기 위해서는 손해를 감수해야 하고, 얻기 위해서는 먼저 주어야 하듯이 뭔가를 고치기 위해서는 일정 부분 자신의 희생이 뒤따라야 한다.

한편, 『손자병법』에 전쟁에서 승리하기 위한 전략으로 출기불의, 공기무비, 병자귀속이라는 말이 있다. 이 말은 전쟁에서 승리를 얻기 위해서는 적이 예측할 수 없는 시기에 적이 미처 준비하지 않는 곳을 공격하고, 적이 알 수 없는 속도로 공격해야 한다는 말이다. 마찬가지로 자신의 무의식에 새겨진 나쁜 습관을 고치기 위해서는 무의식이 생각하지 않는 시점에 준비해야 하고 무의식이 미처 생각하지 않고 있는 것을 무의식이 활기를 띠지 못하는 속도로 공격하는 것이 필요하다. 일반적으로 사람들은 자기를 너무 과소평가하는 경우가 많다. 얼마든지 자신의 의지로 극복할 수 있는 것도 지레짐작으로 자기는 할 수 없을 거라는 생각으로 도전에 임하지 않는다. 특히 많은 사람들이 자기 혼자힘으로는 나쁜 습관을 고칠 수 없다고 생각한다. 그래서 중도에 개선,

나쁜 습관 다루기

회귀할 것이라는 생각에 수족을 과감하게 자르지 못하는 경우가 많다. 특히 주변 사람이나 절친한 친구와 단절해야 나쁜 습관을 고칠 수 있는 경우에는 더더욱 그러하다. 그럴 때는 일순간 나쁜 습관이 고쳐질 때까지만 참으면 된다는 생각으로 과감하게 수족을 자르는 것이 상책이다. 반복해서 말하지만 나쁜 행동을 생각하는 순간 무의식에 잠재된 나쁜 행동이 발동하게 된다. 그러므로 나쁜 행동을 하지 않기 위해서는 그와 연관된 것들은 한 치도 생각하지 말아야 한다. 만약에 술을 끊을 요량이면 술 자체를 생각하지 말아야 하고 금연을 결심했다면 담배라는 단어 자체도 생각하지 말아야 한다. 무엇이든 딱 한 번이 문제가 된다. 그러므로 나쁜 습관을 고칠 요량이면 일단 시작하면 자기 생각대로 되지 않는다는 것을 인식하는 것이 무엇보다 필요하다. 이번에는 결코 과거와 같지 않다거나 이번에는 결코 실수하지 않는다는 생각은 버리자. 일단 무의식에 잠재된 나쁜 행동을 한다는 생각 자체가 이미 나쁜 행동을 하게 된 것이다. 『성경』에 상상으로 간음해도 간음한 것이라는 말의 의미를 생각하면서 나쁜 습관 자체도 생각하지 않는 것이 나쁜 습관을 고치는 길이다. 더불어 동일한 실수를 반복하는 나쁜 행동을 하지 않으려고 결심했다면 일차적으로 자신이 왜 반복적으로 동일한 실수를 하는지에 대한 원인분석을 명확하게 해야 한다. 이때 삼단논법을 활용해서 A=B, B=C, A=C를 활용하면 된다.

일례로 술을 마시는 것은 가정 파탄을 가져온다. 가정 파탄을 가져오는 것은 인생의 실패를 가져온다. 그러므로 술을 마시는 것은 인생의 실패이다. 혹은 술을 마시면 음주운전을 한다. 음주운전을 하면 가정 파탄이다. 그러므로 술을 마시는 것은 가정 파탄이라는 생각을 갖는 것이다. 그런 생각을 가지면 결코 술을 마실 생각이 나지 않을 것이다. 즉 술을 마시는 것 자체가 음주운전을 하는 것이라는 생각을 갖거나 가정 파탄의 시작을 알리는 것이라는 생각을 가지는 것이다. 그래서 술을 마실 때 음주운전으로 인한 사고나 가정불화를 생각하면서 마시던 술도 토해 낼 정도가 되어야 진정으로 동일한 실수를 반복적으로 행하는 실수를 예방할 수 있다. 무의식에 새겨진 나쁜 습관을 완전히 제거할 수 없다면 미연에 방지하여 빈도수를 줄이거나 확률을 낮춰서 자기 결심을 도탑게 하는 수밖에 없다.

대부분 나쁜 행동을 하게 되는 주요 원인은 크게 때와 장소, 그리고 사람에게서 그 원인을 찾을 수 있다. 자기 인생을 바꿀 요량이면 가장 우선적으로 자기가 자주 가는 장소와 자주 만나는 사람을 바꿔야 한다. 이에 더하여 장소와 사람이 교점을 이루는 시간상의 문제를 돌아볼 필요가 있다. 술을 끊을 요량이면 술을 마시는 사람을 만나지 말아야 하고 술집에 가지 않으면 된다. 아울러 술을 마시게 되는 시간에 책을 보거나 산책이나 운동을 하는 등 시간을 잘 관리하면 된다. 손자는 『손자병법』에서 유리한 위치를 선점하기 위해서는 하늘의 때와 지역적인 조건 그리고 군인들의 사기나 조직력 등에 대해서 적과 비교해서 유리하다고 생각하면 전쟁을 하라고 말한다. 제아무리 강한 군사력을 가지고 있어도 하늘과 땅의 유리함을 가지지 않으면 승리를 장담할 수 없다.

나쁜 습관 다루기

만약에 하늘과 땅의 조건이 불리한 상태에서 단순히 군사력으로만 이기는 싸움에는 자기 역시 막대한 손해를 감수해야 한다. 이와 마찬가지로 동일한 실수를 반복하게 하는 나쁜 행동을 고칠 요량이면, 천(天), 지(地), 인(人)의 3가지 조건이 맞지 않도록 해야 한다. 하늘의 때, 즉 시간적으로 술을 마시지 않는 시간을 만드는 것이고, 지리적인 조건, 즉 자신이 처한 지리적인 여건이 술을 마실 조건이 안 되도록 해야 한다. 또, 인적인 요건, 즉 자신과 함께하는 사람이 술을 마시지 않는 사람이어야 한다. 물론 이 3가지 요건이 모두 만족해야만 나쁜 행동을 하는 것은 아니다. 때로는 단 한 가지만 조건을 만족해도 그런 행동을 하는 경우도 있다. 그런 사람은 중독이 되었다고 생각하면 된다. 맹자는 천시는 지리보다 못하고 지리는 인화보다 못하다고 했다. 이 말은 제아무리 천시와 지리가 이롭다고 해도 인화(人和)보다 못하다는 말이다. 제아무리 천시와 지리가 나쁜 행동을 할 여건이 되지 않아도 자신의 의지를 이기지 못하면 나쁜 행동을 하게 된다. 즉 천시와 지리적인 여건이 나쁜 행동을 하게 될 여건이어도 자기의 의지가 강하다면 능히 무의식적으로 행하는 나쁜 습관을 정복할 수 있을 것이다.

DEALING WITH BAD HABITS

CHAPTER 2.

자기와의
소통

01.

자기와 소통한다

나이를 먹으면 먹을수록, 지식과 경험이 많으면 많을수록 실수를 하지 않는 것이 지극히 상식적인 논리인데, 인생에는 반드시 상식이 통하지 않는 경우가 비일비재하다. 특히 동일한 실수를 반복하고, 새해 결심한 것들이 작심삼일이 되는 것을 보면, 나이와 지식과 경험이 많은 것이 오히려 그것을 반복하게 하는 단초가 된다는 생각을 하게 된다. 하지만 인생 후반에 접어들면 그러한 실수들이 모여 불행을 잉태하고, 일평생 쌓아 온 업적과 평판이 일순간에 무너지는 참담한 상황에 놓이게 된다. 그러므로 인생 후반에는 작은 실수도 용납하지 않는다는 마음으로 삶에 임하는 것이 그나마 실수를 최소화하는 길이다. 아울러 인간은 신이 아닌 이상 완벽할 수 없다는 점을 감안하여 미연에 동일한 실

나쁜 습관 다루기

수가 반복되지 않도록 안전장치를 구비해야 실수를 피할 수 있다. 절치부심 결심하고 사생결단의 각오로 임하면서도 번번이 동일한 실수를 반복하는 것은 왜일까? 어른으로서 어린아이도 반복하지 않는 어이없는 실수를 반복적으로 행하는 것은 무슨 연유에서일까? 부모, 교사, 리더, 가장, 선배로서 솔선수범해서 모범을 보여야 하는데 그렇지 못하고 크고 작은 실수를 저지르는 것은 왜일까? 이는 단순히 습관의 문제가 아니다. 또 그저 막연하게 인간은 신이 아닌 이상 실수를 할 수밖에 없다는 핑계와 변명으로 간과할 수 있는 문제가 아니다. 특히 인생의 후반에 접어들었다면 반복되는 자신의 실수를 완전히 소멸시키고자 하는 노력이 수반되어야 하고, 뭔가 특단의 조치를 취해서 다시는 그런 동일한 실수를 하지 않는 사람으로 거듭나야 한다. 왜냐하면 단 한 번의 실수가 치명적인 결과를 초래하는 연령대가 바로 인생 후반이기 때문이다. 젊을 때의 실수는 성공의 자양분이 되지만, 인생 후반의 실수는 자기뿐 아니라 가족을 포함하여 자신의 주변 사람들에게 불행을 안겨주는 도화선이 된다. 그러므로 자기뿐 아니라 자기 주변 사람들의 행복한 삶을 이어가기 위해서라도 인생 후반에는 과거 밥 먹듯이 자행했던 실수와 단절된 삶을 살 필요가 있다. 물론, 자신의 실수에 대해 통렬히 반성하고 다시금 그러한 실수를 하지 않기 위해 나름대로 다양한 방법을 세워서 삶에 임했으리라 본다. 그럼에도 불구하고 동일한 실수가 거듭되고 있다면 이제라도 필자가 전하는 처방으로 치유를 하면 어떨까?

사람마다 개성이 모두 다르고 지향하고 생각하는 바가 각양각색이라고 하지만 모두가 원하는 공통된 삶의 목적은 행복이다. 이 책은 동일한 실수가 반복되는 불행한 삶에서 벗어나 행복한 삶의 지평을 열게 하는 데 목적이 있다. 인생의 행복은 실수만 하지 않아도 반은 해결된다. 특히 습관적으로 행하는 실수를 해결한다면 인생의 8할 이상은 행복한 삶을 살 수 있다. 대부분의 실수는 타인에 의해서 행해지는 경우보다 자의에 의해서 행해지는 경우가 많다. 그런 사람은 자기 스스로 자기 인생에 불행이라는 자살골을 넣는 사람이다. 그런 삶을 살지 않기 위해서는 어떻게 해야 할까? 동일한 실수를 반복하지 않기 위해서는 어떻게 해야 할까? 한번 결심한 것을 끝까지 실행하기 위해서는 어떻게 해야 할까? 어렵고 힘들어도 중도 포기 하지 않고 끝까지 최선을 다하기 위해서는 어떻게 해야 할까? 그 비결은 의외로 매우 간단하다. 될 때까지 포기하지 않고 끝까지 도전하는 것이다. 문제는 중도 포기가 습관으로 자리하고 있는 사람은 그 방법이 무용지물이라는 점이다. 그렇다면 어떻게 해야 하는가? 그 비결은 자기와의 소통을 강화하는 것이다. 동일한 실수를 반복하는 원인은 나쁜 습관에서 비롯되지만, 나쁜 습관을 고치지 못하는 근본적인 원인은 자기와의 소통 부족에 있다. 즉 자기와 소통하는 힘이 강하면 강할수록 나쁜 습관을 조기에 고칠 수 있고, 그로 인해 동일한 실수를 반복하지 않게 된다. 이 책은 자기와의 소통을 강화하여 나쁜 습관을 고치고, 새로운 사람으로 거듭나게 함으로써 스스로 불행을 자처하지 않게 하는 데 도움을 주는 책이다. 올곧게 살아도 행복한 삶을 장담할 수 없는데 자기 스스로 불행이라는 자살골을 넣는다면 더없이 불행한 삶이라고 할 수 있다. 선천적으로 얻어진 천성은

나쁜 습관 다루기

바꿀 수 없지만, 후천적으로 형성된 나쁜 습관은 얼마든지 좋은 습관으로 바꿀 수 있다. 지금 이 시간 실수로 인해 곤란한 상황에 처해 있거나 동일한 실수를 반복하지 않기 위해 뭔가 돌파구를 찾고자 한다면 이 책에서 그 단초를 구하자. 우리네 인생은 절벽에 아슬아슬하게 걸쳐 있는 외나무다리를 건너는 것과 같다. 한순간의 방심으로 인해 수천 미터가 되는 절벽 아래로 떨어질 수 있는 외나무다리에서 각양각색의 재주를 부리면서 위험천만한 삶을 이어가고 있다.

남들이 알 수 없는 실수여서 그다지 신경을 쓰지 않거나 대수롭지 않다고 생각하고 있다면 지금 당장 생각을 바꿔야 한다. 또 이제 남은 인생 후반은 과거처럼 살지 않겠다고 마음을 먹었다면 충분히 바꿀 여지가 있다. 동일한 실수를 반복하는 나쁜 습관을 바꿀 요량으로 수도 없는 방법을 다 동원해서 실행을 했지만 무용지물이라고 생각해서 그냥 살고 있다면 이제라도 늦지 않았다. 어제보다 더 나은 오늘은 아니지만 오늘보다 더 불행한 내일을 살 수는 없지 않은가? 자, 이제 마음의 준비를 단단히 하고, 고칠 수 있고, 바꿀 수 있고, 새로운 삶을 열어 갈 수 있다는 자신감을 가지고 자기와의 소통력을 기르기 위한 여정에 나서자. 남부러울 것이 없는 사람이라고 해서 근심 걱정이 없는 것은 아니다. 부자는 부자 나름으로 근심 걱정이 있고, 빈자는 빈자 나름으로 제각각 근심 걱정이 있다. 마찬가지로 잘난 사람이라고 해서 실수를 하지 않는 것이 아니고 못난 사람이라고 해서 더 많이 실수하는 것도 아니다. 중요한 사실은 인간은 신이 아닌 이상 필연적으로 실수를 하게 된다는 것이다. 그렇게 생각하면 어느 정도 마음의 위로를 받는다. 누구나 실수를 하니 나 역시 실수를 하고, 나 역시 인간이기 때문에 실수를 하는 것이 지극히 당연하다고 생각하면 실수로 인해 생긴 근심 걱정이 어느 정도 희석될 것이다.

한편으로 생각하면, 자기만 실수한다고 생각하는 것보다 남들도 다 실수한다고 생각하는 것이 어쩌면 동일한 실수를 반복하게 하는 단초가 되는지도 모른다. 그런데 대부분의 사람들이 동일한 실수를 하고도 이제 고칠 수 없을 정도로 나쁜 습관이 굳게 자리해서 어쩔 수 없다고 생각하는 경향이 있다. 왜냐하면 실수를 통해 배우면서 사는 것이 인생이라는 생각으로 자기를 합리화하기 때문이다. 하지만 자신이 살아온 날보다 살아갈 날이 많지 않거나, 사람들을 다스리는 리더의 위치에 있다면 그런 생각의 뿌리는 완전히 뽑아내야 한다. 왜냐하면 제아무리 사소한 실수라고 해도 동일한 실수를 반복하는 것은 그것이 습관으로 형성되고 그 습관이 결국에는 자기 인생의 발목을 잡기 때문이다. 물론 실수도 인생의 한 부분이라고 생각하면서 사는 것도 좋다. 중요한 것은 동일한 실수를 반복하지 않는 것이다. 그것만으로도 실수의 8할은 줄일 수 있다.

모든 것은 마음먹기에 달려 있기에 마음먹고 고치면 너나없이 문제를 해결할 수 있다면 얼마나 좋을까? 흔히 일순간에 사람이 변하면 죽는 날이 가까워진 것이라고 말을 하지만 자기와의 소통 능력을 기르고

나쁜 습관 다루기

그 힘이 강하면 얼마든지 동일한 실수를 반복하는 습관을 제거할 수 있다. 또 대부분의 나쁜 습관은 천성적으로 형성된 것이 아니라 후천적으로 형성된 것이기에 얼마든지 제거가 가능하다. 이제라도 늦지 않았다. 우공이산(愚公移山)의 마음과 남이 한 번에 해서 성공한다면 자신은 백 번을 해서라도 성공하겠다는 생각으로 동일한 실수를 반복하게 하는 나쁜 습관을 고쳐 보자. 그 시작은 바로 자기와의 소통 능력을 키우는 것이다.

02.

과거를 회상한다

동일한 실수를 반복하는 나쁜 행동을 하지 않으려고 결심했다면 과거 어렵고 힘들었던 순간을 떠올리는 것이 큰 도움이 된다. 또 이제껏 어렵고 힘든 상황을 극복한 것이 이렇게 나쁜 행동을 하려고 그 힘든 상황을 극복한 것이 아니라는 것을 인지하는 것이 필요하다. 어렵고 힘들었던 순간을 슬기롭게 극복하면서 파란만장한 인생을 살아온 결과가 나쁜 행동을 하는 이 순간이라는 생각을 하면 비참하기 이를 데 없다. 또 기뻐서 하늘을 날아갈 것 같은 기쁜 순간을 생각하면서 그런 기쁨을 뒤로한 채 나쁜 행동을 하고 있는 그 순간이 얼마나 어리석고 어처구니 없는 행동인가를 반성하는 것이 필요하다. 자녀가 태어나 아내와 기뻐했던 순간, 입사 시험에 합격하여 첫 출근을 하던 그 순간을 생각하면

나쁜 습관 다루기

서 그 당시 초심으로 돌아가 자신이 나쁜 행동을 하고 있는 것에 대해 통렬하게 반성하는 것이 필요하다. 어렵고 힘든 순간이 계속되는 것은 아니다. 또 맑은 날이 계속되지 않듯이 기쁨도 오래가지 않는다. 어렵고 힘들게 살아온 지난날을 돌이켜 보면 이 순간 나쁜 행동을 하기 위해 그 어렵고 힘든 순간을 이겨 낸 것은 아니다. 어떻게든 남이 보란 듯이 행복하고 인생을 알차게 보내기 위해 힘든 고비를 넘겨 온 것이다. 애써 힘들게 힘든 순간을 겪어 왔고, 수많은 우여곡절을 겪으면서도 다시금 도전하는 마음으로 그 위기를 극복하고 이 자리까지 왔다는 것을 생각하면 나쁜 행동을 하고 싶은 생각이 들지 않을 것이다. 과거 힘들었던 순간을 생각하면 현재의 상태가 얼마나 행복한 순간이라는 것을 알게 된다.

그다지 어렵고 힘든 일도 없는데 무료하고 뭔가 쾌락을 느끼고 싶은 생각에서 스스로 인생의 늪으로 빠지고 있다는 생각을 하면 참으로 기가 막힌다는 생각이 들 것이다. 오로지 목표를 향해 학구열을 불태웠던 학창시절을 뒤돌아보자. 원하는 대학에 들어가기 위해 끼니도 잊어가며 노력했던 순간을 뒤돌아보자. 그렇게 힘들게 살아온 삶이고 수많은 경쟁자들과 피 터지게 보이지 않는 선의의 경쟁을 통해 지금 이 자리까지 오게 됐다. 그런데 무심코 자행한 자신의 나쁜 행동 하나가 그 모든 것을 헛수고로 만든다는 생각을 하면 나쁜 행동을 하고 싶은 생각이 들지 않을 것이다. 또 고통을 감내하면서 치열하게 살아온 과거를 돌아보면 결코 그 시절로 돌아가고 싶은 생각이 들지 않을 것이다. 어떻게 만들어 온 삶인가? 어떻게 다져 온 삶인가? 어떻게 이겨 낸 삶인가? 이런 평온한 삶을 만들기까지 얼마나 비싼 수업료를 지불했는가를 생각하면 나쁜 행동을 하고 싶은 생각이 전혀 들지 않을 것이다. 또 자신이 무심코 행한 나쁜 행동으로 인해 사랑하는 가족들이 불행한 생활을 해야만 했던 과거를 생각하면 더욱 가슴이 찢어지는 것과 같은 고통을 느끼게 될 것이다. 아울러 그 누구보다 자기가 올바른 행동을 하기를 학수고대 하는 사람들이 사랑하는 가족이라는 생각을 하자. 가장의 인생은 단순히 자기만의 인생이 아니다. 가장의 행동 하나하나가 가족들의 인생에 직간접적인 영향을 주고 있다는 것을 망각하지 않아야 한다. 지나온 과거를 생각하면 정말이지 죽고 싶은 생각이 들 정도로 힘들었던 순간도 있을 것이다. 그 순간을 잘 넘겼기에 오늘 이 자리에서 평화의 숨을 내쉬고 있는 것이 아닌가. 절망에 빠져 모든 것을 포기하고 싶은 순간을 잘 참아 왔기에 오늘이 있는 것이 아닌가. 어렵고 힘든 상황에 처하지 않으려고 애써도 그런 상황은 필연적으로 찾아오게 마련인데, 자의적으로 나쁜 행동을 해서 자기 스스로 고통의 늪에 빠뜨리는 어리석음을 행하지 않아야 한다.

희로애락 중 어떤 감정일 때 제일 많이 나쁜 행동을 할까? 대부분 기쁘고 즐거울 때는 그다지 나쁜 행동을 하지 않는다. 제일 위험한 감정은 화가 치밀어 오르는 감정이다. 화가 나면 감정을 주체하지 못해서 평소와 다른 행동 양상을 보인다. 무엇이든 부숴 버리고 싶은 그런 감정 상태에서는 일단 화를 일으킨 원인으로부터 일정한 거리를 두는 것

76

나쁜 습관 다루기

이 필요하다. 그것이 화를 그나마 적게 내는 방법이다. 화의 근원이 되는 자리에서 벗어나지 않고 화를 억누르는 것은 한계가 있다. 그러므로 일단 화의 근원이 되는 자리에서 벗어나 차분히 자신의 감정을 식히는 것이 필요하다. 화가 나면 가장 먼저 말이 어눌해진다. 또 목소리가 커지고 손을 어디에 둘지를 모르는 상태에 이르게 된다. 또 욕설을 하게 되고 심한 경우에는 폭력을 가하기도 한다. 화를 내는 것도 습관이다. 자기의 감정을 자기가 억제하지 못해서 큰 사건을 일으킬 우려가 있다. 그러므로 화가 나면 만사 그만두고 일단 자리를 벗어나는 것이 상책이다. 화가 났다는 것은 이미 이성이 마비되고 감정이 득세를 한다고 할 수 있다. 나쁜 행동이 감정적인 상태에서 행하는 것이라는 점을 생각해서 이성적으로 생각할 수 없는 상태에서는 일단 혼자만의 공간에서 생각에 생각을 곱씹는 것이 필요하다. 길게 심호흡을 하면서 자기의 숨소리를 들어 보고 입과 코가 아닌 온몸으로 호흡을 하는 형태를 취하다 보면 자기의 감정을 어느 정도 다스릴 수 있을 것이다.

03.

존재 이유를 찾는다

　동일한 실수를 반복하는 나쁜 행동을 고칠 요량이면 소유에 대한 생각을 버리고 자기 존재 이유를 찾는 것이 우선되어야 한다. 소유한다는 말은 욕심이나 욕구 혹은 욕망을 가졌다는 의미이다. 뭔가를 갖고 싶어 하는 그러한 소유의 마음은 계속해서 더 많은 것을 소유하고 싶은 욕구를 갖게 하는 단초가 된다. 이에 반해 존재한다는 것은 그 자체를 중요시하고 있는 사실 그대로를 인정한다는 의미이다. 노자는 『도덕경』에서 최상의 리더십은 리더십을 발휘하지 않는 리더십이라고 했다. 조직원들이 리더가 있다는 것을 의식하지 않을 정도의 리더십을 발휘하는 것이 최고의 리더십이다. 리더가 뭔가를 하려고 하는 것은 오히려 조직의 해가 되기 때문에 아무것도 하지 않는 리더십을 구사하라고 노자는 말한다. 그렇다. 조직을 소유하려는 리더십이 아니라 리더 자체로 존재하는 리더십이 최고의 리더십이다. 또 노자는 고요한 것을 이길 수 있는 것은 아무것도 없으며 산이 오래도록 존재하는 것은 고요하기 때문이라고 했다. 나쁜 행동을 하는 근본적인 요인 중 하나는 소유를 하려는 마음에서 비롯된다. 특히 현재보다 더 나은 것을 바라는 마음이 충족되지 않음에서 오는 스트레스로 인해 나쁜 행동을 하고 있다면 더욱더 존재하는 것에 중점을 두는 생활을 하는 것이 바람직하다. 아무것도 하지 않으면서 하지 못하는 것이 없으며 쓸모없이 버려진 것이 더 유용한 것이라는 말의 의미에는 존재의 의미가 담겨 있다. 그냥 주어진 역할과 책임에 충실하면 된다. 자연의 모든 것이 그러하듯이 인간도 자연의 일부라는 것을 깨닫고 그저 인간으로서 행해야 하는 역할과 책임만 행하면 그만이다. 더 나은 삶을 살고 더 좋은 것을 입고 더 맛있는 것을 먹으려고 애쓰지 말고 주어진 현실에 안분지족하는 것이 바로 존재 그 자체의 삶을 사는 것이다. 존재한다는 것은 생각하는 것이다. 또 존재한다는 것에는 생각한다는 의미가 담겨 있다. 흔히 자존감은 자기 스스로 자신이 괜찮은 사람이라는 느낌을 갖는 것을 말한다. 자기의 존재 가치를 타인에게 인정받고자 하는 자존심과 자기 스스로 자신은 괜찮은 사람이라고 느끼는 자존감은 서로 다르다. 나쁜 습관을 하게 하는 스트레스를 줄일 요량이면 자존심이 강한 사람이 아니라 자존감이 높은 사람이 되어야 한다. 자존심이 강한 사람은 소유의식이 강하다. 다른 사람과의 경쟁에서 이겨야 하고, 남에게 지지 않으려는 생각을 갖고 있기 때문이다. 그래서 더 많은 것을 소유하려는 욕구가 강하다. 그런

데 간과하지 말아야 하는 중요한 사실 중 하나는 자기가 소유하고 싶다고 해서 모두 소유할 수 없다는 것이다. 즉 소유의 마음은 소유를 하지 못하는 현실에서 생기는 불만과 갈등으로 인해 스트레스를 유발한다. 스트레스를 받는다는 것은 심리적인 불안정 상태에 있다는 것을 의미한다. 정서적으로 불안한 상태에서는 이성적인 판단에 의해서 행동하기보다는 감정적인 생각에 기인하여 행동하는 경향이 있다. 나쁜 행동을 하게 하는 심리적인 불안이 바로 소유의식에서 비롯된다. 반면에 자존감이 높은 사람은 더 많은 것을 소유하려고 하지 않고 더 높은 자리에 연연하지 않으며 자신이 존재한다는 것 자체에 의미를 부여하는 삶을 산다. 그러므로 평상심을 유지할 수 있고 정서적인 안정을 기할 수 있다. 한마디로 모든 것을 내려놓고 욕심이 없이 그저 물처럼 바람처럼 사는 것이 바로 존재의 삶을 사는 것이다.

지금 이 순간 뭔가를 소유하려는 마음을 갖고 있다면 갖고 싶은 것, 하고 싶은 것이 셀 수 없이 많다는 것이다. 그로 인해 자기의 존재감이 약화되고 자존감이 떨어지게 된다. 소유하려는 생각을 갖는 것 자체만으로 자기 갈등으로 인해 자기 스트레스 상황에 처하게 되는 것이다. 하지만 존재한다는 생각을 가지면 자기에게 주어진 역할과 책임에 충실한 사람이 되어야겠다는 생각을 하게 된다. 한마디로 말해 자기를 돌아보게 된다. 소유의 마음은 자기의 눈을 밖으로 돌리게 하고 자기의 생각을 밖으로 내보내게 한다. 그로 인해 자기를 잃게 되고 자기 본연의 역할과 책임을 망각하게 하는 단초가 된다. 이에 반해 존재한다는 마음은 자기의 눈을 안으로 향하게 하여 자기에 대한 생각으로 생각을 채우게 한다. 그래서 의식의 자기와 무의식의 자기가 서로 소통하게 하는 가교 역할을 한다. 그런 과정에서 어떻게 하면 나쁜 행동을 하지 않을까에 대한 해답을 구하게 된다. 그 해답을 생활에 접목한다면 능히 나쁜 습관을 고칠 수 있을 것이다.

04.

감정을 잘 조절한다

　동일한 실수를 반복하는 나쁜 행동을 하는 주요 원인 중 하나는 감정 변화에 있다. 평정심을 유지하고 감정적으로 안정된 상태에서는 나쁜 행동을 하지 않는다. 대부분 화가 나면 울분을 터뜨릴 수가 없어 고함을 치거나 대성통곡을 하면서 눈물로 그 마음을 달래는 경우가 많다. 특히 나이가 들어 갈수록 화를 자주 내는 경향이 있다. 선천적으로 분노 조절이 잘되지 않는 사람은 특히 감정 조절에 주력하는 것이 좋다. 대부분 감정의 변화는 자기 뜻대로 되지 않거나 자기가 마음먹은 대로 일이 진행되지 않을 때 생긴다. 자기가 마음먹은 대로 혹은 자기 뜻대로 일이 착착 진행되면 그다지 화를 내거나 분노의 감정이 생기지 않는다. 중요한 것은 모든 사람들이 자기가 마음먹은 대로 혹은 자기 뜻대로 사는 경우가 없다는 점이다. 전지전능한 신이 아닌 이상 인간은 완전하지 않다. 그래서 사람들은 모두가 자기가 원하는 것을 다 이루지 못하는 불완전한 삶을 산다. 특히 직장인의 경우에는 사업을 하는 사람보다 더욱더 많은 갈등과 스트레스 속에서 생활하는 경우가 많다. 또 화가 나거나 분노에 찬 감정을 발산할 때 선하게 발산하면 좋은데 그런 나쁜 감정 상태에 있으면 이성적인 판단보다는 감정적으로 행동하는 경우가 많다. 그래서 실수한다. 욱하는 것을 참지 못해서 살인까지 하는 경우를 보면 분노나 화를 참지 않는 것이 얼마 큰 불행을 주는지를 알 수 있다. 분노 조절 전문가들은 분노의 감정이 들지 않도록 예방하는 것이 분노로 인해 발생될 수 있는 악행을 제거할 수 있는 가장 좋은 방법이라고 말한다.

나쁜 행동의 대부분은 좋지 않은 감정 상태에 있을 때 행하는 경우가 많다. 또 기분이 너무 좋아서 혹은 너무 우울해서 자기도 모르게 실수를 하는 경우도 있다. 좋은 행동을 해서 실수하는 경우보다 나쁜 행동으로 인해 발생되는 실수가 더 많다. 감정의 변화가 잦으면 생활의 불안정으로 인해 올곧게 마음먹은 바를 실천할 수 없고, 말과 행동에 일관성을 부여하기가 어렵다. 그런 감정의 변화는 생각에서 시작된다. 생각이 변하면 마음도 변하고 마음이 변하면 감정이 변하며 감정이 변하면 행동도 변한다. 또 나쁜 생각을 하면 나쁜 마음이 들고 나쁜 마음이 들면 나쁜 감정이 생기며 나쁜 감정으로 인해 나쁜 행동을 한다.

일반적으로 감정적으로 안정된 생활을 유지하기 위해서는 첫째, 이익을 보려는 이기적인 생각을 하지 않는 것이다. 욕망이나 욕구나 욕심을 갖게 되면 그것을 충족하지 못함으로 인해 감정적인 변화를 겪게 된다. 그러므로 모든 것을 내려놓는다는 생각으로 마음을 비우며 생활하는 것이 바람직하다. 둘째, 자기가 우위에 서려는 생각, 자기가 가진 힘을 과시하거나 자만으로 인한 행동이 상대방의 감정 변화를 일으키고 그 감정이 전이 되어 자기의 감정이 변하게 되는 것이다. 그러므로 모든 것을 포용하고 수용하는 너른 마음으로 자신을 낮추는 태도를 취하는 것이 감정적인 변화를 줄이는 길이다. 셋째, 시간이 지나면 아무 일도 아니고, 돌이켜 생각하면 극히 미미한 일인데 자존심 때문에 혹은 상대방에게 지지 않으려는 생각에서 감정 변화가 생기는 일이 발생되어 결국 감정 변화를 겪게 되는 경우가 많다. 그러므로 넉넉하고 바다 같은 마음으로 용서하고 양보하는 마음을 갖자. 넷째, 자기주장을 너무 강하게 하는 것에서 감정 변화를 겪게 되는 경우가 많다. 얼핏 생각하면 자기주장을 강하게 해서 자기가 뜻하는 대로 일이 진행된다면 좋겠지만 그렇게 되는 경우는 극히 미미하다. 왜냐하면 모든 사람들은 모두가 자기 뜻대로 일이 진행되기를 바라고 있기 때문이다. 자기의 생각이 맞는다고 생각하는 사람에게 오로지 자기의 주장이 옳다고 강하게 밀어붙이는 것은 갈등의 불씨가 되어 관계가 악화되는 경우가 생기게 된다. 그러므로 타인의 의견을 경청하고 때로는 통 큰 생각으로 상대방의 주장을 받아들일 수 있는 여유를 갖는 것이 필요하다. 마지막으로 감정의 변화를 자기 스스로 만들어서 오해와 착각으로 인해 생기는 경우가 많다. 객관적으로 볼 때 전혀 감정 변화가 일어날 정도의 일이 아닌데 자기 상상 속에서 자기 스스로 자기감정 변화를 일으키는 경우가 많다. 그러므로 자기의 생각을 더 하거나 주관적인 생각을 버리고 있는 그대로 사실 그대로 이해하는 것이 필요하다. 이외에도 사람의 감정 변화를 일으키는 요소는 헤아릴 수 없이 많다. 중요한 것은 주변 여건과 상황은 자기가 마음대로 바꿀 수는 없지만 자기의 감정은 얼마든지 조절이 가능하다는 점이다. 화나 분노가 치밀어도 그리 화를 내거나 분노할 필요는 없다. 감정 변화를 느끼는 순간이 오면 오히려 크게 한번 웃는 것이 좋다. 목숨을 좌지우지하는 것도 아니고 경천동지할 일도 아닌데 자기의 감정이 변하는 것은 소인배나 하는 것이라는 생각을 하자. 화와 분노를 안고 사는 것은 자기 안에 자기를 태우는 불씨를 안고 사는 것과 같다. 그러므로 화와 분노는 자기와는 전혀 상관없는 감정이라는 생각으로 생활하는 것이 바람직하다. 아울러 심적으로 상호 불편한 관계를 유지하고 있다면 먼저 화해의 손을 내밀고 좋은 관계를 유지하는 것이 필요하다. 왜냐하면 이를 풀지 않고 계속 마음에 담고 있다 보면 어느 순간 폭발하여 대형 사고를 칠 확률이 높기 때문이다. 뉴스를 보면 층간 소음으로 인한 작은 갈등으로 인해 송사에 휘말리는 경우도 있고, 사소한 말다툼이 폭력을 부르는 경우도 있다. 그래서 무엇보다 감정 변화의 상황에 놓이지 않게 하는 것이 중요한데 그러기 위해서는 이 세상의 모든 것은 자신의 것이 아니라는 생각을 갖는 것이 필요하다. 또 인생은 짧다는 생각을 하자. 인생은 짧아서 서로 사랑하며 즐겁게 살기에도 부족하다. 짧은 인생을 감정 변화로 인해 화를 내거나 다투며 살기

에는 너무 아까운 인생이다. 즐겁게 웃으며 살기에도 부족한 인생을 헛
되이 낭비하지 않는다는 생각을 하는 것이 감정적으로 안정을 유지하
는 비결이다.

05.

가족들을 생각한다

동일한 실수를 반복하는 나쁜 행동을 고칠 요량이면 가족들과 함께 하는 시간을 많이 가져야 한다. 결혼한 남자의 경우에는 자녀들과 함께 하는 시간을 많이 갖는 것이 그나마 나쁜 행동을 줄일 수 있는 방법 중 하나이다. 또 한 가정을 이끄는 가장의 역할과 책임을 바르게 하고 있 는지 혹은 자녀로서 부모의 은혜에 보답하는 행동을 하고 있는지 등 가 정의 행복을 위해 역할과 책임을 다하고 있는지를 돌아보는 것이 나쁜 행동을 줄이는 데 효과가 있다. 자녀들이 보는 앞에서 나쁜 행동을 서 슴없이 하는 부모는 없다. 또 부모의 눈을 피해 나쁜 행동을 하는 자녀 는 그리 많지 않다. 대부분의 나쁜 행동은 가족들이 보지 않는 상태에 서 이뤄지는 경우가 많다. 직장인의 경우 무슨 일이든 아내와 함께 정보를 공유하고 올바른 직장생활을 하기 위해서 어떻게 하는 것이 좋은지 혹은 직장에서 스트레스를 덜 받기 위해서는 어떻게 처신하면 좋을지에 대해서 해답을 구하려고 하다 보면 그 자체로 스트레스가 풀리는 경우도 있다. 아내 몰래 주식 투자를 하는 등 아내 몰래 딴 주머니를 차는 남편치곤 올바른 행동을 하는 사람은 극히 드물다. 인생의 목적이 행복을 추구하는 것에 있다는 관점에서 볼 때, 가족 구성원 각각에게 영향을 주는 모든 정보를 상호 공유하는 것이 바람직하다. 또 백지장도 맞들면 낫다는 말이 있듯이 어렵고 힘든 상황을 가족들과 함께 상의하고 당면한 문제를 가족들과 함께 풀어 가는 과정에서 행복이 도타워진다는 점을 인식하는 것이 매우 중요하다. 자신의 일이기에 가족들은 몰라도 된다고 생각을 하거나 가족들이 알면 괜히 근심 걱정만 늘어날 뿐이라는 생각으로 모든 것을 자기 혼자서 짊어지려고 하는 것은 장기적으로 볼 때 오히려 가정불화의 원인이 된다.

나이를 먹으면 먹을수록 혼자 있는 시간이 많아진다. 특히 자녀가 출가하면 결국 노년에는 부부간 둘이 의지하면서 살 수밖에 없다. 그러다 부부 중 한 사람이 하늘나라에 오르면 외로움과 고독과 싸워야 하는 고통스러운 시간을 보내게 된다. 그런 것을 인지하여 가족들을 생각하고 자기로 인해 가족들이 불행한 생활을 하지 않도록 하는 것만으로도 가족 구성원으로서 역할을 제대로 하는 것이다. 나쁜 행동을 하는 원인이 무엇이든 간에 가족들과 함께하는 시간이 많으면 많을수록 나쁜 행동을 줄일 수 있다. 또 대부분의 나쁜 행동을 하게 됐던 과거의 기억을

나쁜 습관 다루기

떠올려 보면 분명히 가족들과 함께하지 않고 대부분 혼자 있을 때 나쁜 행동을 하게 됐다는 것을 발견할 수 있을 것이다. 또 가족들과 함께 있으면 가족들을 위해 자기가 무엇을 해야 하는지에 대한 생각을 곱씹어 볼 수 있다. 사랑하는 자녀들을 위해 부모로서 어떻게 행동해야 하는지에 대한 생각을 하게 되고, 자녀의 경우에는 부모님의 은혜에 보답하기 위해 자녀로서 어떤 역할과 책임을 다해야 하는지에 대한 생각을 많이 하는 것이 바람직하다. 가족들과 함께하고 싶어도 그런 상황이 되지 않는다면 가족사진을 보거나 전화를 하면서 자기의 나쁜 행동을 하려는 생각을 절제하는 것도 필요하다. 아울러 향후 가족들이 기뻐하는 표정을 생각하면서 가족들을 위해 뭔가를 하는 것에 보람을 느끼면 나쁜 행동을 해서 느끼는 쾌락보다는 더 큰 기쁨을 느끼게 된다.

「나는 자연인이다」라는 방송 프로그램을 시청하다 보면 주인공이 아내가 산에 올 것을 생각해서 행복한 모습으로 구슬땀을 흘리는 모습을 접하게 되는데 그런 것은 나쁜 행동을 해서 얻어지는 쾌락과는 비교조차 할 수 없다. 지금 이 순간 잠시 책장을 덮고 자기가 하루에 가족들과 함께하는 시간이 몇 시간이나 되는지 혹은 자기가 하루 일상생활을 하면서 가족들을 생각하는 시간이 얼마나 되는지를 생각해 보자. 인생의 목적이 행복한 생활을 하는 데 있다고 하는데 진정으로 사랑하는 가족들과 함께하는 인생은 보석 같은 인생이다. 자기가 성공해도 가족들이 불행하다면 그것은 성공하지 않은 것보다 못하다. 무슨 일을 하든 가족을 최우선 순위에 둔다면 자기가 나쁜 행동을 하는 빈도가 현저하게 줄어들 것이다. 나쁜 행동은 자기를 위한 삶에서 비롯되는 것이지 가족을 위한 삶에서 비롯되는 것은 아니다. 부모가 사경을 헤매고 있는데 자식으로서 나쁜 행동을 하는 경우는 없다. 또 자녀들이 부모의 도움을 간절히 원하고 있는데 그런 자녀를 매몰차게 내팽개치는 부모는 없다. 나쁜 행동을 하고 나서 가장 먼저 떠오르는 사람은 가족이 아닌가? 나쁜 행동을 한 것이 후회막심하게 느껴지는 순간에 가장 먼저 떠오르는 사람이 가족이 아니라면 그 사람의 인생은 교정의 여지가 많다. 자기만을 생각하면서 자기의 미래를 생각하면서 자기 스스로 후회를 하는 사람은 또다시 나쁜 행동을 반복할 가능성이 농후하다. 하지만 후회를 하면서 가족을 먼저 생각하는 사람은 앞서 자기만을 생각하는 사람보다 나쁜 행동을 할 확률이 낮다. 또 나쁜 행동을 두 번 다시 하지 않을 요량이면 과감하고 용기 있게 자기는 앞으로 두 번 다시 나쁜 행동을 하지 않을 것이라고 가족들에게 선언하는 것도 필요하다. 그래서 가족들과 함께 있을 때에도 긴장을 늦추지 않아야 한다. 가족들에게 약속을 지킬 수 있다면 반은 성공한 것이다. 왜냐하면 대부분의 나쁜 행동은 가정에서 긴장을 풀고 마음을 놓았을 때 하는 경우가 많기 때문이다. 이에 더하여, 만약의 경우에 자신이 그런 행동을 다시금 한다면 가족들에게 특정한 벌칙을 정하거나 가족들과 내기를 하면 된다. 한석봉의 어머니가 깜깜한 밤에 떡을 썰고 아들은 바르게 글자를 쓸 수 있도록 하는 교육 방법을 택했듯이 자녀들과 약속하는 것도 좋은 방법이다. 나는 술을 끊을 것이다. 너 역시 건축사 시험에 필히 합격해 달라. 자기가 나쁜 행동을 하면 아들이 건축사 시험에 낙방한다는 생각을 하면 더욱더 그 의지

나쁜 습관 다루기

를 더욱 견고하게 하는 원동력이 된다. 자기의 나쁜 행동으로 인해 자녀가 불행한 상황에 처한다고 생각하는 부모가 나쁜 행동을 할 리는 없다. 또 자기가 나쁜 행동을 함으로써 자기가 사랑하는 사람들이 불행해진다는 생각을 가지면 선뜻 나쁜 행동을 하지 않을 공산이 크다. 사랑하는 자녀를 생각해서라도 이런 행동을 하면 안 된다는 생각, 자기를 굳게 믿고 있는 아내를 기쁘게 하기 위해서는 이런 행동을 하지 말아야 한다는 생각, 자기를 키워 준 부모님을 생각해서라도 자기가 그런 무지한 행동을 해서는 아니 된다는 생각 등을 하는 것이 나쁜 행동을 저지하는 길이다. 자기가 나쁜 행동을 해서 불행한 상황에 처하면 자기를 사랑하는 사람이 얼마나 가슴 아파할까를 생각하면 쉽사리 나쁜 행동을 하지 않게 된다. 그래서 나쁜 행동을 하고 싶은 생각이 든다면 가장 먼저 사랑하는 사람의 얼굴을 떠올리라는 말이다. 사실 대부분의 나쁜 행동은 자기 자신의 만족을 위한 것이다. 나쁜 행동이 사랑하는 사람들에게 행복을 주는 경우는 그다지 많지 않다. 설령 나쁜 행동으로 인해 사랑하는 사람이 기쁨을 느낀다고 해도 그것은 일시적인 기쁨이지 오랜 기간 기쁨을 주는 행동은 아니다. 극단적으로 생각해서 자기가 사기도박으로 인해 돈을 벌었다고 해서 그것이 사랑하는 사람들에게 일시적인 기쁨이 되지만 언젠가는 사기도박으로 인해 사랑하는 사람들을 불행하게 할 것이다. 결론적으로 나쁜 행동을 하고 싶은 생각이 든다면 즉시 사랑하는 사람들의 얼굴을 떠올리며 그런 마음을 절제하는 것이 나쁜 행동을 행하는 빈도수를 줄이는 방법 중 하나이다.

06.

경쟁자를 생각한다

동일한 실수를 반복하는 나쁜 행동을 고칠 요량이면 생각 속에 나쁜 행동을 하면 안 된다는 생각이 간절해야 한다. 그런 간절한 생각을 갖기 위해서는 자기의 경쟁자를 생각하면 된다. 자기가 아는 자기보다 경쟁자가 자기에 대해서 더 잘 알고 있다. 자기가 모르는 자신의 단점도 세세하게 잘 알고 있는 사람이 바로 경쟁자다. 자기를 이겨야 하고 자기를 극복해야 하고 자기를 넘어서야 하는 천적과 같은 경쟁자를 자기의 나쁜 습관을 고치는 무대에 함께 세우는 것이 큰 도움이 된다. 자기가 나쁜 행동을 하고 싶어도 경쟁자가 자신의 그런 모습을 보면 얼마나 고소해할지를 생각하면 선뜻 나쁜 행동을 하고 싶은 마음이 들지 않을 것이다.

나쁜 습관 다루기

우리나라 속담에 "사촌이 땅을 사면 배가 아프다"는 말이 있는데 자신이 잘되는 것이 천적을 이기는 것이고 천적의 배를 아프게 하는 것이라는 생각으로 좋은 행동을 해야 한다. 만약에 자신이 나쁜 행동을 하면 천적이 얼마나 통쾌하게 생각할 것인가를 생각하면 제아무리 쾌락을 느끼려고 해도 섣부르게 나쁜 행동을 하지 않게 될 것이다. 사람들은 자기가 하고 싶은 일도 천적에게 이익이 되는 일이라면 그 일을 하지 않으려는 경향이 있다. 자신이 나쁜 행동을 해서 스스로 무너지는 것을 천적이 본다면 얼마나 통쾌하게 생각할까를 생각하자. 천적과 당당하게 겨뤄서 승산을 따지기도 전에 자기 스스로 자기가 나쁜 행동을 자행해서 무너질 수는 없지 않은가. 제아무리 좋은 성품을 지녔어도 자기와 천적 관계로 지내는 철천지원수와 같은 사람이 잘되는 꼴을 보고싶어 하는 사람은 없다. 그런 원수 같은 사람을 떠올리면서 나쁜 행동을 절제하는 것도 효과가 크다. 천적이 두려워하는 행동을 하고 천적이 배가 아파하는 그런 행동을 해야 한다는 생각으로 나쁜 행동을 절제하는 것이 상책이다. 자기 인생에 은혜를 입은 고마운 사람을 떠올리면서 나쁜 행동을 절제하는 힘보다 천적을 생각하면서 나쁜 행동을 절제하는 힘이 더 크다. 불현듯 그 사람을 떠올리면 머리끝이 설 정도로 천적 관계에 있다면 그런 사람을 이용하여 자기의 나쁜 습관을 고치는 데적극적으로 활용하자. 생각하면 생각할수록 치욕적이라는 생각이 드는사람이 있다면 그 사람을 생각하면서 나쁜 습관을 고치자. 자신에게 인격적인 모욕이나 치욕을 안겨 준 사람을 생각하면서 자신이 나쁜 행동을 하면 그 사람이 어떻게 생각할까를 생각하면서 나쁜 행동을 절제하

자. 생각하면 치가 떨릴 정도로 꼴도 보기 싫은 사람에게 제대로 한 방을 먹이는 가장 좋은 방법은 좋은 행동을 하는 것이다. 현재 그런 사람이 없다면 과거 자신을 힘들게 했던 사람이나 자기에게 치욕과 분노를 안겨 줬던 그런 사람을 기억에 불러오는 것이다. 마치 차시환혼 전략으로 상대를 공략하듯이 애써 잊고 지냈던 철천지원수와 같은 사람을 현재로 불러와서 나쁜 행동을 고치는 지렛대로 활용하는 것이 큰 도움이 된다.

사실 내가 스무 권이 넘는 책을 출간하게 된 결정적인 계기는 처음 책을 쓸 때 책을 쓰고 있는 나에게 했던 직장 선배의 한마디 말 때문이다. 그 선배는 책을 쓰고 있는 나에게 유명하지도 않고 가방끈도 짧은 사람이 책을 쓴다고 핀잔을 줬다. 또 내가 앞으로 살아생전에 백 권의 책을 쓰겠다고 말을 했더니 한 권이나 제대로 쓸 생각을 하라면서 아니꼽게 말했다. 그것이 이제까지 내가 책을 쓰게 하는 원동력이 됐다. 벌써 15년이 지났지만 지금도 그 생각을 하면 없던 힘이 생기고 더 좋은 책을 많이 써야겠다는 생각이 든다. 이제 와 생각하면 그 당시 나에게 수치심을 안겨 준 그 선배의 말이 이토록 오늘의 나를 있게 했다는 것에 감사할 따름이다. 마찬가지로 나쁜 행동을 할 조짐이 보이거나 그런 생각이 들면 가장 먼저 자신의 경쟁상대를 떠올리자. 또 자기에게 수치심을 느끼게 하고 자신을 모욕했던 사람들을 생각하자. 자기가 나쁜 행동을 하지 않을 것이라고 공표를 했을 때 믿지 않고 오히려 그 말을 비웃은 사람을 생각해 보자. 어쩌면 내가 처음 책을 쓸 때 나에게 수치심과 모멸감을 안겨 준 사람 덕분에 이렇게 다작을 할 수 있게 된 것처럼 그런 유형의 사람들이 자신이 나쁜 행동을 하지 못하게 하는 브레이크 역할을 할 것이다. 자기의 천적에게 복수하는 최고의 방법은 자기가 좋은 행동을 하면서 행복한 모습을 보이는 것이다. 자기를 선택하지 않은 것이 얼마나 큰 손해라는 것을 느끼게 해준다는 생각으로 성공을 향해 열정을 다했듯이 나쁜 행동을 고치기 위한 노력을 게을리하지 않아야 한다. 아울러 천적 앞에서 나쁜 행동을 하지 않고 좋은 행동을 하는 모습을 보이는 것이 최고의 복수라는 생각을 하자. 자기가 좋은 행동을 하는 모습, 자기가 나쁜 행동을 절제하는 모습을 보고 있는 천적의 모습을 생각해 보자. 상상만으로 자기가 좋은 행동을 하는 모습을 보고 얼마나 배 아파할 것을 생각하면 통쾌한 생각이 들지 않는가?

07.

죽음을 생각한다

    동일한 실수를 반복하는 나쁜 행동을 고칠 요량이면 나쁜 행동으로 인해 어떤 결과가 나올지를 생각하자. 『성공하는 사람들의 7가지 습관』의 저자 스티븐 코비 박사는 성공하는 사람들은 공통적으로 일을 시작하기 전에 이미 그 끝을 알고 시작한다고 했다. 또 손자는 『손자병법』에서 전쟁을 하기 전에 이겨 놓고 싸우라고 했다. 이와 마찬가지로 나쁜 행동을 하는 습관을 고칠 요량이면 나쁜 행동을 함으로써 자기의 생활에 어떤 영향을 주는지를 생각하면서 자기의 행동을 절제하는 것이 필요하다. 일반적으로 의미 있고 가치 있는 삶을 살 요량이면 오늘은 어제 죽은 이가 그토록 바라던 날이라는 생각으로 하루하루를 알차게 보내야 한다.

사실 죽음을 생각하면 살아 있는 것이 감사할 뿐이다. 나뿐만 아는 나의 나쁜 행동을 하는 습관을 하고 있는 자체도 살아 있기 때문에 하는 것이 아닌가, 하는 생각을 하면 어느 정도 위안은 되지만 그런 생각은 올바른 생각은 아니다. 이왕이면 살아 있을 때 좋은 흔적을 남기고 좋은 유산을 후세에 물려주는 것이 더욱 값진 인생이다. 시한부 인생을 사는 사람들의 삶과 평생 죽지 않을 것이라고 생각하는 사람이 체감하는 시간은 다르다. 즉 자신이 살날이 얼마 남지 않았다고 생각하는 사람은 자기에게 주어진 시간을 사랑하는 사람을 위해, 혹은 자신에게 생전에 잘해 준 사람에게 보은하는 마음으로 마지막 남은 인생을 정리한다. 자신이 내일이면 죽는다는 것을 아는 사람이 막무가내로 나쁜 행동을 할 리는 없다. 이왕 죽는 것 하고 싶은 것을 마음껏 하고 죽는다는 생각으로 무지막지하게 나쁜 행동을 하고 죽을 사람은 없다. 사람이 죽을 때가 되면 말이 선해진다는 말이 있듯이 죽음을 앞둔 사람은 아름답게 인생을 마무리하고 싶은 생각을 하는 것이 일반적인 심리이다. 나쁜 행동을 고칠 요량이면 죽음의 장소에 자주 가는 것도 도움이 된다. 폐암으로 죽은 사람 영정 앞에서 목 놓아 울고 있는 자녀들을 보면 자신은 내 자녀들에게 그런 슬픔을 주지 않을 것이라는 생각을 하게 된다. 또 건강하게 오래 사는 것만으로도 부모는 자식에게 부모로서의 역할을 다하는 것이라는 생각을 하게 된다. 나이 들어 젊은 시절을 생각하면 참으로 후회가 많아진다. 더 잘할 수 있었는데 왜 그리 철없이 인생을 허비한 것인가라는 후회막심한 생각이 들기도 한다. 열정과 에너지가 넘치던 청춘시절에는 나쁜 행동을 해도 그다지 심각하게 생각하지 않았다. 또 나쁜 행동이 습관으로 자리할 것이라는 생각 자체를 할 겨를도 없이 바쁜 일과를 보냈다. 또 성공을 목표로 오직 앞만 보고 달리다 보니 자기에게 나쁜 습관이 자리하는 것도 그것이 나이가 들어 크게 문제가 되지 않을 것이라고 생각했다. 또 세 살 버릇 여든까지 간다는 말을 곧잘 하면서 자기 어린 시절의 나쁜 습관이 이순에 접어드는 시점까지 오랫동안 자기 안에 몸의 일부가 되어 버릴 것이라는 생각은 하지 못했다. 또 무의식에 새겨진 나쁜 습관은 몸에 노예의 낙인이 찍혀진 것과 같이 평생에 걸쳐 내 생활에 지장을 초래할 것이라고는 생각하지 못했다. 불법을 저지른 것도 아니고 나 스스로 넘어져서 다친 상처는 내가 치료하면 될 뿐이라는 생각을 했다. 그런데 어른이 되어 그런 생각이 모두 잘못되었다는 것을 알게 됐다. 나뿐인 습관이라고 생각했던 나의 나쁜 습관으로 인해 다른 사람들이 불행한 삶을 살고 나의 사랑하는 사람들이 음양으로 고통을 받는다는 것을 알게 됐다. 또 나의 나쁜 습관이 나만의 생애에서 끝나는 것이 아니라 나의 자녀들에게까지 넘겨주게 된다는 생각을 하니 참으로 가슴이 미어진다. 나의 나쁜 습관이 부모에게 물려받은 것이라고 생각하지 않는다. 아니 부모의 행동 습관을 보면서 내가 잘못 보고 느낀 것이다. 나이를 먹으면 먹을수록 죽음과 가까워지는 것을 느낀다. 돌잔치, 결혼식을 자주 찾아다니는 횟수보다 장례식에 가는 횟수가 더 많다. 이제 시나브로 죽음이 내 차례가 되는구나 하는 생각을 하면 남은 시간이 너무도 소중하고 귀하기 짝이 없다. 앞으로 남은 인생을 이제껏 살아온 것처럼 반복하면서 살 수는 없다. 이렇게 살아서는 내가 죽은 이후 불행한 역사만 자녀들에게 남기고 가는 것은 아닌가 하는 생각도 든다. 반평생 나의 성장을 위해 음양으로 모든 내조를 마다하지 않는 아내를 생각하면 참으로 미안한 마음뿐이다. 묵묵히 남편을 믿어 준 아내, 어렵고 힘든 가정 경제에도 크게 불평불만을 하지 않고 맞벌이를 자처하면서 심혈을 기울여 준 아내에게 미안하고 죄스러운 마음뿐이다. 그래서 지금 이 순간 아내가 너무 고맙다. 자신이 하고 싶은 꿈을 다 버리고 온전히 나를 위해 헌신적으로 내조를 해준 조강지처인 아내를 생각하면 나 자신이 너무 미울 뿐이다. 내일 죽을 것이라는 생각으로 오늘 하루를 어떻게 살았는지를 돌아보면 그리 만족할 만한 하루는 아니었다는 생각이 든다. 그래서 다시금 찾아오는 내일에는 여한 없이 의미 있고 가치 있는 삶을 살아 보고자 한다. 이제껏 많이 해 먹었지 않았는가? 이제껏 내 마음껏 내가 하고 싶은 일을 하면서 나쁜 행동을 여한 없이 많이 행했지 않았는가? 이제는 그만할 때도 되었다는 생각이 든다. 내일 죽을지도 모른다는 생각을 하면 오늘 할 일이 너무도 많다. 그런 마음으로 하루하루를 의미 있게 보내야 한다. 죽으면 한낱 고깃덩어리에 불과한 인생이다. 살아 있을 때 사람답게 살아야 한다. 죽어서 천국에 들지 지옥에 들지 아무도 모른다. 살아 있는 이곳이 천국이다.

08.

부질없다고 생각한다

　동일한 실수를 반복하는 나쁜 행동을 좋은 습관으로 대체하려면 육체적인 쾌락은 부질없다는 생각을 하자. 굳이 노자의 무위자연(無爲自然) 사상을 언급하지 않아도 세월이 지나면 쾌락을 느끼려고 나쁜 행동을 했던 지난 과거가 아무짝에도 쓸모가 없다는 것을 알게 된다. 그래서 아무짝에도 쓸모가 없고 오히려 과거의 나쁜 행동으로 인해 오늘의 생활이 불행하다고 느낀다면 절치부심 나쁜 행동을 고치기 위한 노력을 경주해야 한다. 도박에 빠져 돈을 날려 버리고 가정을 돌보지 않고 휴일이면 섬으로 낚시를 다니는 그런 생활을 했다면 그로 인해 오늘의 현실이 행복한가를 따져 보는 것이 나쁜 습관을 고치는 단초가 된다. 얼핏 생각하면 나쁜 행동을 해서 불행했던 과거를 오래도록 기억해야

나쁜 습관 다루기

하는데 그런 기억은 오래 기억하지 않는다. 그래서 엊그제 나쁜 행동을 하고서도 오래전에 했던 것마냥 착각하고 다시금 나쁜 행동을 반복한다. 슬픔도 기쁨도 쾌락도 불쾌함도 시간이 지나면 아무것도 아니다. 또 성공을 하기 위해 서로 피를 튀기며 경쟁하고 밤낮없이 전략을 짜고 일상에서 오직 성공을 향해 치열하게 사는 것이 부질없다는 생각을 하면 나쁜 행동을 하지 않을 것이다. 그렇다고 아무런 목표도 없이 주어진 현실에 몸을 맡기고 살라는 것은 아니다. 어느 정도 눈에 힘을 빼고 어깨에 짊어진 짐을 가볍게 하라는 것이다. 담배를 피우거나 술을 마시는 대부분의 이유는 스트레스를 해소하기 위한 미봉책(彌縫策)에서 비롯되는 경우가 많다. 나쁜 행동 중 가장 먼저 고쳐야 하는 것이 바로 음주와 흡연이다. 백해무익(百害無益)이라는 것을 알면서도 몸에 진이 박혀서 쉽게 끊을 수 없는 것이 바로 그것들이다. 적정하게 마시고 흡연 횟수를 줄이면서 적당히 조절하면 된다고 생각하는 사람이 태반이다. 왜냐하면 어차피 끊으려고 해도 이미 늦어서 끊을 수가 없다고 생각하기 때문이다. 남과 어울리지 않고 혼자 있는 시간이 많아지면 많아질수록 더욱더 금단현상을 느끼는 것이 바로 음주와 흡연이다. 하지만 이 역시도 다 부질없다는 생각을 하면 끊을 수 있다. 모든 것이 부질없다는 생각을 하면 무기력해지고 무력감을 느끼기도 하지만 한편으로는 마음이 편해지는 것을 느끼게 된다. 또 몸과 마음에 힘이 들어가지 않고 느긋해지는 것을 느끼기도 한다. 돈을 벌면 뭐하고 성공을 하면 뭐해 또 남들보다 더 잘나면 뭐해, 남들이 부러워하고 다른 사람들에게 존경을 받으면 뭐해, 사랑하는 사람과 보람되고 희망을 가지고 즐겁게 살면 그만이다. 인간이 사는 본질적인 목적은 행복에 있다. 그렇다. 행복하면 그만이다. 기쁨과 쾌락을 느끼는 것이 행복한 것은 아니다. 행복은 순간적인 감정에서 오는 것이 아니라 오래도록 유지되는 감정에서 피워지는 느낌이다.

어쩌면 정신적인 쾌락, 심리적인 쾌락을 느끼지 못한 것에 대한 보상심리에 의해서 육체적인 쾌락을 추구하는지도 모른다. 또 정서적인 불안정과 심리적인 스트레스로 인해 오리지널 쾌락을 느끼지 못한 보상심리로 환각 상태에서 육체적인 쾌락을 느끼려고 하는지도 모른다. 대부분 나쁜 행동은 마음 안에 근심 걱정이 쌓이고 심리적인 긴장으로 인해 왠지 모르게 마음이 불안함을 느꼈을 때 행한다. 그렇다면 나쁜 행동을 고칠 요량이면 정서적인 안정을 취하는 것이 맞다. 그래서 모든 일이 부질없다는 생각을 해보는 것이다. 그런 생각을 하는 자체만으로 마음이 편해지고 욕심 없는 무소유의 마음 상태를 유지할 수 있다. 돈이 많으면 어떻고 상대방과 경쟁해서 이기면 무엇하랴. 내가 행복하고 즐겁고 유쾌하고 상쾌하면 그만인데 말이다. 스트레스를 받는다고 지난밤 정신없이 폭탄주를 과하게 마셨는데 무슨 이득이 있단 말인가? 또 그로 인해 스트레스가 해소되었는가를 생각하면 모든 것이 부질없다는 생각이 들 것이다. 그런 마음을 오래도록 간직하는 것이 나쁜 행동을 고치는 명약이다. 단순히 순간적으로 후회하고 부질없다는 생각으로는 나쁜 행동을 고칠 수 없다. 나쁜 행동으로 인해 돈을 버린 것은 앞으로 더 노력해서 벌어들일 수 있지만 생명이라 칭하는 귀한 시간을 낭비한 것은 어디에서도 보상받을 수 없다. 오늘 내가 겪는 불행과 근심 걱정은 과거 내가 행했던 그런 나쁜 행동으로 인해 빚어지는 것임을 망각하지 않아야 하는데 그렇지 못하는 나 자신이 너무도 한심하다. 다른 사람들의 부러움과 칭찬과 존경은 아무짝에도 쓸모가 없는데 그것이 무엇이라고 그런 인정을 받기 위해 귀한 시간을 허비했나 싶다. 잘나가려고 안간힘을 쓰고 기를 쓰면서 생활을 했는데, 결국 남는 것은 건강하고 행복한 삶인데 자녀들이 더 행복하게 잘 살도록 뒷바라지한다는 허울 좋은 명목으로 피땀을 흘렸던 것이 과연 사랑하는 사람을 위해서 그러했는지 의문이 든다. 자기 성공을 위해서 혹은 자기 출세를 위해 가족들과 즐겁게 지낼 수 있는 시기를 놓친 것에 대한 후회도 든다. 인생이 부질없다는 생각은 자기가 살아온 지난날이 부질없다는 것을 느끼는 과정에서 자연스럽게 나오는 한숨 머금은 후회스러운 말이다. 자기 과거를 부정하는 사람들이 인생을 부질없다는 말을 곧잘 한다. 다수의 이익보다는 개인의 사적인 이득을 취하기 위해 이기적인 마음으로 행동했던 것이 부질없는 것이지 사익을 버리고 공익을 위해 자기를 희생했던 과거가 부질없다는 것은 아니다. 또 좋은 행동을 반복해서 얻어진 좋은 습관이 부질없다는 것이 아니다.

순간적인 쾌락을 얻기 위해 얼마나 더 많은 시간과 비용이 들어야 정신을 차리게 될까를 생각하면 앞이 캄캄하고 미래가 처참하다는 생각이 든다. 얼마나 더 나쁜 습관으로 인해 고통을 받을까를 생각하면 다가오는 미래를 맞이할 용기가 나지 않는다. 부질없는 짓으로 인해 자기 인생의 모든 것이 부질없는 인생이 되는 것을 바라는 사람은 아무도 없다. 이왕 사는 인생 가치 있고 의미 있는 삶을 살고 싶은 것이 모든 사람들의 바람이다. 인생이 부질없다고 말하면서 눈을 감는 사람은 불행하다. 반면에 한평생 참으로 의미 있고 가치 있게 살았다는 말을 하면서 죽음을 맞이하는 사람의 모습은 아름답다. 어떻게 살 것인가를 생각하자. 지난 과거를 부질없는 짓을 하면서 살아왔다면 이제라도 늦지 않았다. 다시 시작하자. 다시 시작하는 마음이면 충분하다. 인생 별것 아니다.

09.

긍정적으로 생각한다

　동일한 실수를 반복하는 나쁜 행동을 고치기 위해서는 자기 긍정 언어를 구사해야 한다. 자기를 긍정한다는 것은 자기를 부정하지 않는다는 것을 의미한다. 말은 마음의 알갱이다. 또 말은 자기 내면의 상태를 담고 있다. 그래서 자기가 구사하는 언어는 자기를 대변한다. 그러므로 나쁜 습관을 고칠 요량이면 자기가 부정적인 언어를 많이 구사하는지 혹은 긍정적인 언어를 구사하는지를 먼저 따져 봐야 한다. 그래서 긍정적인 언어를 많이 사용한다면 낙관적인 긍정인지 아니면 공수표 같은 긍정인지를 따져봐야 하고, 부정적인 언어를 많이 사용하는 편이라면 당장 긍정적인 언어로 바꿔야 한다. 말도 습관이다. 그래서 좋은 말을 하는 사람은 습관적으로 좋은 말을 하고, 나쁜 말을 하는 사람은 습관적으로 나쁜 말을 한다. 엄밀하게 말해서, 인간의 몸에서 비롯되는 모든 것이 행동이라는 점을 생각하면 입으로 나오는 모든 말은 행동이다. 말이 씨가 된다. 하면 된다고 생각하는 사람은 할 수 있는 사람이다. 해도 안 된다고 생각하는 사람은 평생 하지 못한다. 또 악조건에서도 희망적인 언어를 구사하는 사람은 그곳에서 벗어날 확률이 높고, 낙담하면서 포기하는 사람은 그곳에서 결코 벗어날 수 없다. 힘들어도 하면 된다는 희망적인 생각을 가지면 기운이 나지만 할 수 없다고 체념하면 있던 힘도 빠진다. 동일한 물에 좋은 말을 해주는 물은 생기가 돌고 나쁜 말을 들려주는 물에서는 악취가 풍긴다. 또 플라세보 효과가 말을 하듯이 좋은 일을 생각하면 좋을 일이 생기고 좋게 될 것이라고 생각하는 사람은 좋게 된다. 마찬가지로 나쁜 행동을 고칠 수 있다는 긍정적인 생각으로 나쁜 행동을 고치기 위해 노력하는 사람과 그렇지 않은 사람은 결과론적인 측면에서 상당한 차이를 보인다. 그러므로 이왕이면 긍정 언어를 구사하는 것이 좋다.

사람은 자극을 받으면 반응을 보이기 마련이다. 이때 선택의 단계를 거치게 되는데 그 선택에 기인하여 같은 자극에 대해서도 긍정적인 반응을 보이기도 하고 부정적인 반응을 보이기도 한다. 즉 긍정적인 반응을 보이기 위해서는 긍정의 좋은 선택을 하는 것이 우선되어야 한다. 그러기 위해서는 어떤 것이 좋은 선택인지를 헤아릴 수 있는 통찰력이 있어야 한다. 그래서 앎이 중요하다. 단순히 할 수 있다는 생각으로 열정적으로 행동에 임하는 것은 무모한 짓이다. 아는 것이 없으면 열정적

나쁜 습관 다루기

으로 행해도 그 열정에 투여되는 정도 이상의 결과를 얻을 수 없다. 경제성의 원칙에 입각하여 최소한의 노력으로 최대의 성과를 낸다면 금상첨화이다. 마찬가지로 나쁜 행동을 고치는 데 그다지 무리한 힘을 가하지 않고도 고칠 수 있는 방법이 있다면 그 방법을 택하는 것이 상책이다. 왜냐하면 시간의 한계를 극복할 수 없기 때문이다. 즉 무한정 시간이 허락되지 않는 것이 우리네 인생이라는 점에서 가능한 한 단기간에 나쁜 습관을 고치는 것이 좋다.

나쁜 습관을 고치는 여정은 생각하는 것처럼 결코 쉬운 것이 아니다. 특히 30년 넘게 형성되어 신체의 일부가 된 나쁜 습관을 고치는 것은 도끼를 갈아 바늘을 만드는 것에 버금가는 노력이 수반되어야 한다. 그런 험난한 여정을 완주하기 위해서는 무엇보다 자기 긍정의 언어를 구사하는 습관이 먼저 형성되어야 한다. 그래야 중도 포기 하지 않고 될 때까지 하게 된다. 하면 된다는 신념에 강인한 도전정신에 이르기까지 모든 것을 갖추었다고 해도 자기 긍정의 언어를 몸에 장착하지 않으면 사상누각에 불과하다. 행운을 부르는 말이 행운을 부르고 불행을 부르는 말이 불행을 부른다. 세상에서 제일 쉬운 말은 할 수 없다는 말이다. 또 세상에서 제일 쉬운 말도 할 수 있다는 말이다. 누구나 쉽게 어떤 말이든 할 수 있다. 중요한 것은 말에 이어지는 행동이다. 언행일치(言行一致)해야 한다. 긍정의 말을 했다면 긍정의 행동을 해야 한다. 행동이 수반되지 않는 말은 아무런 가치가 없는 공수표를 난발하는 것과 같다. 사람의 말은 자기가 처한 환경과 경험에서 비롯된다. 부정적인 환경에서 자란 사람은 매사 부정적인 시각으로 본다. 반면에 긍정적인 환경에서 자란 사람은 매사 긍정적인 시각으로 본다. 긍정과 부정의 차이는 습관에서 비롯된다. 어렵고 힘든 상황에서 희망적인 긍정의 언어를 구사하는 것도 습관이고, 좌절과 포기의 부정적인 언어를 구사하는 것도 습관이다. 무엇보다 고치기 힘든 것이 언어 습관이라고 하지만 언어의 습관이 생각의 습관에서 비롯되기에 생각의 습관을 바꾸면 된다. 긍정의 생각을 하는 것만으로도 언어 습관을 능히 고칠 수 있다. 생각해야 생각 속에서 생각이 자란다. 긍정의 생각을 해야 긍정의 생각 속에서 긍정의 생각이 자란다. 또 긍정의 생각이 긍정의 행동을 낳는다. 자기가 구사하는 언어가 긍정인지 부정인지는 다른 사람들이 자기의 말을 듣고 긍정을 느끼는지 부정을 느끼는지에 따라 판가름난다. 자기가 좋은 의도에서 한 말이 다른 사람에게 상처를 준다면 그것은 부정의 말이다. 반면에 자기가 나쁜 의도에서 한 말도 상대방이 긍정적인 말로 받아들인다면 그것은 긍정의 말이다. 부정적인 말인지 긍정적인 말인지를 상대방이 결정을 하는 것이지 자기가 결정하는 것이 아니다. 욕을 먹으면 오래 산다는 말이 있다. 욕은 부정의 말인데 결과는 긍정이다. 욕도 긍정의 욕이 있고 부정의 욕이 있다. 콩나물국밥을 파는 욕쟁이 할머니의 욕을 들으면서 국밥을 먹어야 진국이라는 사람도 있는 것을 보면 그 말이 틀린 말은 아니다.

긍정의 언어를 몸에 익히기 위해서 가장 좋은 방법은 책을 읽는 것이다. 책을 읽고 부정적인 느낌을 받는 사람은 거의 없다. 또 책을 읽으

나쁜 습관 다루기

면 자기를 읽을 수 있다. 자기가 읽는 책이 자기를 대변한다. 책에서 긍정의 언어를 몸에 익히고 더불어 사람을 통해 긍정의 언어를 몸에 익히자. 정관의 치세를 이룬 당 태종 이세민은 거울을 보면 외관을 고칠 수 있고, 역사를 통해 과거를 볼 수 있으며, 사람을 통해 자기를 들여다볼 수 있다고 말을 했듯이 자기 주변에 긍정적인 언어를 구사하는 사람이 많으면 자기 역시도 긍정적인 사람이 된다. 그런데 신기하게도 부정적인 언어를 구사하는 사람들은 부정적인 언어를 구사하는 사람들과 자주 어울린다. 유유상종이라는 말이 사실이다. 그러므로 부정의 언어를 자주 구사한다면 자기 주변 사람들을 정리할 필요가 있다. 책과 사람을 통해 긍정의 언어를 익혔다면 마지막으로 자연을 통해 긍정 언어 굳히기 작업에 돌입해야 한다. 즉 자연의 진리와 이치를 깨달으면 된다. 인위적이지 않고 자연스럽게 만물이 생육되는 과정을 보면서 긍정의 언어를 몸에 채화해야 한다. 자연은 누가 시켜서 그러는 것은 하나도 없다. 아울러 저절로 생육되는 것 또한 아니다. 서로 상생하고 조화를 이루며 생육된다. 그렇다. 책과 사람을 통해 배우고 익힌 것이 자연의 이치에 걸맞을 때 비로소 완벽한 긍정의 언어가 몸에 채화된 것이다. 자연은 긍정이다. 자연이 부정이라면 이 세상은 부정으로 가득한 것이다. 자연에서 태어나 자연으로 돌아간다는 말의 의미에는 우리 삶 자체도 자연의 일부라는 것을 의미한다. 긍정의 언어와 자연이 무슨 연관이 있느냐고 의문을 제기하는 사람도 있을 것이다. 긍정이라는 말의 의미에는 자연스러움이 담겨 있다. 그래서 자연의 이치에 어긋난 언어는 부정적인 언어이다. 그래서 자연에서 사는 인간은 자연의 일부로서 자연의 언어인 생명의 언어를 구사하는 것이 본질이다. 물소리와 바람 소리 등 자연의 소리는 사람의 마음을 편안하게 한다. 마음에 평화를 주는 소리, 행복한 기운을 느끼게 하는 소리, 생명을 부르는 소리가 긍정의 언어이다. 산새들의 지저귀는 소리도 긍정의 언어이고, 풀피리 소리도 긍정의 소리이다. 자연이 내는 모든 소리는 긍정의 소리이다. 사람의 부정적인 언어가 부정의 소리인 까닭은 자연을 닮은 소리가 아니기 때문이다. 일반적으로 인간의 두뇌는 긍정적인 말보다 부정적인 말에 먼저 반응한다. 그러므로 나쁜 행동을 고칠 요량이면 나쁜 행동이라는 단어보다 좋은 행동이라는 단어가 먼저 무의식에 새겨지게 하는 것이 좋은 행동을 하게 하는 단초가 된다.

성공하는 사람들의 성공비결 중에 자성예언이라는 용어가 있다. 이 말은 교육학적인 용어로, 어떤 행동이나 학습을 함에 있어 학습자가 보이는 학습수준이 주변 사람들의 기대 수준에 부합되게 일어나는 현상으로 자기가 예언하고 바라는 것이 실제 현실에서 충족되는 방향으로 이루어진다는 말이다. 즉 자기가 정한 목표를 예언하고 그런 목표를 자주 반복적으로 말하고 암기하면 자기가 말한 대로 목표를 달성하게 하는 현상을 일컬어서 자성예언이라고 한다. 마찬가지로 자기의 나쁜 행동을 고치기 위해서는 반복적으로 선한 행동을 한다는 말을 하는 것이 실효성이 크다. 아울러 마치 자기가 그 목표를 달성한 것 같은 성취감을 미리 맛보는 것도 효과가 크다. 물론 제아무리 말을 해도 실천이 뒤따라 주지 않으면 아무런 효과가 없다. 하지만 말이 곧 그 사람을 만든다는 말의 의미를 무의식에 새겨서 반복적으로 계속해서 말하면 그 말이 현실이 된다. 누차 말했듯이 무의식은 진실과 거짓을 구분하지 않고 반복적으로 말하고 행동하는 것을 새긴다. 어차피 미래는 아무도 알 수 없다. 하지만 막연하게 걸어가는 것보다 자기가 미리 가고자 하는 길을 만들어 놓고 그 길을 가면 더 좋지 않을까?

10.

다른 생각으로 덮는다

    동일한 실수를 반복하는 나쁜 행동을 하는 주요 원인 중 하나는 잘못된 생각, 나쁜 생각, 그릇된 생각에서 비롯된다. 생각하지 않으면 사는 대로 생각하게 된다는 말이 있듯이 생각이 행동에 미치는 영향은 매우 크다. 즉 바른 생각을 하면 바른 행동을 하고 나쁜 생각을 하면 나쁜 행동을 한다. 그러므로 행동을 제어할 요량이면 생각을 잘 제어해야 한다. 특히 동일한 실수를 반복적으로 행하는 나쁜 습관을 제거할 요량이면, 나쁜 생각을 하지 않는 것이 상책이다. 인간은 심리적인 편향성으로 인해 어느 한 가지 생각에 몰두하면 다른 생각을 하지 못하는 경향이 있다. 오른손으로 사각형을 그리고 왼손으로 삼각형을 동시에 그리는 것이 부자연스러운 것도 그런 사실을 방증한다. 그러므로 동일한 실수를 반복하는 나쁜 습관을 제거할 요량이면 그런 생각의 속성을 역이용하는 것이 좋다. 건강 악화로 인해 근심 걱정이 있는 사람이 음주나 흡연을 할 리 없고, 경제적인 어려움으로 인해 융자금을 갚아야 하는 사람이 흥청망청 낭비할 리 없다. 술을 마시고 싶어도 다음 날 아침에 술 냄새를 풍겨서는 안 되는 사람과 미팅이 잡혔다면 당연히 술을 마시지 않을 것이다. 또 부모님 건강이 악화되어 근심 걱정이 많은 사람이 여유롭고 한가하게 쾌락을 즐기려는 마음을 갖지 않을 것이다. 학교 성적이 나빠서 근심 걱정이 많은 부모가 옆집에 사는 같은 또래의 자녀가 건강이 악화되어 오늘내일 사경을 헤매고 있으면 성적으로 인한 고민을 하지 않는다. 건강보다 더 중요한 것이 없다는 것을 다시금 깨닫기 때문이다. 또 철천지원수를 생각하면 이를 악물게 되고 부차가 와신상담을 하면서 오로지 복수에 대한 일념으로 살았듯이 나쁜 행동을 하고 싶은 생각이 들지 않는다. 그러므로 나쁜 행동을 하지 않기 위해서는 먼저 나쁜 행동을 하지 않는 생각의 여건을 만드는 것이 매우 중요하다. 콩을 심으면 콩이 나고 팥을 심으면 팥이 나듯이 좋은 생각을 하는 것이 좋은 행동을 하는 모태가 된다. 잡초가 날 수밖에 없는 토양에서는 잡초가 날 수밖에 없다. 텃밭에 잡초 매트가 깔려 있다면 잡초가 날 리 없다. 마찬가지로 나쁜 생각이 들지 않도록 하기 위해서는 자기 생각의 토양을 특정한 생각으로 포장하는 것이 매우 중요하다. 자나 깨나 온통 특정한 생각으로 일탈을 꿈꿀 수 없도록 하면 동일한 실수를 반복적으로 행하는 나쁜 습관을 고칠 수 있다. 아무런 생각을 하지 않으면 행동하는 대로 생각하게 된다는 말의 의미에는 무의식적으로 행동하고 그런 행동으로 인해 빚어진 결과를 가지고 생각한다는 의미가 함축되어 있다. 이 말은 생각을 하면 생각하는 대로 행동하고 생각을 하지 않으면 무의식적으로 행동하게 되어 그 행동의 결과를 가지고 뒤늦게 생각하게 된다. 그러므로 나쁜 행동을 하지 않을 요량이면 단 한 순간도 생각의 끈을 놓지 않는 것이 매우 중요하다. 학창시절에 나쁜 행동을 하고 싶어도 시험공부를 해야 하기에 그런 생각을 억누르고 오로지 학업에 몰두했다. 그런 원리를 나쁜 습관을 제거하는 데 활용하면 된다. 풀리지 않는 문제로 인해 고민하거나 송사로 인해 근심 걱정이 많아서 잠 못 이룰 정도로 힘든 생활을 하고 있는 사람이 사치와 향락에 빠져 여유롭고 한가하게 시간을 보낼 리는 만무하다. 일반적으로 수사기관에서 범인을 잡을 때 범죄 가능성이 있는 사람들을 용의선상에 올려놓고 사건이 일어난 시점의 전후에 무엇을 했는지에 대해 역학조사를 한다. 그래서 알리바이가 성립하는 사람은 일차적으로 용의선상에서 배제한다. 마찬가지로 나쁜 습관을 하는 행동을 저지르지 않기 위해서는 나쁜 행동을 하는 시점에 생각이 다른 곳에 있으면 된다. 돈 걱정을 한다거나 풀리지 않는 문제를 해결하기 위한 생각을 한다든지 혹은 내일 있을 중대한 업무를 궁리하는 등 특정한 이슈에 몰두하면 된다. 마치 작은 이슈를 큰 이슈로 덮고, 큰 이슈를 더 큰 이슈로 덮어서 여론의 방향을 바꾸듯이 말이다.

한편, 과거 나쁜 행동을 했던 경험을 면밀하게 들여다보면 분명히 그런 행동을 하기 전에 징후가 있었을 것이다. 평소에 온순한 애완견이 갑자기 폭력성을 보이는 것이 아니라 어떠한 자극을 받을 때 그런 모습을 보인다. 또 제아무리 훈련이 잘된 견공이라고 해도 특정한 자극을 받으면 본성을 내보이게 된다. 그런 점에 착안하여, 자기가 나쁜 행동을 하게 되는 데 공여하는 자극이 어떤 자극인가를 아는 것이 중요하다. 비근한 예로, 성적인 욕구가 발동하면 술을 마신다거나 술을 마시면 성적인 욕구가 생긴다는 등의 결과를 잉태하는 근본원인이 어디에 있는지를 아는 것도 중요하다. 그래서 그런 원인이 발발하게 되는 또 다른 근본원인이 무엇인가를 알고 그런 씨앗의 역할을 하는 원인을 제거하는 것이 무엇보다 필요하다. 술을 마시는 이유가 뭘까? 술이 당겨서 그랬다면 술이 당기는 원인은 무엇일까? 스트레스를 받아서 뭔가 풀어야 하기에 그랬다면 스트레스를 받는 원인은 무엇일까? 자기가 하고 싶은 것을 하지 못해서 그랬다면 하고 싶은 것이 없으면 된다. 또 다른 사람으로부터 스트레스를 받는다면 그 사람과 접촉하지 않으면 된다. 방귀가 잦으면 변을 보게 된다는 말이 있듯이 나쁜 행동을 하기 전에 어떠한 징후를 보인다. 그 징후를 발견하는 혜안을 기르고 그런 징후가 보이면 일단 그 굴레에서 벗어나는 것이 필요하다. 또 나쁜 습관을 고칠 요량이면 나쁜 습관을 생각할 여유나 행동을 할 수 있는 짬을 내주지 않는 것이 중요하다. 부지런히 움직이는 것도 좋은 방법 중 하나이다. 나쁜 습관을 행할 시간적인 여유가 없을 정도로 부지런하게 움직이다 보면 하루가 훌쩍 지나고 그런 생활이 반복되면 한 달 혹은 일 년이 금방 지나간다. 자신이 나쁜 행동을 할 시간적인 여유나 그것을 생각할 겨를이 없이 생활한다는 것은 그만큼 다른 것에 미쳐 있다는 것을 의미한다. 어느 특정한 일에 몰입하여 무아지경의 상태에 이르면 그 속에서 또 다른 카타르시스를 느끼게 된다. 또 부지런히 자신이 하고 싶은 일에 매진하다 보면 어느덧 자신이 훌쩍 성장하고 진화했다는 것을 느끼게 된다. 중요한 것은 그런 일거리나 취미를 갖는 것이 중요하다. 단순히 놀이와 흥미의 개념을 넘어서 경제적인 이익을 주는 일이라면 더욱 오래도록 그런 생활 패턴을 유지할 수 있다. 술을 마시고 싶어도 술을 마실 시간적인 여유가 없고 도박을 하고 싶어도 그보다 더한 쾌감을 주는 자기가 좋아하는 일이 있다면 술을 마시거나 도박을 하지 않을 것이다. 중요한 것은 그런 몰입의 상태에서 벗어나 일상으로 돌아왔을 때이다. 그간 잊고 지냈던 나쁜 습관이 스멀스멀하게 피어오르기 시작하는 시점이 바로 그 시점이다. 그러므로 특별한 프로젝트를 마쳤거나 부지런한 일상에서 벗어나 망중한을 즐길 수 있는 여유가 생겼을 때 바싹 긴장하고 다시금 나쁜 습관에 빠지지 않도록 신중을 기해야 한다.

부지런함은 값으로 따질 수 없이 귀한 보배라는 말이 있는 것처럼 부지런한 것 하나면 모든 것을 고칠 수 있다. 굳이 나쁜 습관을 고치려고 애쓸 필요 없다. 그냥 부지런히 자신이 하고자 하는 일에 열중하면 된다. 그런 부지런함이 몸에 배면 나쁜 행동을 하려는 생각이 들지 않고, 어느덧 자신의 생활이 또 다른 고수의 경지에 오르는 것을 느낄 때가 도래할 것이다. 부지런함이 몸에 익으면 시간이 아깝다는 생각을 자주 하게 된다. 왜냐하면 하고 싶거나 할 일은 많은데 시간이 극히 제한되어 있기 때문이다. 하고 싶은 일도 많고 해야 할 일이 많은데 그런 일을 남겨 두고 한가하게 나쁜 습관의 늪에서 허우적거릴 시간적인 여유가 없다. 그런 경지에 이르도록 부지런함에 중독되다 보면 제한된 시간 속에서 더 많은 일을 하고자 하는 생각을 하게 된다. 또 부지런히 일을 하다 보면 무엇이 중요하고 자기의 인생에서 무엇이 소중하며 자기에게 어떤 사람이 소중한 사람이라는 것을 더욱 절실히 깨닫게 된다. 즉 자기 인생을 더욱 행복하게 하는 자기 가족과 자기를 사랑해 주는 사람들에게 더욱 시간적인 배려를 많이 하게 된다. 그로 인해 사랑하는 사람을 생각하고 자기 인생을 행복하게 하는 사람들을 생각하는 그 시간이 바로 행복한 순간이라는 것을 알게 된다. 또 부지런히 일해서 얻은 땀의 대가를 헛된 곳에 쓰지 않게 되고, 세상에 공짜가 없다는 이치를 알게 된다. 돈 십 원이 그냥 하늘에서 떨어지는 것이 아니라 자기가 피땀 흘려 부지런히 일해야 얻어지는 산물이라는 것을 알기에 단돈 일 원도 헛된 곳에 낭비하지 않는다. 부지런함이 몸에 배어서 매일 매일 부지런히 생활을 하다 보면 실제로 돈을 쓸 시간적인 여유가 없어서 돈이 시나브로 모이게 되는 일석이조(一石二鳥) 효과도 있다. 또 치통이나 타박상으로 몸이 불편한 상태에 있으면 별달리 나쁜 행동을 하고 싶은 생각이 들지 않는다. 잔병이 많은 사람이 오히려 자주 병원에 가기 때문에 건강하다는 속설이 있듯이 몸의 어딘가에 불편함이 있으면 자숙하게 되고 행동에 신중을 기하게 된다. 인생사 한쪽에서 이익이 있으면 다른 쪽에서 손해가 발생하고 한쪽이 불편하면 다른 쪽에서 안락함이 찾아온다. 그러므로 심각한 정도가 아니라면 조그마한 상처 정도는 안고 사는 것이 좋다. 신체적으로 컨디션이 너무 좋아도 과한 행동으로 인해 실수를 한다. 아울러 마음의 상처나 육체적인 고통이 있다면 함부로 행동하지 말고 신중하게 행동하라는 메시지라 생각하고 자신의 행동거지를 돌아보는 것이 바람직하다.

11.

정치력이 소통력이다

동일한 실수를 반복하는 나쁜 습관은 반복적으로 행하는 나쁜 행동이 만들어 내는 산물이다. 그러므로 나쁜 행동을 하지 않을 요량이면 그런 행동을 하는 근본적인 원인이 어디에 있는지를 아는 것이 중요하다. 그래서 스트레스가 원인이면 스트레스를 받지 않는 방법은 무엇인지 또 스트레스를 건전하게 푸는 방법은 무엇인지를 고민하는 것이 상책이다. 직장인의 경우 대부분 상사로 인한 스트레스, 업무로 인한 스트레스, 승진이나 상벌로 인한 스트레스 등으로 인해 나쁜 행동을 하는 경우가 많다. 직장 동료들과 원만한 대인관계를 유지하면서 보람된 직장생활을 하는 사람은 정서적으로 안정된 상태에서 생활하기 때문에 그다지 나쁜 행동을 하지 않는다. 가정과 회사는 둘이 아니라는 말이 있듯이 직장생활이 즐겁거나 가정생활이 화목한 사람은 그렇지 않은 사람보다 나쁜 행동을 하지 않을 확률이 높다. 왜냐하면 정서적으로 안정된 상태에서 생활하기 때문이다. 반면에 직장생활을 하면서 스트레스를 받거나 가정적으로 불화를 겪는 사람들은 심리 불안으로 인해 나쁜 행동을 할 확률이 높다. 왜냐하면 불안정한 상태에서는 이성적으로 생각하고 판단해서 행동하기보다 감정적이고 즉흥적으로 행동하기 때문이다. 아울러 직장인의 경우 스트레스를 받는 대부분은 상사로부터 오기도 하지만 사내 정치를 하지 못해서 그러는 경우도 있다. 특히 일의 성과를 중시하는 사람은 사내 정치에 둔한 경우가 많은데 그런 사람일수록 자기방어를 할 수 있을 정도로 사내 정치를 할 줄 알아야 한다. 무릇 정치(政治)가 사람의 마음을 얻는 것이라는 것을 생각하면 사내 정치는 직장 동료들의 마음을 얻는 일련의 활동을 말한다. 일을 중시하는 사람들이 사내 정치에 휘말려 속수무책으로 당하는 경우는 사람보다 일을 중시하기 때문이다. 일을 중시하는 사람들의 공통적인 속성 중 하나는 자기가 일만 열심히 하면 모든 것이 잘되리라고 생각한다는 것이다. 또 직장생활의 본질은 경영이익에 부합되는 행동을 해야 하고 조직의 성과 증진에 힘쓰는 것이 최우선이라고 생각한다. 그래서 사람들과의 관계를 등한시하는 경향이 있다. 물론 일을 중시하지 말라는 말이 아니다. 일도 하면서 사내 정치를 통해 자기 주변에 자기편을 많이 만들어야 한다. 일반적으로 경영이익에 기여하는 바가 큰데도 불구하고 그렇지 않은 사람보다 승진에서 매번 밀리고 있다면 사내 정치의 문외한(門外漢)이라고 보면 된다. 또 자기 생각에는 직장에 전혀 도움이 되지 않는 사람인데 그런 사람이 등용되는 이유를 모르고 있다면 사내 정치의 초보이다. 엄밀하게 말해서 직장이든 조직이든 사람이 무리를 이뤄 일을 하는 과정에는 일보다 사람이 우선이다. 왜냐하면 일은 결국 사람이 하는 것이고, 혼자의 힘이 아닌 여러 사람이 하는 힘이 강한 힘이기 때문이다. 또 조직이나 직장에서는 혼자의 힘보다는 여럿이 함께하는 집단 시너지를 중시한다. 혼자 하는 힘은 조직의 진짜 힘이 아니다. 여럿이 협업해서 이룬 장기적이고 계속적으로 유지되는 힘이 조직의 진짜 힘이다. 어떻게 생각하면 개인의 능력이 출중해서 단독으로 성과를 내는 사람은 조직의 힘을 약화시키는 단초가 된다. 그러므로 일을 중시하는 성향을 가졌다면 이제라도 늦지 않았다. 사람을 중시하며 사람을 최우선 순위에 두고 직장생활을 해야 한다. 일을 중시하는 사람보다 사람을 중시하는 사람이 스트레스를 덜 받는다.

한편으로 생각하면 사람을 중시하는 사람들은 관계하는 인원에 버금가는 정도의 갈등으로 인해 스트레스를 더 많이 받을 것 같지만 실제로 덜 받는다. 그런 사람일수록 사람을 대할 때 어떻게 해야 스트레스를 받지 않는지에 대한 노하우가 많다. 사내 정치를 잘하기 위해서는 사람에 대해 아는 것이 중요하다. 또 자기 성향은 어떠하며 자기와 관계하는 사람들에게 어떤 모습을 보이는 것이 상대방에게 호감을 줄 수 있는지에 대해 끊임없이 궁리하면서 상대방의 마음에 드는 사람이 되어야 한다. 또 무엇보다 정치를 잘하는 사람들의 전략에 걸려들지 않기 위해서는 『손자병법』이나 36계 전략은 필수적으로 알아 둬야 한다. 만약

『손자병법』을 읽을 시간이 없다면 최소한 36계 전략은 필히 익히고 직장생활을 하자. 흔히 『삼국지』를 세 번 읽은 사람과 관계를 할 때는 늘 신중해야 하고 그런 사람을 적으로 삼지 않는 것이 자기를 지키는 것이라고 말한다. 왜냐하면 병법을 아는 사람은 전략적인 사고를 가지고 생활하기 때문이다. 사내 정치를 잘하는 사람은 상대방의 장점을 단점으로 만드는 능력이 탁월하다. 그래서 성과를 중시하는 사람이 제아무리 좋은 성과를 내도 관계에 취약하다는 점을 부각시켜 그 사람을 곤궁에 처하게 한다. 또 주변에 사람이 많아서 헛소문을 내거나 삼인성호(三人成虎)가 말하듯이 거짓 정보를 파생시켜 상대방을 곤란한 처지에 놓이게 하는 술수가 뛰어나다. 그러면서 자기는 절대 앞에 나서지 않는다. 그런 사람들은 성동격서, 혼수모어, 차도살인, 이이제이, 조호이산, 진화타겁, 부처추신 등 36계 전략 중 상황과 여건에 따라 연환계, 미인계, 공성계 등의 36계 전략을 서로 연계해서 구사하는 능력이 탁월하다. 아울러 사내 정치의 고수는 결코 서두르지 않는다. 야금야금 시나브로 가랑비에 옷이 젖는 것처럼 상대방을 자기가 쳐놓은 덫이나 함정에 빠지도록 하는 전략을 구사한다. 허장성세, 성동격서 등 사내 정치를 어떻게 해야 하는 것이 잘하는 것인가를 한마디로 일목요연하게 정리할 수는 없다. 왜냐하면 셀 수 없이 많은 전략이 있고, 상황마다 활용해야 하는 전략이 너무도 많기 때문이다. 중요한 것은 상대방의 동태를 면밀하게 살피고 정치적으로 술수를 부릴 징후를 먼저 감지하여 그에 대응하는 것이다. 그러기 위해서는 상대방에 대해서 아는 것이 매우 중요하다. 아울러 상대방의 천적이 누구이고 상대방을 제어하고 통제할 수 있는 사람이 누구이며, 상대방이 무엇을 제일 두려워하는지를 아는 것이 매우 중요하다. 그래서 궁지에 몰리거나 상대방이 공격을 하면 결정적인 상황에서 자기가 가진 지식과 정보를 토대로 상대방보다 우세한 역전략을 구사하여 상대방을 제압해야 한다. 그러기 위해서는 상대방의 일거수일투족을 알아야 하고 상대방의 성향과 취향 그리고 상대방의 향후 행동을 예측할 수 있어야 한다. 정치를 잘하는 사람들의 공통적인 속성은 말을 잘한다는 점이다. 사실 정치는 말로 한다. 공자는 말이 어눌해도 행동이 민첩한 사람이 오히려 말을 잘하는 것보다 낫다고 했다. 하지만 현실에서는 말을 잘하는 사람이 두각을 나타내고 다른 사람들에게 호감을 받는다. 노자 역시 다언삭궁이라고 해서 말이 많으면 근심 걱정이 많아진다고 하지만 정치를 잘하기 위해서는 우선적으로 말을 잘해야 한다. 또 향후 일이 어떻게 전개될 것인지에 대한 예견력도 뛰어나야 한다. 또 상대방이 어떤 전략을 쓸지에 대한 수를 먼저 읽을 수 있어야 한다. 가장 좋은 방법은 정치를 잘하는 사람의 편에 서서 그 사람을 잘 활용하는 것이 좋다. 호가호위(狐假虎威)라는 말이 있다. 또 거인의 어깨에 올라서면 멀리 볼 수 있다는 말도 있다. 그러므로 필요하다면 정치를 잘하는 사람을 자기편으로 만드는 것이 매우 중요하다. 아울러 정치를 잘하는 사람의 눈 밖에 나지 않도록 친분을 유지하고 필요하다면 그 사람에게 좋은 일이 생기도록 음양으로 지원하는 것이 필요하다. 또 정치를 잘하는 사람이 그간에 어떤 전략을 구사하는지 또 그 사람과 친분이 있는 사람은 누구이며 그 사람의 단점이 무엇인지를 아는 것이 매우 중요하다. 이에 더하여 그 사람에게 흠이 잡히지 않도록 하는 것도 매우 중요하다. 또 사익을 추구하기보다는 공익을 먼저 추구하고 자기 혼자의 힘으로 이룬 성과라고 해도 모든 공을 주변 사람들의 몫으로 돌리는 것이 적을 만들지 않는 비책이다. 또 자기의 모든 것을 내보이지 않는 것이 필요하다. 왜냐하면 자기의 약점이 무엇인지를 알고 자기를 공격할 수 있기 때문이다. 정치는 여론을 형성하고 이슈를 이슈로 덮는 것이며 사람의 심리를 조정하는 종합적인 기술이다. 그래서 소통의 최고 단계는 정치이다. 즉 소통을 잘한다는 것은 정치를 잘하는 것을 의미한다. 정치를 잘하는 사람이 소통을 잘하는 사람이고 소통을 잘하는 사람이 정치를 잘하는 사람이다. 그렇다고 해서 정치 놀이에 빠지라는 말은 아니다. 최소한 스트레스를 받지 않을 정도로 자기방어 차원의 정치력을 지녀야 스트레스로 인해 나쁜 행동을 할 확률이 준다.

DEALING WITH BAD HABITS

CHAPTER 3.

자기와의
약속

01.

약속어음을 발행한다

동일한 실수를 반복하는 나쁜 행동을 하지 않기 위해서는 곳곳에 다양한 장애물을 설치하는 것이 상책이다. 어차피 무의식에 한번 낙인이 된 나쁜 습관을 완전히 제거하는 것은 불가능하다. 무의식이라는 녀석의 힘이 막강하기 때문이다. 무의식의 속성 중 하나는 자기에게 새겨진 것은 그 누구도 제거할 수 없게 한다는 데 있다. 그래도 다행스러운 것은 무의식에 제동을 걸면 어느 정도 속도를 줄일 수 있다는 것이다. 자동차를 운전할 때 고속으로 주행을 하다가도 위험하다고 생각하면 속도를 줄이기 위해 브레이크를 밟아 속도를 제어하듯이 무의식이 드러나는 속도를 줄일 수 있다. 자동차의 성능이 좋다는 것은 브레이크 성능이 좋다는 것을 의미한다. 제아무리 고속으로 주행할 수 있는 자동차

나쁜 습관 다루기

라고 해도 그 속도를 제어할 수 있는 성능 좋은 브레이크가 없다면 무용지물이다. 왜냐하면 속도를 제어할 수 있는 제동장치가 없다면 오히려 대형 사고를 발생시킬 위험이 크기 때문이다. 이점에 착안하여 무의식이라는 엔진의 속도가 빨라지지 않도록 다양한 제동장치를 설치하는 방법을 구사한다면, 어느 정도 나쁜 습관으로 인해 동일한 실수를 반복하는 횟수를 줄일 수 있다. 술을 끊으려는 사람이 눈에 술이 보이지 않도록 하거나, 술집에 가지 않는 것도 일련의 음주를 하려는 마음에 제동을 거는 것이다. 또 금연을 결심한 사람이 담배 대신 간식을 먹거나 물을 마시는 것 또한 흡연 욕구의 속도에 제동을 거는 것이다. 그러므로 동일한 실수를 유발하는 나쁜 행동을 하지 않거나 횟수를 줄일 요량이면 앞서 금주나 금연을 결심한 사람들이 적절한 제동장치를 걸듯이 일정한 제동장치를 걸어 두는 것이 상책이다. 그에 대한 방법으로 우선적으로 동일한 실수를 반복할 징후가 보인다면 약속어음을 발행하여 일시적으로 행동을 지연시키는 전략을 구사하는 것이 좋다. 술로 인해 지각을 하거나 다음날 출근에 지장을 초래할 것 같으면 다음 날 중요한 사람과 약속을 잡자. 술을 마시고 싶은 마음보다 다음 날 중요한 회의를 원활하게 진행하기 위해 사전 준비를 해야 하기에 술을 마시고 싶어도 술을 참는다. 간혹 술을 즐기는 사람이 술자리에 자가용으로 가는 경우가 있다. 이성적으로 생각해서 술을 마시고 대리운전을 하면 된다고 생각하기 때문이다. 하지만 술이 술을 마시는 단계에 이르면 이성으로 자신의 의지를 다스릴 수 없는 상태에 이르게 되고 그로 인해 음주운전을 해서 사고를 일으키는 문제가 발생한다. 이성적으로는 결코 음주운전을 하지 않지만, 술이 술을 마시는 단계에 이르게 되면 이성적인 판단보다는 감정적이고 본능적인 판단을 하게 되어 자가용을 운전하게 된다. 그러므로 술버릇이 좋지 않은 사람은 결코 술자리에 자동차를 가지고 가지 않는 것이 음주운전으로 인한 사고를 미연에 방지할 수 있는 최상의 길이다. 이처럼 음주하는 사람이 음주운전 사고를 미연에 방지하기 위해서 택시로 이동하거나 대리운전을 하는 것이 바로 음주로 인한 동일한 실수를 반복하는 행동에 제동을 거는 것이다. 앞서 약속어음을 발행하는 것도 이성적으로 판단할 수 있는 상태에서 미연에 나쁜 습관이 나타나는 속도를 늦춰 주는 역할을 한다. 누차 반복해서 말하지만 의식과 무의식이 다투면 무의식이 백전백승(百戰百勝)하게 되어 있다.

마지막으로 약속어음을 발행하는 것으로도 마음을 놓을 수 없다면 자기 시간의 속도를 올리면 된다. 즉 나쁜 습관을 행하려고 하는 속도를 감속할 수 없다면 좋은 습관의 속도를 올려서 미처 나쁜 습관이 드러날 기회를 주지 않는 것이다. 앞서 술을 마시는 나쁜 습관이 나타나거나 행할 수 없도록 책을 읽거나 산책을 하는 등의 좋은 습관의 시간을 늘리거나 속도를 높이자. 이는 제동장치 대신 가속 페달을 밟아 주는 것과 같다. 결국 우리네 인생은 시간과의 싸움이다. 누구에게나 하루 24시간의 시간이 주어진다. 24시간의 시간 중 술을 마시는 시간이 차지하는 점유율을 줄이기 위해서는 책을 읽거나 산책을 하는 시간을 늘려서 술을 마실 시간이 없도록 하면 된다. 나쁜 습관의 시간은 늦추고 좋은 습관의 시간을 늘리는 것이다. 또 좋은 습관의 가속 페달을 밟

나쁜 습관 다루기

는다면 나쁜 습관을 행하는 횟수는 현저히 감소할 것이다. 더불어 동일한 실수를 반복하는 행동의 횟수를 줄이기 위해서는 자기 삶이 많은 사람들에게 생방송으로 방영되고 있다는 생각을 가지고 삶에 임하는 것이 좋다. 자신이 행하는 모든 것이 방송으로 방영된다고 생각하거나 자기 인생의 다큐멘터리를 제작하기 위해 자기의 삶을 취재하는 기자들이 함께하고 있다는 생각을 하는 것도 효과가 있다. 자신의 일거수일투족이 많은 사람들이 시청하는 방송으로 방영된다면 함부로 행동하지 않는다. 그런 생각도 나쁜 행동이 행해지는 시간을 늦추거나 속도를 줄여 주는 제동장치 중 하나이다. 호손의 실험에서 알 수 있듯이 사람들은 누군가가 자기가 하는 행동을 유심히 관찰하고 있다고 생각하면 올바르게 행동하려는 양상을 보인다. 그러므로 나쁜 행동을 하지 않기 위해서는 자기가 행하는 일거수일투족을 누군가가 보고 있다는 생각으로 자기 행동거지에 신중을 기해야 한다. 요즘에는 CCTV가 발달해서 어디를 가든 자기가 하는 행동이 명명백백하게 다른 사람들에게 실시간으로 공개되고 있다. 산속에 살지 않는 이상 자기가 행하는 모든 행동이 수십 대의 CCTV에 담기고 있다는 생각을 하면 자기의 행동을 함부로 하지 않게 된다.

02.

반성문을 쓴다

내일이면 환갑을 내다보는 나이인데 아직도 올곧게 생활을 하지 못하고 정북향을 찾으려고 사시나무 떨듯 떨고 있는 나침반 바늘이 내 삶을 대변하고 있다는 생각이 든다. 자녀들이 모두 출가하고 이제는 손주들 재롱을 보는 것을 인생의 유일한 낙으로 살고 있는 농익은 나이인데 아직도 주변을 서성이며 안절부절못하는 나를 바라볼 때마다 왠지 내 인생이 불쌍하다는 생각이 든다. 무엇을 위해서 이렇게 아등바등하게 살아왔는지 현재 어디를 향해 가고 있는지, 살아온 날보다 앞으로 살아갈 날이 적은 이 시점에 뭔가 특단의 조치를 취하지 않으면 안 된다는 절박한 심정으로 이 책을 쓰게 됐다. 매번 결심하고 후회를 하면서도 또다시 나쁜 행동을 하는 나를 보는 것도 이제는 지쳤다. 또 나쁜 행동으로 빚어진 문제를 해결해야 하는 문제들이 산적해 있는데 새로운 문제를 야기하는 나를 볼 때마다 이제는 나라는 존재를 거들떠보기도 싫다. 남의 눈에는 그럴듯한 삶을 살고 있는 것처럼 보이지만 속으로 썩어 문드러지는 내 모습을 볼 때는 참으로 가증스럽고 역겹기 그지없다. 나는 내 마음의 감옥에 수백 번 들락거리는 내 인생의 범죄자이다. 내 삶을 스스로 난도질한 특수상해 절도범이고 틈이 나면 현실에서 이탈하여 개인적인 쾌락을 즐기는 사이코패스이다. 그럼에도 불구하고 앞으로 남은 인생은 진정한 나를 찾아 참된 나와 동반자가 되어 남은 인생 항로에 불을 밝히고자 한다. 배우고 익히는 것은 자기 안에 있는 불을 밝히는 것이라고 하지만 평생학습의 일념으로 다방면의 지식과 경험을 쌓았는데 마음의 등불을 밝히는 것은 고사하고 오히려 선한 마음을 악한 마음으로 변질시키는 삶을 살아온 것은 아닌가 하는 생각이 든다. 언제 이런 나쁜 습관들이 몸에 배어 버린 것일까? 어찌하여 그간에는 이런 나쁜 습관이 몸에 새겨지고 있다는 것을 감지하지 못한 것일까? 실패는 성공의 어머니이고, 실수가 성공의 자양분이라는 자기 합리화로 나쁜 습관을 행하는 것을 당연시한 것은 아닌가 하는 생각도 든다. 또 나이를 먹으면 철이 들겠지, 언젠가 달라지겠지, 세월이 약이라고 이런 나쁜 습관도 세월을 이기지는 못하겠지라는 생각으로 너무 안일하게 생각한 것은 아닌가 하는 생각도 든다.

한편으로 생각하면 오랜 세월 몸에 익어 이제는 더 이상 나쁜 습관에서 벗어나지 못할 것이라는 두려운 생각도 든다. 이순을 바라보는 나이에 이제야 나쁜 습관을 고쳐 보겠다고 안간힘을 쓰고 있는 나 자신을 보고 있노라니 늙어서 노망이 든 것은 아닌가 하는 생각도 든다. 그냥 얼마 남지 않은 인생인데 그냥 무시하고 주어진 삶에 최선을 다하고 현실에 만족하면서 그냥 즐겁게 살자는 생각이 들기도 한다. 그럼에도 불구하고 일말의 양심이 있는 것일까? 요즘은 실수하는 나로 인해 사랑하는 사람들에게 불행을 안겨 준 것이 마음에 걸린다. 한편으로는 그럼에도 불구하고 잘 살아왔다는 생각이 들고, 바닥을 쳤어도 이제는 일어날 힘이 있다는 생각도 든다. 나쁜 습관을 고치려고 이렇게 집필을 하고 있는 이 순간에도 마음 한쪽에서는 나쁜 습관이 기지개를 켜고 있는 것을 느낀다. 여하튼 별의별 생각이 드는 것이 사실이다. 어디 이뿐이랴. 그간에 나쁜 습관을 고치기 위해 수도 없이 많은 시도를 했지 않은가? 그때 역시 간절하지 못해서 실패한 것은 아니다. 정말로 고치려는 마음이 없었던 것은 아니다. '왜 그렇게 헤아릴 수 없이 많은 실수를 하고 반성하고 후회를 했음에도 불구하고 나쁜 습관을 지금까지 끌고 왔을까?'라는 생각을 해본다. 반성하고 성찰하고 후회하고 또 반성하고 성찰하고 또 결심하고 계획하고 또 결심하고 계획한 횟수가 몇 번이란 말인가? 컴퓨터를 포맷하듯 모든 습관을 다 지워 버리고 다시금 백지 위에 새로운 인생의 그림을 그릴 수 있으면 좋으련만, 우리네 인생은 그렇게 할 수 없는 인생이다. 인간 수명의 한계라는 120살의 반평생을 살았는데도 자기의 삶을 이해하지 못하는 어리석은 인생인데, 인체의 신비를 밝히면 무엇하리오. 그간 나의 쾌락을 위해 나쁜 행동을 했다면 이제는 남의 행복을 위해 좋은 행동을 하는 사람으로 거듭나야 한다. 그간 자신의 실수로 인해 사랑하는 사람에게 불행을 안겨 줬다면 인생 후반에는 사랑하는 사람에게 행복을 안겨 주는 사람으로 거듭나야 한다. 그간 30년의 삶을 술로 살아왔다면 남은 30년은 술이 없는 삶을 살아야 하고, 그간 30년간 산을 좋아했다면 남은 30년은 물을 좋아하는 삶을 사는 것도 괜찮은 삶이다. 한계 효용의 법칙에 의하면 동일한 실수를 반복하는 행동도 언젠가는 포화 상태에 이를 것인데 과연 몇 살까지 나쁜 행동을 해야 한단 말인가? 세월이 약이라고 하는데 세월도 나쁜 습관을 이길 수는 없는 것일까? 두뇌 학자들이 나쁜 습관을 고칠 요령이면 좋은 습관으로 대체하는 것이 최상의 방법이라고 하는데 아마도 그들도 나쁜 습관으로 인해 자기와의 싸움을 지속적으로 하는 사람이라는 생각이 든다. 또 아마 습관을 평생 연구한 사람도 나쁜 습관을 제거하지 못해서 스스로 고통스러워하고 있음을 자인하는 것인지도 모른다. 나는 나쁜 습관을 고칠 수 있다고 본다. 아니 이미 인간의 몸에는 나쁜 습관이 없는지도 모른다. 맹자의 성선설에 초점을 맞추는 삶을 살 것인가? 순자의 성악설에 초점을 맞추는 삶을 살 것인가? 선한 것이 천성인가? 악한 것이 천성인가? 성선설과 성악설이 맞는가를 따지는 것은 의미가 없다. 궁극적으로 인간은 선한 인간이 되어야 한다는 것이 양자의 공통된 주장이기 때문이다. 마찬가지로 나쁜 습관을 고칠 수 없기에 착한 습관으로 대체해야 한다는 말이나, 나쁜 습관을 고칠 수 있다는 말이 맞는지는 중요하지 않다. 중요한 것은 나쁜 습관을 없애고 좋은 습관으로 삶을 채색하면 된다. 그런 일념으로 이 책에 담긴 지식과 경험적인 사례를 실제 삶에 적용해 보자. 내가 이 책에 담은 내용이 모두 맞는 것은 아니다. 또 그러한 것을 과학적으로 증명할 수도 없다. 하지만 중요한 것은 실제로 실천해 보니 나쁜 습관을 행하는 빈도수가 줄었다는 점이다.

오늘 이 순간에도 나는 나와 끊임없이 소통하면서 나는 누구인가? 어찌하여 나쁜 행동인지를 알면서 그것을 하는지, 나쁜 습관을 제거하기 위해서 지금 이 순간 무엇을 해야 하는지를 묻는다. 사랑하는 사람들에게 더 이상 불행을 주지 않기 위해서 어떻게 해야 하고, 오늘은 무엇을 잘못했으며, 나쁜 습관을 행할 조짐은 없는지를 내가 나 자신에게 물어본다. 나쁜 습관은 제거가 가능하다. 그 방법은 끊임없이 자기와 진실하게 소통을 하는 것이다. 자기와 소통하는 시간의 끈을 놓는 순간 나쁜 습관이 발동한다. 홀로 있을 때 신독을 하라는 공자의 말에는 홀로 있을 때 스스로 자기와 대화하는 소통의 시간을 많이 가지라는 말이다. 자기와 진정으로 소통하는 사람은 남 보기에 부끄러운 짓을 하지 않는다. 그러므로 나쁜 행동을 하고 싶은 생각이 들 때마다 통찰의 소통을 하고 과거의 기억을 불러다가 자기와 자기를 심판하는 소통의 시간을 갖는 것이 나쁜 습관을 제거하는 방법이다. 현실은 인간의 두뇌이고 인간이 만든 세상은 두뇌 세상이다. 굳이 인간의 두뇌를 연구하고 해부하지 않아도 이미 인간의 두뇌는 이 세상에 펼쳐져 있다. 이 세상을 연구한다는 것은 인간의 두뇌를 연구하는 것이다. 자기의 두뇌를 알려면 자기의 삶을 보면 된다. 이미 현실에 두뇌 세상이 펼쳐져 있다. 자기의 삶이 자기의 두뇌이고, 자기의 행동이 자기 두뇌의 작용이며, 자기의 습관이 두뇌가 움직이는 길이다. 두뇌의 길을 바꾸기 어렵다면 자

나쁜 습관 다루기

기가 사는 현실의 길을 바꿔 보자. 생각이 행동을 지배하기도 하지만 행동이 생각을 지배하는 경우도 있다. 자기 행동을 바꿔서 두뇌가 가는 길을 바꿀 수 있다면 나쁜 습관이든 좋은 습관이든 얼마든지 제거가 가능하다. 단 나쁜 습관을 제거하는 과정에서 새로운 습관이 생길 수 있다는 위험부담도 안아야 한다. 물론 그 새로운 습관이 좋은 습관이라면 더더욱 좋다. 한편으로 생각하면 일장일단(一長一短)이라는 말이 있듯이 좋은 것이 나쁜 것이 될 수도 있고 나쁜 것이 좋은 것이 될 수도 있다. 또 오늘의 정답이 내일의 오답이 될 수도 있고 어제의 오답이 오늘의 정답이 될 수도 있다.

03.

성취적금을 든다

　나쁜 습관을 고칠 요량이면 습관의 속성을 아는 것이 매우 중요하다. 습관의 속성 중 가장 중요한 속성은 반복하면 그것이 무의식에 새겨지고 이로 인해 의식하지 않아도 무의식적으로 행동을 한다는 점이다. 그런 점에 착안하여 나쁜 습관을 제거할 요량이면 좋은 행동을 반복적으로 행하거나 나쁜 습관을 고치는 과정에서 경험하는 성취의 감정을 반복해서 느껴야 한다. 그렇게 하면 나쁜 습관이 차지할 수 있는 기억의 공간이 좁아지고 반복되는 성취감에 중독되어 시나브로 성취감에서 오는 쾌감과 기쁨으로 인해 나쁜 행동을 하지 않게 된다. 성공의 원리 또한 이와 같다. 고기도 먹어 본 사람이 잘 먹는다는 말이 있듯이 목표 달성에 따른 성취감도 그런 성취감을 많이 느껴 본 사람이 또다시 다른 성취를 이룰 확률이 높다. 성공도 습관이다. 성공을 해본 사람이 또다시 성공할 확률이 높다. 성공이 목표로 한 것을 이루는 것이라면 성취는 이룬 것에 기쁨을 느끼는 것이다. 즉 성취는 성공으로 인해 생기는 기쁜 감정을 느끼는 것이다. 돈의 맛을 아는 사람이 돈을 벌기 위해 애쓰고 술이 주는 쾌락을 느껴 본 사람은 또다시 그런 쾌락을 느끼기 위해서 술을 마신다. 마찬가지로 성취에 따른 기쁨을 자주 느끼다 보면 성취감을 느끼는 것이 습관이 된다. 성공을 했다고 해도 단순히 목표하는 바를 이룬 것에 대해서 아무런 감정을 갖지 않는다면 반쪽짜리 성공일 뿐이다. 성공을 했다면 그 성공으로 인해 얻어지는 기쁨을 충분히 만끽해야 또다시 성공을 할 확률이 높다. 돈이 돈을 부르고 행운이 행운을 부르듯이 성공이 성공을 부르고 성취가 성취를 부른다. 그러므로 나쁜 행동을 하려고 했을 때 그것을 참음으로 인해 오는 기쁜 마음을 계속해서 적금 들듯 기억 속에 차곡차곡 쌓아야 한다. 술을 마시고 싶은 마음을 잘 견뎌 내서 그 이후에 오는 좋은 일로 인해 기쁨을 느꼈다면 그 기쁜 느낌을 기억에 쌓는 것이다. 아울러 또다시 술을 마시고 싶은 생각이 들면 과거에 그것을 참아서 느꼈던 좋은 감정을 생각하면서 술을 마시지 않는 것이 필요하다. 술을 마셔서 과거에 자신이 얼마나 많은 인생을 피폐하게 지냈고 술로 인해 자기의 사랑하는 사람들을 얼마나 불행하게 했는지를 생각하면서 말이다. 애주가들은 입버릇처럼 자신이 술로 인해 아파트 한 채를 날렸다든지 혹은 그랜저 10대를 날렸다는 등의 말을 곧잘 한다. 또 술을 잘 마시는 것이 자랑은 아님에도 불구하고 자신의 주량이 소주 10병이 넘는다고 자랑하기도 한다. 술에 장

사는 없다. 처음에는 사람이 술을 마시지만 계속해서 술을 마시다 보면 어느 순간 술이 술을 마시는 단계에 이르게 된다. 무엇이든 계속해서 반복적으로 하다 보면 그것이 습관이 되기도 하지만, 더욱더 무서운 사실은 점점 과한 것을 찾게 된다는 것이다. 작은 쾌락을 반복해서 느끼는 것에 만족하는 사람은 드물다. 쾌락의 속성 중 하나는 쾌락을 느끼면 느낄수록 점점 더 큰 쾌락을 느끼려고 한다는 점이다. 그래서 마약에 중독되고 흡연에 중독되며 알코올에 중독되는 것이다. 문제는 좋은 습관으로 인해 좋은 쾌락을 느끼면 좋은 습관이 형성되고, 나쁜 습관으로 인해 나쁜 쾌락을 느끼면 나쁜 습관에 중독된다는 데 있다. 좋은 인생을 산다는 것은 좋은 습관으로 인해 얻어지는 좋은 쾌락을 많이 느끼는 것을 의미한다. 좋은 습관으로 인해 느끼는 쾌락이나 나쁜 습관으로 인해 느끼는 쾌락의 무게는 같다. 그러므로 나쁜 습관을 고칠 요량이면 나쁜 습관으로 인해 느끼는 쾌락보다 좋은 습관으로 인해 느껴지는 쾌락의 무게를 점점 늘릴 필요가 있다.

한편, 앞서 말했듯이 나쁜 행동을 할 뻔했는데 참음으로 인해 얻은 기쁜 순간을 기억 속에 잘 쌓아 두는 것이 매우 중요하다. 그런 기억들이 차곡차곡 무의식에 쌓이면 그것이 나쁜 습관을 고치는 단초가 된다. 뭔가를 이뤄서 얻어지는 쾌락보다 그 쾌락의 강도는 약할지는 몰라도 그런 쾌락이야말로 자기를 이기고 얻어진 쾌락이라는 점에서 값진 쾌락이 아닐 수 없다. 단 한 순간만 참으면 되는데 그 순간을 넘기지 못해서 불행을 자처하는 경우가 많다. 나쁜 행동을 하지 않음으로써 얻어진 기분 좋은 감정, 일상에서 벗어나지 않고 평소의 건실한 삶을 살고 있다는 편안한 감정을 기억 속에 차곡차곡 쌓아 둔다면 그것들이 나쁜 행동을 절제하게 하는 방아쇠가 될 것이다.

흔히 인생은 한 방이라고 한다. 이 말은 잘만 투자하면 일확천금을 벌 수 있다거나 뜻밖의 행운에 당첨되어 인생역전을 이룬 사람들이 주로 한다. 나쁜 습관도 그런 일확천금을 노리듯이 한 방에 확 고칠 수 있으면 좋으련만 결코 그렇게 되지 않는다. 세상에 공짜는 없다. 또 세상은 지극히 공평하다. 노력하는 사람이 성공이라는 복을 받고 게으르게 사는 사람이 그에 상응하는 정도의 고통을 겪는 것이 인생의 법칙이다. 그러므로 결코 나쁜 습관을 한 방에 고칠 수 있다는 생각은 버려야 한다. 30년간 해온 행동이 사생결단의 각오로 임했다고 해서 한 방에 고쳐진다면 이 세상에 나쁜 행동을 할 사람은 아무도 없다. 인생은 한 방이라는 말은 일확천금을 노리거나 사기도박을 해서 인생역전을 노리는 사람들이 입버릇처럼 하는 말이지, 결코 인생은 한 방이 아니다. 인생은 단 한 방에 잘되는 경우보다는 잘못해서 날아가는 경우가 더 많다. 잘나가던 사람이 한 방에 무너지거나 부귀영화를 노리던 사람이 한 방에 가난으로 내몰리는 경우가 많은지 인생 한 방을 노리다가 로또에 당첨되거나 도박으로 인해 부자가 된 사람이 많은지를 따져 보면 된다. 확률적으로 전자가 더 많다. 살다 보면 그렇게 인생이 한 방에 술술 풀리는 경우는 거의 없다는 것을 알게 된다. 평생 돈을 모은다고 밤늦도록 애를 써도 부귀영화라는 단어는 자신과는 거리가 멀게만 느껴지는 것이 우리네 삶이다. 인생은 한 방이라는 말은 어렵고 힘든 고통에 처한 자기를 달래는 희망적인 말일 뿐 결코 인생은 한 방이 아니다. 하지만 오랜 시간 많은 자원을 투자하여 지은 건물이 일순간에 무너지듯 우리네 인생 또한 자칫하면 단 한 방에 무너진다는 것을 생각하면 오금이 저린다.

나쁜 습관 다루기

04.

스스로 그리한다

어렵고 힘들수록 기본으로 돌아가야 한다. 이 말의 진의(眞意)는 기본을 잘 지키면 어렵고 힘든 상황을 극복할 수 있다는 말이다. 또 어렵고 힘든 상황에 처해 있으면 그 상황에서 무리하게 해결하려 하지 말고 잠시 그 상황에서 벗어나 차근차근 기본을 잘 헤아려 봐야 한다는 말이다. 마찬가지로 동일한 실수를 반복하는 나쁜 습관을 고칠 요량이면 기본 중의 기본적인 진리가 담긴 고전에서 그 답을 찾는 것도 한 가지 방법이다. 특히 『논어(論語)』와 『도덕경(道德經)』을 통해 공자의 유위와 노자의 무위를 아는 것이 매우 중요하다. 『논어』에서는 어긋남이 없는 행동을 하는 데 도움을 주는 지혜를 얻을 수 있고, 『도덕경』에서는 마음을 비우는 데 도움을 주는 지혜를 얻을 수 있다. 또 『논어』를 통해 그릇된 행동을 하지 않고 바른 행동을 하는 사람으로 거듭나고, 『도덕경』을 통해 조급함과 욕심을 내려놓는, 인위적으로 무리한 힘을 써가면서 애쓰는 마음을 내려놓는 지혜를 배울 수 있다. 대부분 나쁜 행동을 하는 나쁜 습관은 좋은 행동을 하는 가르침을 행하지 않은 것에서 비롯된다. 그러므로 『논어』를 통해 좋은 습관을 행할 수 있는 지혜를 배우는 것이 상책이다. 또 나쁜 습관을 하게 되는 요인 중 대표적인 경우는 자신의 욕망을 충족하지 못하는 조급함과 뭔가 이루려는 것을 이루지 못하는 불만에서 생기는 경우가 많다. 즉 자신이 하고 싶은 것을 하지 못하는 마음과 뭔가를 해야 하는데 하지 못하는 마음에서 비롯되는 경우가 많다. 쓰레기를 넣으면 쓰레기가 나올 수밖에 없듯이 나쁜 생각과 좋지 않은 마음을 먹으면 나쁜 행동과 좋지 않은 행동을 하게 마련이다. 그런 오염된 마음을 청결하게 세척하고 가볍고 깨끗한 마음으로 바꿀 수 있는 비책은 『도덕경』에 담겨 있다.

결론적으로 말해서 『논어』로 바른 행동을 함양하고 『도덕경』으로 맑은 심성을 지닌다면 결코 나쁜 행동을 하지 않을 것이다. 비록 나쁜 습관을 완전히 고칠 수는 없지만 그래도 어느 정도 자신의 변화된 모습을 보게 될 것이다. 나쁜 행동을 하지 않는 것은 좋은 행동을 하는 것이다. 공자의 버전으로 해석하면 나쁜 행동을 하는 사람은 소인(小人)이고 좋은 행동을 하는 사람은 군자(君子)이다. 공자는 『논어』에서 군자는 의(義)에 밝고 소인은 이(利)에 밝다고 했다. 대부분의 나쁜 행동은 의롭지 못한 행동이다. 또 다른 사람의 손해를 생각하지 않고 오로지 자신의 이익만을 취하기 위한 행동에서 비롯되는 경우가 많다. 그러므로 나쁜 행동을 하지 않기 위해서는 자신의 행동이 의로운 행동인가를 먼저 따져 보는 것이 상책이다. 견리사의(見利思義)라는 말이 있듯이 이익이 있으면 먼저 의를 생각해서 의롭지 못한 행동이라면 제아무리 이익이 있어도 행하지 않는 것이 나쁜 행동을 하지 않는 비결이다. 이에 더하여, 배우고 익히는 사람은 아랫사람에게 묻는 것을 부끄러워하지 않는 겸손한 마음을 가졌다는 점에서 나쁜 행동을 하지 않게 된다. 겸손한 사람은 자기를 과시하지 않고 늘 낮은 곳에 임하려고 하기 때문에 욕구를 충족하기 위해 무리한 행동을 하지 않는다. 그래서 타인에게 양보하고 겸허한 마음으로 늘 배운다는 생각으로 임하는 생활을 하는 사람은 도에 어긋나는 행동을 하지 않는다.

요즘 중년들에게 인기 있는 방송 프로그램 중 하나가 「나는 자연인이다」이다. 그 방송에 등장하는 주인공들을 보면서 복잡한 생활에서 벗어나 홀가분하고 자유로운 마음으로 그들처럼 살고 싶다는 생각을 많이 한다. 또 정년 이후에는 혼자 조용한 산속에 들어가 자연 속에서 자연과 더불어 아무런 근심 걱정 없이 마음 편하게 살고 싶다는 생각을 한다. 중년에 이르러 그런 생각을 하는 이유 중 하나는 바로 심적으로 많은 스트레스 속에 살고 있기 때문이다. 스트레스를 풀기 위해 술을 마시게 되고 스트레스로 인해 감정이 격해서 화를 내기도 한다. 평정심을 잃고 감정적으로 행동하는 것 역시 엄밀하게 따져 보면 심적인 스트레스가 주요 원인인 경우가 많다. 자기가 나쁜 행동을 하는 습관 역시 일상생활 속에서 받는 스트레스로 인해 그러한지도 모른다. 그래서 자연인의 주인공과 같은 자유로운 삶을 살고 싶은 것이 중년들의 로망이다. 그러므로 나쁜 습관을 고칠 요량이면 자신의 삶을 자연인(自然人)과 같은 삶으로 살면 된다. 자기가 현재 살고 있는 주어진 환경을 바꿀 수는 없어도 자기의 마음은 얼마든지 바꿀 수 있다. 즉 현재 주어진 환경에 몸담고 생활하고 있지만 자기의 마음은 「나는 자연인이다」라는 방송 프로그램의 주인공과 같은 마음으로 살면 된다. 대부분 스트레스를 받는 근본적인 원인은 자신의 자유가 억압받기 때문이다. 자기 뜻대로 모든 것을 할 수 있다면 그다지 스트레스를 받을 하등의 이유가 없다. 자기가 원하는 삶을 사는 데 무슨 스트레스를 받으랴. 그러므로 그런 스트레스 상황에서 벗어나 자신은 「나는 자연인이다」라는 방송 프로그램에 등장하는 주인공처럼 살고 있다는 마음으로 생활한다면 스트레스로 인해 빚어지는 나쁜 습관이 저절로 고쳐질 것이다. 물론 단시간에 즉시 변화되지는 않는다. 포도주가 숙성이 되어야 그윽한 향기를 풍기듯이 자연인과 같은 삶을 오랜 기간 살다 보면 실제로 스트레스 상황에서 빚어졌던 나쁜 습관이 저절로 고쳐진다. 사실 자연이라는 마음으로 살다 보면 근심 걱정으로 인해 무거웠던 마음이 가벼워지고 생각이 맑아지며 심신에 쌓인 노폐물이 깨끗하게 정화된 느낌을 받게 될 것이다. 또, 평소 자기가 하고 싶었던 일이나 마음에 새겨지는 생각들을 즉시 행동으로 옮기고 싶어 하는 설레는 마음으로 인해 자기도 모르게 부지런한 생활을 하게 된다. 실제로 「나는 자연인이다」 방송 프로그램에 등장하는 주인공들의 삶은 그야말로 부지런하기 짝이 없다. 그래서 한

나쁜 습관 다루기

시도 쉬지 않고 자기가 하고 싶은 일을 마음껏 하기 때문에 그다지 나쁜 습관이 끼어들 시간적인 틈이 없다. 더욱 신기한 것은 그렇게 쉴 틈이 없이 부지런하게 생활을 하는데도 얼굴에 힘들어하는 기색이 전혀 없다는 점이다. 그렇다. 늘 행복한 모습으로 자유를 만끽하며 즐겁게 생활하는 사람에게 나쁜 습관이 있을 리 만무하다. 물론 그렇다고 해서 그간 행한 나쁜 습관이 일시에 완전히 고쳐지는 것이 아니다. 실제로는 마음의 환경이 바뀌어서 무의식에 떠 있는 나쁜 습관이 더 깊은 곳으로 내려갔을 뿐이다. 그러므로 나쁜 습관이 무의식의 늪에 빠져 더 이상 발악하지 못하도록 자기의 눈에 보이는 모든 환경을 실제로 자연인의 환경으로 바꾸는 노력이 계속되어야 한다. 아울러, 금방이라도 숨이 막힐 것 같은 고층 건물이 즐비한 환경에서 벗어나 산새 소리와 물소리가 들리는 자연 속으로 자기의 몸과 마음을 옮겨 놓는 것이 필요하다.

자연 속에 사노라면 자연에 존재하는 모든 생물들이 제각각 자기 본연의 일을 하며 자기다움을 잃지 않고 살고 있다는 것을 느끼게 된다. 또 한 치의 흐트러짐이 없이 자연의 순리에 맞게 자연 그 자체로서 만족하며 자기답게 자기 역할을 하고 있다는 것을 알게 된다. 결코 남의 것에 욕심내지 않으며 자기의 자리에서 자연으로서 자연스러운 생활을 한다. 그런 모습을 보면서 자기도 모르게 자연의 존재 일부로 자기의 존재 가치를 재발견하게 된다. 즉, 자연에서 태어나 자연으로 돌아가는 것이 인간이라는 것을 진정으로 알게 되는 깨달음의 경지에 이르게 된다. 부귀와 영화도 필요 없고 온전히 자연 속에서 자기가 자연의 일부가 된다. 자연 속에 있는 자연을 구성하는 모든 생물에게는 나쁜 습관이 없다. 주어진 환경에 따라 자기의 생존을 위한 행동 변화를 촉구하되 결코 자기에게 해가 되는 나쁜 행동을 하지 않는다. 그런 자연의 이치를 깨달으면 자기 역시 모든 욕망을 내려놓고 자연의 일부로서 자연의 이치와 순리에 맞게 생활하게 되는 것이다. 아울러 자기에게 넘치게 주어져도 결코 욕심을 내지 않고 안분지족(安分知足)의 삶을 살게 된다. 그런 사람에게 나쁜 습관이 형성될 리 없다. 천재 물리학자 알베르트 아인슈타인이 "동일한 행동을 하면서 새로운 결과를 기대하는 것은 어리석은 짓이다"고 했듯이 평소와 전혀 다르지 않은 생활을 하면서 자기가 평소에 행하던 나쁜 행동을 하지 않게 되리라고 생각하는 것은 어리석은 생각이다. 즉 자기에게 형성된 나쁜 습관을 고칠 요량이면, 가장 먼저 자기가 생활하는 환경에 변화를 가져야 한다.

05.

다음으로 미룬다

　동일한 실수를 반복하는 습관을 행하지 않는 비결 중 하나는 다음으로 미루는 것이다. 즉 하고 싶은 생각이 들면 의식적으로 일단 연기한다는 생각으로 꾸물대는 것이다. 즉각 나쁜 습관을 행하지 말고 일단 추후로 미룬다는 생각을 하면 된다. 당장 술을 마시고 싶으면 조금 후에 마신다는 생각을 한다. 또 담배가 피우고 싶으면 5분 후에 피운다는 생각을 하는 등 즉각적으로 반응하지 말고 일단 늦추는 것이 상책이다.

　노자는 『도덕경』에서 행하지 않음으로써 모든 것을 행한다고 했다. 무위를 주창했던 노자는 인위적인 간섭을 하지 않고 자연 그대로 놓아두는 것이 상책이라고 했다. 물론 노자의 말과는 다소 차이가 있지만 나쁜 습관을 행하는 타임을 늦춰서 자신이 나쁜 습관을 행하지 않으려는 목표를 달성할 수 있다는 관점에서 보면 노자의 말이 맞다. 나중에 하긴 하는데 지금 당장은 하지 않는 것이다. 그렇게 차일피일 미루다 보면 무의식도 지쳐서 재촉을 하지 않는다. 자기와의 소통은 결국 의식의 자기와 무의식의 자기와의 소통이다. 이 2개의 얼굴 중 어떤 얼굴로 살 것인지를 잘 선택해야 한다. 새롭게 거듭나고 새로운 사람이 된다는 것은 의식의 내가 아닌 무의식의 나, 혹은 무의식의 내가 아닌 의식의 나로 사는 것이다. 2개의 얼굴 중 어떤 얼굴이 진정으로 자기의 얼굴인가에 대한 결정을 하는 것은 무의미하다. 의식이든 무의식이든 그것은 자기의 것이고 그것이 자기를 표현하는 것이기 때문이다. 몸은 하나인데 의식과 무의식이라는 얼굴이 2개가 있다고 생각하면 된다. 사람들은 자기 편의에 따라 혹은 자기가 처한 상황에 따라 의식이라는 얼굴과 무의식이라는 얼굴 중 자기에게 유리한 얼굴로 산다. 어떤 것이 진짜이고 가짜인지는 중요하지 않다. 해석하기에 따라 두 얼굴 중 하나는 가짜이고 하나는 진짜일 수 있기 때문이다. 흔히 그때그때 다르다는 말을 하는데 주어진 상황과 여건에 따라 그때그때 다른 모습을 보이는 것이 인간의 얼굴이다. 객관적인 현실에서 다른 사람들과 소통을 할 때는 거짓으로 소통을 하는 경우도 있지만 자기 자신과 소통을 할 때는 거짓으로 소통하지 않는다. 즉 다른 사람 앞에서는 거짓으로 착한 척을 하지만 자신에게는 자신을 속이지 않는다. 자기 자신에게 거짓말로 소통하면 되는데 그렇게 하지 못하는 이유는 누구나 혼자 있으면 가면을 벗고 진짜 얼굴을 드러내기 때문이다. 또 인간은 본능적으로 혼자 있는 시간에는 본능적이고 감정적이며 기분 내키는 대로 판단하는 경향이 있다. 그래서 옛 선인들은 군자의 도리로 혼자 있어도 그릇되지 않는 것을 자기 수양의 최고 경지로 삼았다. 그런데 혼자 있는 순간을 오로지 혼자라고 생각하면 오산이다. 혼자 있는 순간은 혼자가 아니라 현실적인 자아와 심리적인 자아, 겉으로 보이는 자아와 안으로 갈무리되어 있는 자아, 하고자 하는 자아와 하지 말아야 하는 자아 등 늘 두 명의 자기가 함께 있다. 동일한 실수를 일으키는 나쁜 습관을 제거하고 바꿀 요량이면 늘 자기는 혼자가 아니라 자기가 아닌 또 다른 자기와 함께하고 있다는 생각을 해야 한다. 또, 혼자 있어도 하늘을 우러러 부끄러움이 없이 올바르게 행동하는 것이 모범답안이라는 생각을 버려야 한다. 혼자 있어도 때로는 자기 자신에게 거짓말을 할 줄 알아야 한다. 간혹 직장인들이 회식에 가기 싫을 때 집안에 중대한 일이 있어서 혹은 멀리서 친척이 집을 방문해서 회식에 갈 수 없다고 양해를 구하는데 마찬가지로 무의식의 자아가 즉각적으로 행동을 하려고 한다면 갖은 핑계와 변명을 하면서 즉각적으로 저지하는 것이 필요하다. 타인과의 약속도 어기는데 자기와의 약속을 어기는 것이 무엇이 그리 대수인가. 무의식에서 나중에 왜 하지 않으냐고 보채면 잠시 후에 하겠다는 말을 하면서 또다시 미루면 된다. 미루고 또 미루다 보면 시간이 흐르고 어느 정도 상황이 변해서 동일한 실수를 반복하게 하는 행동을 해야 한다는 사실을 무의식이 망각하게 된다. 사람이 망각을 할 수 있다는 능력을 가진 것이 나쁜 것만은 아니다. 슬픔과 괴로움을 망각할 수 없다면 평생 슬픔과 괴로움을 안고 살아야 하지 않은가? 기쁜 감정도 슬픔이 오면 밀려가듯이 나쁜 습관도 좋은 습관이 오면 밀려나기 마련이다.

사실 나쁜 습관이든 좋은 습관이든 자기가 마음만 먹으면 언제든지 밖으로 드러낼 수 있다. 문제는 자기가 의식하지 않고 그것을 드러내는 데 있다. 특히 나쁜 습관일수록 더욱 그러하다. 아울러 굳이 이해하려고 애쓰지 않았으면 한다. 이해보다 중요한 것은 동일한 실수를 반복하는 행동을 하지 않는 것이다. 한마디로 말해서 자기와 소통을 할 때 나쁜 습관이 기세를 부리면 거짓말로 잠시 후에 하겠다고 미루면 된다. 참으로 신기하지 않은가? 자기가 자기를 속이는데 자기가 자기를 속이는 것을 모르니 말이다. 인간의 신체는 조물주가 흙으로 빚고 숨을 불어 넣어 만들었다. 그래서 인간의 신체를 인간의 마음으로 이해하지 못하는 것은 당연하다. 왜냐하면 인간을 만든 사람이 인간이 아니기 때문이다. 그래서 인간의 나쁜 습관을 고치는 것이 어렵고 힘들어서 신에게 의탁을 하는 사람도 적잖다.

나쁜 습관 다루기

06.

마음먹기 나름이다

    나쁜 습관을 고치기 위한 자기와의 소통 능력을 키우기 위해서는 가장 먼저 자기의 마음을 찾아야 한다. 국제 정신 분석 전문가이자 『이무석의 마음』의 저자인 이무석 박사는 우리의 현실을 객관적 현실과 심리적 현실로 구분했다. 즉 사람은 하나의 현실을 사는 것이 아니라, 2가지 현실 속에서 서로 공존 병행하며 살고 있다는 것이다. 동일한 현상을 보고 어떤 때는 좋아 보이고 어떤 때는 싫어 보이는 것도 2가지 현실이 서로 교차하며 그 현상을 분석하기 때문이다. 마음은 싫은데 몸이 저절로 행하는 경우도 있고, 몸은 싫은데 마음이 좋다고 하는 경우도 있다. 여기서 말하는 객관적 현실은 실제로 눈에 보이는 현실을 말한다. 그런 현실의 나는 남이 보는 나이다. 남들에게 보이는 내가 객관적 현실인

셈이다. 반면에 심리적 현실은 객관적 현실이기보다는 주관적인 현실이다. 즉 남들에게는 보이지 않는 자기만의 삶의 현실이 심리적 현실이다. 앞서 객관적인 현실이 자기에게 주어진 환경에 따라 외부로 표현되는 삶이라면 심리적인 현실은 겉으로 드러나지 않는 자기 마음 안에 있는 삶이다. 우리는 심리적인 현실보다는 객관적인 현실에 의해서 다른 사람들에게 평가를 받는다. 다른 사람들이 그 사람이 법이 없어도 살 정도로 참으로 선한 사람이라고 말하는 이유는 겉으로 드러나는 그 사람의 말과 행실이 선해 보이기 때문이다. 반면에 그 사람은 참으로 악질이라고 말하는 이유는 실제 겉으로 드러나는 그 사람의 말과 행실이 악하게 보이기 때문이다. 여기서 우리는 겉으로 드러나는 자신이 진정한 자기인지 아니면 겉으로 전혀 드러나지 않는 자신이 진정한 자기인지에 대해 생각해 볼 필요가 있다. 왜냐하면 자기와 소통하기 위해서는 객관적인 현실에서 사는 자기와 심리적인 현실에서 사는 자기가 서로 통교해야 하기 때문이다. 자기가 자기와 소통을 하기 위해서는 또 다른 자기가 있어야 하고, 자기와 소통을 하고자 하는 콘텐츠와 어떻게 소통을 할 것인가에 대한 수단과 방법을 필요로 한다. 우리는 더불어 함께 많은 사람들과 소통하지만 정작 꼭 필요한 자기 자신과의 소통을 등한시하는 경우가 많다. 또 자기가 만족하는 삶을 살기보다는 남들이 보기에 좋아 보이는 삶을 살려고 애쓴다.

약 2,500년 전에 공자는 사람들은 자기를 위한 공부보다는 남을 위한 공부를 한다고 일침을 가했다. 진정한 공부는 자기를 단련하고 수양

152

나쁜 습관 다루기

하는 데 있는데 출세를 해서 남들에게 잘 보이기 위해 공부한다는 것이다. 학문의 본질에서 벗어난 학문은 무의미하다. 이와 마찬가지로 대부분의 사람들은 자기가 만족하는 삶보다 남의 눈에 잘 보이는 삶을 살려고 애쓴다. 그래서 제아무리 자기가 만족해도 남들이 인정을 해주지 않으면 그 삶은 그리 행복한 삶이 아니라고 생각한다. 신라의 고승 원효는 인간 세상의 모든 일은 마음에 의한 것이라고 말한다. 한마디로 말해서 모든 것은 마음먹기에 달려 있다는 말이다. 그런데 그 마음이라는 것은 어디에 있을까? 분명한 것은 자기의 마음은 자기 안에 있다는 것이다. 자기의 마음이 자기 안에 있는데 그 마음이 어디로 도망을 가고 어떻게 그 마음을 잃어버릴 수 있다는 말인가? 시간과 공간이 아무리 바뀌어도 자기는 자기로서 건재하고 자기 마음은 자기를 벗어나지 않는데 그 마음이라는 것이 대체 어디로 도망가는 것일까? 또 자기의 마음은 자기 안에 있는데 그 마음을 다른 사람들이 어떻게 훔쳐 간다는 말일까? 볼 수도 없고 잡을 수도 없으며 만질 수도 없는 그 마음이 대체 어디에 있는 것일까? 학자들마다 견해는 다르지만, 머리를 써서 생각하고 그 생각에 기인하여 몸이 행동을 한다는 점을 생각하면 마음은 심장에 있다는 말이 더 설득력이 있다. 몸으로 사는 객관적 현실은 결국 마음이 사는 심리적 현실에 영향을 받는다. 객관적인 현실이 선과 악으로 보이는 이유는 심리적 현실에서 사는 마음이 어떤 상태인가에 따라 다르게 나타난다. 그래서 맹자는 인간은 본래 착하게 태어났다는 성선설을 주창했고 순자는 인간은 천성이 악하게 태어났다는 성악설을 주창했다. 객관적 현실이 선하게 살지만 심리적 현실의 마음이 악하다면 착한 사람일까? 아니면 악한 사람일까? 반대로 객관적 현실은 악하게 살지만 심리적 현실의 마음이 선하다면 악한 사람일까? 아니면 착한 사람일까? 가장 이상적인 삶은 객관적인 현실과 심리적인 현실이 일치되는 삶이다. 2가지 현실이 일치를 이루는 삶이 행복한 삶이다. 남들 눈에 제아무리 행복해 보여도 자기 마음 안에 불행이 있다면 그 삶은 불행한 삶이다. 자기의 행복은 자기가 느끼는 것이지 남이 느끼는 것이 아니기 때문이다. 물론 남의 눈을 유난히 의식하는 사람은 남들이 행복하게 느끼는 것 자체가 자신의 행복이라고 말한다. 그것은 객관적인 현실로 심리적인 현실을 속이는 짓이다. 그런 행복은 오래가지 못하고 저절로 자취를 감추게 된다. 그러므로 진정으로 자기와 소통할 요량이면 심리적 현실에서 사는 자기의 마음을 찾아서 소통해야 한다. 여기서 마음을 찾는다는 것은 사방으로 흩어져 있는 마음 조각을 한군데로 모으는 것을 의미한다. 한자 마음 심(心) 자를 이루는 획들이 모두 떨어져 있듯이 우리의 마음은 사방으로 흩어져 있다. 흔히 마음이 뒤숭숭하다 혹은 마음이 복잡하다고 말하는 것은 마음 조각들이 칼로 난도질을 당한 것처럼 사방팔방으로 흩어져 있음을 의미한다. 하나의 생각에 여러 가지 마음이 드는 것 또한 마음이 한군데로 모여 있지 않음을 의미한다. 자기가 어떤 마음 상태인지 도무지 종잡을 수 없다거나 마음이 심란하다고 느끼는 상태에서는 올곧게 자기와의 소통이 불가하다. 그러므로 자기와 진정으로 소통할 요량이면 가장 우선적으로 사방팔방으로 흩어져 있는 자기의 마음을 한곳에 모아야 한다. 맹자의 말처럼 학문을 하면서 마음을 한곳에 집중하거나 명상 음악을 들으면서 마음을 모으거나 성당이나 법당 혹은 교회에서 기도를 하면서 마음을 모으는 것도 좋다. 심신이 안정되고 몸이 나른하거나 기분이 맑고 정서적으로 안정된 상태가 자기와 소통을 할 수 있는 가장 좋은 여건이다. 자기와의 소통, 자기와의 대화를 나누기 위해서는 자기의 말을 들어주는 자기의 마음이 있어야 하고, 자기 마음의 소리를 들을 수 있는 자기를 필요로 한다. 혼자서 주절주절하는 것은 진정으로 자기와 소통을 하는 것이 아니다. 겉으로 드러나지 않고 심장에 새겨지는 소통이 진정으로 자기와의 소통이다. 『성경』에 천국에 가려면 어린아이의 마음을 지녀야 한다는 말의 의미에는 마음이 거짓됨이 없이 순수해야 함을 의미한다. 여하튼 자기와의 소통은 겉으로 드러나는 자기와 안에 갈무리되어 있는 또 다른 자기가 무언의 대화를 나누는 것이다.

그렇다면, 자기의 마음을 찾았다는 것을 어떻게 알 수 있을까? 제아무리 주변이 시끄럽고 어수선해도 마치 호수처럼 마음이 잔잔한 상태에 있다면 마음이 한곳에 모인 것이다. 또 시간이 어떻게 흘러갔는지 혹은 자기가 어디에 있는지조차 모를 정도로 아무런 생각이 나지 않는 무념무상의 상태가 바로 마음이 한곳에 모여진 상태이다. 그런 상태에서 자기와 소통을 해야 진정한 소통이 가능하다. 그런데 자기와의 소통을 통해 겉으로 드러나는 객관적인 현실과 심리적인 현실의 일치를 이루는 삶을 사는 것은 그리 쉬운 일이 아니다. 왜냐하면 수많은 정보를 접해야 하고 수많은 유혹에 빠지지 않아야 하며, 목전에 닥친 문제에서 완전히 벗어나야 하기 때문이다. 객관적 현실에 발을 담그고 있는 상태에서 온전히 심리적 현실에 입각하여 선택하고 결정하는 그런 삶을 산다는 것은 그리 쉬운 일이 아니다. 심리적인 현실은 마음이 사는 현실이고 눈으로 볼 수 없는 현실이다. 그래서 자기의 상태를 밤의 상태로 만들어서 심리적 현실이라는 밤의 안으로 들어갈 필요가 있다. 통상 기도를 하거나 묵상을 할 때 지그시 눈을 감게 되는데 그런 상태가 자기의 마음과 소통을 할 수 있는 무드가 조성된 상태이다. 소통을 한다는 것은 서로 시간과 공간을 함께하는 것이다. 그러므로 자기와의 소통을 강화할 요량이면, 가장 먼저 자기를 자기 마음 안으로 들여놓을 필요가 있다. 자기의 마음을 밖으로 나오게 할 수는 없다. 마음이 밖으로 드러나는 경우는 기껏해야 말과 눈빛 그리고 얼굴 표정이다. 그것이 마음의 모든 것을 대변할 수 없다. 말과 눈빛과 얼굴 표정도 교묘하게 바꿀 수 있는 것이 사람의 마음이기 때문이다. 또 잠시라도 마음을 놓으면 그 마음이 순식간에 분산되기 때문에 자기 마음과 소통을 한다는 것이 어렵다. 그러므로 특정한 시간과 장소를 정해서 소통을 할 필요가 있다. 마음같이 바쁜 것이 없다. 그 어떤 것보다 바쁘게 움직이는 것이 마음이기에 특정된 장소에서 특정된 시간에 소통을 하지 않으면 자기와의 소통이 불가능하다. 자기 안에 있고 자기와 가장 근접해 있는 자기의 마음이지만 자기와 마음의 거리는 이루 헤아릴 수 없는 정도로 먼 거리에 있다. 그래서 눈에서 멀어지면 마음에서 멀어진다는 말이 있는데, 자기의 마음과 소통을 할 요량이면 눈에서 멀어질 필요가 있다. 자기의 마음은 육체적인 눈으로 볼 수 있는 것이 아니라 마음의 눈으로 볼 수 있기 때문이다. 신이 인간을 만들 때 가장 귀한 것을 인간의 마음 안에

나쁜 습관 다루기

숨기고 그것을 쉽게 찾지 못하도록 눈을 밖을 향하게 했다. 그래서 인간은 가장 귀한 보물을 쉽게 찾지 못하는 것이다. 누구나 마음 안에 숨겨진 보물을 쉽게 찾을 수 없다. 그러므로 자기 마음 안에 있는 보물을 찾을 요량이면 자기 마음 안으로 자기가 들어가야 한다. 자기 마음 안에 자기를 들어가게 하는 방법이 바로 앞서 말한 기도나 명상 혹은 학문이나 산책 혹은 여행 등을 하는 것이다. 장자에 꿈에 본 나비가 자기인지 자기가 나비인지를 알 수 없는 몰아(沒我)의 상태에 이르렀다고 했는데 그런 몰아의 상태가 바로 몸과 마음이 일치를 이루는 상태이고 자기와 진정으로 소통을 하는 시간이라고 할 수 있다. 몸과 마음이 하나가 되고, 객관적 현실과 심리적 현실이 하나가 되는 그런 상태가 자기와 진정으로 소통하는 상태이다. 사람은 객관적인 현실과 심리적인 현실이 일치를 이룰 때 가장 큰 행복을 느낀다. 자기 마음대로 자기가 하고 싶은 것을 마음껏 하는 사람이 심리적인 스트레스를 받는 경우는 드물다. 결론적으로 동일한 실수를 반복하는 이유가 어떠한 계기로 인해 그러는지 그런 실수를 반복하게 하는 근본적인 원인이 무엇인지를 알기 위해서는 심연에 있는 자기와 만나서 소통해야 한다. 그래서 심연에서 동일한 실수를 반복하게 하는 마음의 불씨를 꺼줘야 한다.

07.

조건을 안 만든다

　대부분 동일한 실수를 부르는 나쁜 습관은 일정한 조건을 만족해야 활기를 편다. 일반적으로 화재가 발생하는 3가지 요건은 불씨, 가연성 물질, 그리고 산소이다. 즉 화재가 발생하기 위해서는 필연적으로 위의 3가지 조건을 만족해야 한다. 그중 어느 한 가지만 만족하지 못해도 화재가 발생하지 않는다. 마찬가지로 동일한 실수를 반복하는 행동의 3가지 요건은 사람, 장소, 그리고 핵심 원인이다. 술로 인한 실수는 술을 마시는 사람, 그리고 술을 마시는 장소, 그리고 술을 마시게 하는 특별한 원인이다. 즉 화가 나거나 슬퍼서 혹은 스트레스를 받아서 등 특별한 원인이 술을 마시게 한다. 마찬가지로 담배를 피우는 3가지 요건은 사람, 장소, 그리고 감정적 변화이다. 앞서 화재의 3가지 요건을 만족해서

나쁜 습관 다루기

화재가 발생하면 소화를 하기 위해 3가지 중 한 가지를 없애면 된다. 물로 열을 식히든지 아니면 이산화탄소로 산소를 차단시키거나 불이 더 번지지 않도록 가연성 물질을 제거하는 것이다. 이와 마찬가지로, 나쁜 행동을 유발하는 핵심 요건 3가지를 발췌해서 그중 어느 한 가지만 제거한다는 생각으로 나쁜 습관을 제거한다면 능히 제거할 수 있다. 금주 금연을 결심한 사람들이 가장 먼저 하는 것은 술과 담배를 제거하는 것이다. 술과 담배를 쉽게 접할 수 없게 해서 금주 금연을 하려는 이유에서이다. 그럼에도 불구하고 금주 금연에 실패한다면 금주 금연이 습관화된 사람들과 자주 어울리고 가급적이면 음주 흡연이 금지된 장소를 가는 것이 좋다. 아울러, 감정의 기복이 생기지 않도록 평정심을 유지해야 금주 금연을 성공으로 이끌 수 있다. 이에 더하여, 술과 담배와 전쟁을 선포하고 주변 사람의 도움을 받는 것이 좋다. 금주 금연을 결심한 사람들의 8할 이상이 금단현상을 참지 못해서 중도에 포기한다. 아니 중도에 포기하는 것이 아니라 아예 금주 금연을 하지 못한 것이다. 오십 보를 도망치나 백 보를 도망치나 도망친 것은 같다. 마찬가지로 일 년 금주에 성공하나 3년 금연에 성공했다고 해도 다시 음주와 흡연을 한다면 그것은 금주 금연을 하지 않는 것과 같다. 술보다 담배가 더 해롭다거나 담배가 술보다 더 해롭다는 말은 의미가 없다. 중요한 것은 둘 다 건강에 좋지 않은 나쁜 습관이다. 스트레스로 인해 죽는 것보다 술과 담배를 하는 것이 오히려 득이 된다는 자기 합리화를 하고 있다면, 다시금 절치부심 금주 금연을 시도하자. 술을 안 마시면 대인관계를 유지하는 데 어려움이 있다고 말하는 사람도 있는데 술이 대인관계를 좋게 한다는 절대적인 진리는 없다. 술로 인해 좋은 관계를 유지하는 것보다 술로 인한 실수로 인해 관계가 더 나빠지는 경우도 있다. 그런 논리는 술을 계속해서 마시겠다고 자기 스스로 자신의 무의식에 신호를 보내는 것과 같다. 그러므로 술을 안 마시는 것 자체만으로 자기는 다른 사람보다 더 행복한 사람이라는 말을 계속 무의식에 새겨야 한다. 한마디로 거짓말로 심리적인 현실의 무의식과 부당거래를 하는 것이다. 무의식은 자기가 부당거래를 하고 있다는 것을 알지 못한다. 그러므로 틈나는 대로 계속해서 무의식에 자기는 술을 못 마시는 사람이고, 술을 보면 질색을 하는 사람이며, 술을 마실 생각조차 하기 싫다는 메시지를 반복해서 보낼 필요가 있다. 그것도 습관적으로 자주자주 하다 보면 무의식이 일정한 시점이 되면 당연히 술을 못 마시는 사람으로 인지한다. 대부분 술을 마시지 말아야 하는 사람이 술을 마시고, 필연적으로 책을 읽어야 할 사람이 책을 읽지 않고, 운동을 필히 해야 하는 사람이 운동을 하지 않는다. 또 술을 마셔야 하는 사람은 술을 마시지 않고 운동을 하지 않아도 되는 사람이 운동을 하고, 책을 읽지 않아도 되는 사람이 책을 읽는다. 그래서 세상은 요지경이다. 모든 것이 자기에게서 비롯된다. 물론 타인의 권유에 의해서 술을 마시게 되는 경우도 있지만 술을 마시는 주체는 자신이다. 즉 타인에 의해서 어쩔 수 없이 마실 수밖에 없다고 생각하는 것은 자기 회피이고 또다시 그런 상황에서 술을 마시게 하는 단초가 된다. 그러므로 일단 한번 마음을 먹었다면 술을 마시게 하는 요인들을 발본색원해서 다시는 그런 생각이 들지 않도록 송두리째 뽑아내야 한다.

나쁜 습관 다루기

사람은 자기가 자주 만나는 사람과 자주 가는 장소 그리고 자주 나누는 대화 내용으로 인해 습관이 형성된다. 그러므로 자기의 습관을 바꿀 요량이면 자기가 자주 만나는 사람과 자주 만나는 장소 그리고 자주 나누는 대화 내용을 바꿀 필요가 있다. 자신이 흙을 밟지 않고 황금 위를 걷고 싶다고 해서 자기가 다니는 모든 길을 황금으로 포장할 수는 없다. 자기가 황금 신발을 신으면 된다. 마찬가지로 자기가 술과 담배를 끊고 싶다고 해서 자기가 생활하는 모든 곳의 술과 담배를 다 제거할 수는 없다. 자기가 술과 담배를 하지 않으면 그만이다. 또 무의식을 잠재우기 위해서는 무의식이 활기를 펼 수 있는 조건을 만들지 않으면 된다.

일반적으로 사람들은 함께 자주 어울리는 사람들의 사고방식과 행동방식을 닮는다. 아울러 함께 어울리는 사람들은 평균 수준에 버금가는 생각을 하고 그런 사고방식에 의해서 유사한 행동 양상을 보인다. 그런 관점에서 볼 때 나쁜 행동을 고칠 요량이면 가능한 한 나쁜 습관을 고치는 데 도움을 주는 사람들이나 그런 행동과는 전혀 무관한 사람들과 어울리는 것이 바람직하다. 왜냐하면 자기가 아무리 나쁜 행동을 하지 않을 것이라고 굳세게 다짐해도 나쁜 행동을 하는 사람들과 어울리면 근묵자흑(近墨者黑)이라는 말이 있듯이 나쁜 행동을 하게 되기 때문이다.

『습관의 힘』의 저자 찰스 두히그(Charles Duhigg)는 나쁜 습관을 제거할 요량이면, 첫째, 한 번에 하나씩 한 달에 하나씩 나쁜 습관을 공략하라고 말한다. 일시에 나쁜 습관을 제거하려고 하지 말고 작고 사소한 것부터 야금야금 공략해서 나쁜 습관을 정복하라는 것이다. 둘째, 당신을 변하게 하지 말고 당신의 세계를 바꾸라고 말한다. 아울러 나쁜 습관에 관여하는 것을 어렵게 하라고 말한다. 사실 자기를 바꾸는 것은 어렵고 힘들다. 사람마다 개성이 있고 각자가 지닌 유전자는 바꿀 수 없는 이치와 같다. 단지 나쁜 습관을 고칠 요량이면 자기가 처한 환경을 바꾸라는 것이다. 마치 맹모삼천지교에서 맹자의 어머니가 맹자가 공부를 하도록 분위기를 조성했듯이 말이다. 셋째, 스트레스를 받지 말아야 하며, 유연한 태도를 취하는 것이 좋다고 말한다. 정서적으로 안정되고 기분이 안정된 상태에 있어야 올바른 이성적인 판단에 의해서 나쁜 행동을 하지 않게 된다는 말이다. 넷째, 만약에 나쁜 행동을 하게 될 조짐이 보이면 어떻게 할 것인가에 대한 플랜 B를 준비하고 전략적으로 접근해야 함을 말하고 있다. 다섯째, 나쁜 행동을 하지 않으려고 했음에도 불구하고 다시금 나쁜 행동을 했다면 자기를 꾸짖거나 비하하지 말고 자신을 용서하라고 말한다. 아울러 자기의 힘으로 고칠 수 없다면 주변 사람의 도움을 구해서 고쳐야 한다고 말한다. 나쁜 습관을 제거하고 고치는 노력은 좋은 습관을 형성해 가는 과정이다. 나쁜 습관 하나가 좋은 습관 100개를 무너뜨린다. 그것만으로도 나쁜 습관을 고쳐야 하는 이유는 충분하다.

08.

다시 시작한다

　나쁜 습관을 고칠 요량이면 매일 다시 새롭게 시작해야 한다. 왜냐하면 작심삼일이라는 말이 있듯이 나쁜 행동을 고칠 계획을 세워도 3일이 지나면 무의식이 자신의 생각을 지배하기 때문이다. 그래서 혹자는 작심삼일이 오기 전에 다시금 계획을 세워서 마음을 다잡아야 한다고 말한다. 자기 안에 있는 무의식에 새겨진 나쁜 행동을 고칠 요량이면 매 순간 다시금 각오를 다지면서 자신의 일거수일투족을 면밀하게 들여다보는 것이 좋다. 앞서 인생을 잘 살기 위해서는 단 하루만 잘 산다는 생각으로 그날 하루에 최선을 다하는 삶을 살아야 한다고 언급한 바 있다. 그런 하루가 모여서 한 달이 되고 일 년이 되고 10년이 되고 평생이 된다. 이와 마찬가지로 나쁜 행동을 고치려고 마음을 먹었다면 그날 하루에 최선을 다한다는 생각으로 하루를 정성스럽게 보내야 한다. 흔히 담배나 술을 끊으려는 사람들이 담배나 술을 끊은 지 100일이 됐다 혹은 3년간 술과 담배를 입에 대본 적이 없다는 등의 말을 하는데 그런 사람은 다시금 술과 담배와 접할 가능성이 높다. 왜냐하면 그런 말을 하는 순간 자기 안에 있는 무의식이 '아하 그간 오랜 기간 잘 참았으니 그만하면 됐다'는 생각을 하게 된다. 그러므로 나쁜 행동을 고치려고 애써 온 지 얼마간의 시간과 기간이 도래했는지를 무의식이 알 수 없게 해야 한다. 그래야 무의식이 의식을 지배하려고 하지 않는다. 왜냐하면 무의식이 모르기 때문이다. 아무런 의식을 하지 않고 행동을 한다는 것은 좋은 행동이 좋은 습관으로 거듭났다는 것을 의미한다. 그러므로 마치 자기의 좋은 행동은 의식해서 하는 것이 아니라 무의식적으로 행하는 것이라고 무의식이 착각하게 해야 한다. 흔히 태어나면서 신앙을 갖게 된 사람들이 모태 신앙인이라고 말을 하는데 자신은 태어나면서부터 나쁜 행동을 하지 않고 좋은 행동을 하는 사람이라는 생각을 갖자.

작심삼일이 되거나 나쁜 행동을 반복적으로 행하는 근본적인 이유는 나쁜 행동을 하려는 무의식이 발동하는 여건이 조성되었기 때문이다. 그러므로 무의식에 계속해서 반복적으로 자신은 태어나면서부터 나쁜 행동을 한 사람이 아니라는 사실을 알리는 것이 필요하다. 한마디로 말해서 자기 최면을 계속 거는 것이다. 일반적으로 마음이 행동을 지배하지만 경우에 따라서는 행동이 마음을 지배하기도 한다. 하루에도 수백 번 혹은 수천 번, 필요하다면 눈을 뜨는 순간부터 감는 순간까지 계

나쁜 습관 다루기

속 자기 최면을 거는 것이 나쁜 행동을 고치는 원동력이다. 사실 나쁜 행동을 하는 습관을 제거하려고 하면 할수록 나쁜 행동을 하고 싶은 생각이 자주 나는 것이 지극히 정상이다. 하지 말아야 한다는 생각이 오히려 하지 말아야 하는 행동을 하게 하는 단초가 되기도 한다. 그러므로 좋은 행동을 한다는 생각을 갖고 생활에 임해야 한다. 또 나쁜 행동을 많이 하면 할수록 나쁜 행동을 하는 습관이 더욱 강해지고 어지간한 나쁜 행동에는 무감해지는 경향이 있다. 하지만 나쁜 행동을 한 연후에 후회하고 성찰하면 할수록 그 힘도 강해진다. 그러므로 나쁜 행동을 해서 불행한 상황에 놓였다면 비싼 수업료를 주고 좋은 경험을 했다는 생각을 가지고 다시금 도전에 도전을 거듭하는 것이 바람직하다. 누차 말하지만 고통과 어려움을 극복하면 내성이 생기고 더욱 단단해져서 한 단계 높이 성장하는 단초가 되기도 한다. 그러므로 중도에 포기하지 말고 자신이 더욱 강한 사람이 되었다는 생각과 이제는 내성이 생겨서 그 어떤 어려움도 극복할 수 있다는 강한 자신감을 가지고 도전에 도전을 거듭하자. 따지고 보면 나쁜 행동을 하지 않는 것은 그리 골머리를 썩이지 않아도 언제든지 자기가 마음먹고 하지 않으면 그만인 지극히 단순한 문제이다. 그러므로 나쁜 행동을 하는 것에 크게 근심 걱정을 하지 말자. 그 어떤 환경이나 여건이 조성되어야 할 수 있는 일이 아니라 자기 마음만 먹으면 되는 일이다. 그런데 사노라면 다시는 동일한 실수를 하지 않을 것이라고 맹세하고 또 맹세해도 다시금 반복해서 실수를 하는 경우가 반드시 도래한다. 그럴 때는 나쁜 습관이 오랜 기간 축적되어 무의식에 깊게 뿌리내려 있으니 어쩔 수 없는 노릇이라고 자신을 격려하자. 또다시 실수했다고 중도에 포기하지 말고 될 때까지 하면 된다. 문제는 실수하고 난 이후에 어떻게 처신을 하는가에 달려 있다. 해도 해도 안 된다고 중도에 포기하거나 어쩔 수 없는 상황이었다고 자기 핑계를 대지 말자. 왜 또다시 실수하게 된 것인지, 어디에 문제가 있는 것인지, 어떻게 해야 또다시 그런 실수를 하지 않을 수 있는지 깊이 있게 성찰하고 통렬하게 반성하면 된다. 그러면서 이제는 더 이상 물러설 곳이 없다는 생각으로 발등에 불이 떨어진 것 같은 간절한 마음으로 다시금 도전에 도전을 거듭하자.

평소에는 지킬 박사처럼 이성적이고 매우 품격 있게 행동했는데 갑자기 하이드로 돌변한 자신의 모습을 생각하면서 왜 그런 행동을 했는지 생각해 보자. 근본적인 문제는 스트레스에 있다. 여러 날 모이고 모인 스트레스가 극에 이른 것이다. 그렇다면 스트레스를 받지 않으면 되는데, 스트레스를 안 받을 수는 없다. 만약 자신이 스트레스를 받고 있지 않다면 자기 주변 사람이 자신의 스트레스까지 다 받고 있다고 생각하면 된다. 스트레스는 누구나 받는다. 단 그것을 해소하는 방법이 다를 뿐이다. 문제는 스트레스를 좋은 행동으로 풀어야 하는데 나쁜 행동을 해서 푼다는 데 있다. 참고로 스트레스를 받지 않을 요량이면 그저 아무 생각 없이 살면 된다. 하고 싶은 일이 없고 해야 할 일도 없이 그저 주어진 상황에 순응하는 것이 상책이다. 하고 싶은 일이 있으면 그 일을 하지 못해서 스트레스를 받게 되고 해야 할 일이 있으면 그 일을 하지 못해서 또한 스트레스를 받게 된다. 그러므로 코에 걸면 코걸이가

나쁜 습관 다루기

되고 귀에 걸면 귀걸이가 된다는 생각으로 주어진 상황에 그저 순응하면 그만이다. 굳이 남보다 잘하려고 애쓰지도 말고, 남에게 잘 보이기 위해 자기 마음을 속이지 말자. 그냥 주어진 대로 주어진 여건에 따라 자기다움을 잃지 않고 마음 가는 대로 순리대로 살자. 간혹 나쁜 행동을 하지 않으려고 부단히 애를 쓰고 갖은 수단과 방법을 동원해서 올곧게 좋은 행동을 하다가도 본의 아니게 또다시 습관적으로 나쁜 행동을 하게 되는 경우가 있다. 그렇다손 치더라도 결코 중도에 포기하지 말고 다시금 새로운 마음으로 나쁜 행동을 고치기 위한 노력을 계속해야 한다. 아무리 결심해도 나쁜 행동을 하다 보면 나쁜 습관을 고칠 수 없다는 생각에 체념을 하는데 그러지 말자. 그럴 때는 그럴 수도 있다는 생각과 함께 어디가 문제이고 주요 원인이 어디에 있는지를 다시금 돌아보는 것이 상책이다. 나쁜 행동을 거듭해서 하는 이유 중 하나는 근본적인 원인을 찾지 못했기 때문이다. 또 근본적인 원인을 찾았다고 해도 그 원인을 해결하는 대책이 근본적으로 잘못되었기 때문이지 결코 자기가 의지가 약해서 그런 것은 아니다. 비 온 뒤에 땅이 굳어진다는 말이 있듯이 나쁜 행동으로 마음의 상처를 받았다면 그것을 치유하는 과정에서 다시금 한 단계 성장할 수 있는 계기가 마련되었다는 생각을 갖자. 또 나쁜 행동을 하게 된 것은 자기가 너무 방심했다는 생각을 하자. 축구 선수가 자살골을 넣었다고 해서 경기를 포기하는 경우는 없다. 대부분 그 자살골을 만회하기 위해 그간 없던 힘도 발휘해서 열심히 뛴다. 한편으로 생각하면 몸집이 커지면 더 큰 옷을 입어야 하듯이 또다시 반복해서 나쁜 행동을 했다면 자기가 현재 입고 있는 옷이 너무 작은 것은 아닌지를 돌아봐야 한다. 아울러 나쁜 행동을 하게 된 것은 어쩌면 더 큰 성장을 위해 껍질을 벗고 나오려고 하는 것은 아닌지를 따져 보고, 좋은 쪽으로 해석하는 것도 좋은 방법이다.

나쁜 습관 다루기

09.

자존심을 버린다

　동일한 실수를 반복하는 나쁜 행동을 좋은 습관으로 대체하려면 자존심을 버려야 한다. 나쁜 행동을 반복적으로 행하는 나쁜 습관이 형성되는 과정을 유심히 들여다보면 나쁜 습관과 자존심은 직간접적으로 연관이 많다. 왜냐하면 나쁜 행동을 파생시키는 스트레스는 자존심이 상하는 상황에서 발생하기 때문이다. 특히 직장인의 경우 출근을 하면서 자존심을 집에 두고 출근을 해야 한다는 말이 있듯이 직장인의 경우에는 자존심 상하는 일을 셀 수 없이 많이 겪는다. 자존심은 자기 스스로를 높이는 마음이다. 자기를 사랑하고 존중하는 마음의 의미를 지닌 자존감과 다른 개념이다. 자기를 스스로 중요한 사람이고 자기는 인격적으로 마땅히 인간적인 예우를 받아야 하고 자기 지위와 권력에 맞는 예우를 받아야 한다고 생각하는 마음이 자존심이다. 이에 반해 자존감은 자기 스스로 자기 자신을 사랑하고 다른 사람의 평가와는 상관없이 자기 마음 안에서 자기의 존재감을 스스로 찾는 것을 의미한다. 자존심과 자존감은 자기가 처한 상황에 따라 상호 비례하기도 하고 경우에 따라서는 반비례하기도 한다. 중요한 것은 자존심이 강하면 강할수록 더 많은 스트레스 상황에 놓이게 된다는 점이고, 자존감이 높으면 높을수록 스트레스 지수가 낮다는 점이다. 즉 자존심을 지키려고 하는 사람보다 자존감이 높은 사람이 스트레스를 덜 받는다. 그러므로 나쁜 행동을 고칠 요량이면 자존심을 낮추는 것이 필요하다. 자기는 아무 존재감도 없고 자기는 다른 사람에게 존중받을 아무런 이유가 없다는 생각을 갖는 것이 필요하다. 인간적인 수모를 당해도 자존감으로 버티고 자존심을 내세우지 않는 것이 필요하다. 다른 사람이 보기에 자신은 아무것도 아닌 존재라고 생각하는 것이 마음 편하다. 그렇지 않고 자기는 귀한 사람이고 조직에서 꼭 필요한 사람이며, 자신이 쌓은 업적으로 봐서 최고의 예우를 받아야 한다고 생각하는 것은 스트레스를 가중시키는 단초가 된다. 직장인의 경우 자존심을 집에 두고 출근을 하라는 의미는 직장에서는 필연적으로 위계질서에 따라 업무를 해야 하고 경우에 따라서는 상사로부터 질타를 받아야 하며 선배로부터 인격적인 수모를 당하는 경우도 있을 수 있다는 의미이다. 연령의 다소로 서열을 정하는 것도 아니고, 업무 공적으로 서열을 정하는 것도 아니다. 직장은 직책에 따라 혹은 회사에서 부여한 책임과 역할에 따라 공식적인 서열이 정해진다. 자기가 제아무리 능력이 출중해도 공식적으로 직함이 없으면 직함을 가진 상사의 지시와 통제 속에서 생활해야 하고, 재산이 많고 힘이 강하다고 해서 높은 서열을 유지하는 것은 아니다. 회사에서 정해진 지위와 위치에 따라 제 역할과 책임을 다하는 곳이 직장이다. 그러다 보니 입이 있어도 말을 하지 못하고 귀가 있어도 듣지 말아야 하는 경우도 있다. 또, 자기 생각과는 전혀 다른 방향으로 일이 추진되어도 상사의 지시라면 군소리 없이 수행해야 하는 상황도 있다. 그러한 상황에서 자존심이 강한 사람은 성격적으로 불의를 참지 못한다는 허울 좋은 명목으로 상사의 말에 반감을 표출하는 경우도 있다. 하지만 유교적인 문화가 만연한 한국 사회에서는 위계질서를 그 무엇보다 최우선으로 한다는 점을 망각하지 말아야 한다. 상하 간의 위계질서를 문란하게 하는 하극상은 가차 없이 엄하게 처벌받는다는 점을 생각해서 직장에서는 결코 자신에게 부여된 권한 이외에 월권을 하지 않는 것이 무엇보다 중요하다. 법적으로 직장 내 갑질을 규제하고 있기는 하지만 아직도 여전히 직장 상사의 갑(甲)질은 존재한다. 사람은 본능적으로 힘과 권력을 가지면 자신의 진면목을 유감없이 발휘하려는 속성을 지녔다. 자기가 가진 힘이 어느 정도인지를 알고 싶어서 그러하다. 그래서 강한 힘을 가지면 가질수록 갑의 위치에서 을을 지배하려고 한다. 그래서 직장인은 출근할 때 자존심을 집에 두고 출근하라는 것이다. 특히 사내 정치를 하는 사람들은 열심히 일하는 사람을 가만두지 않는다. 조직생활의 특성상 자기 혼자서 잘한다고 해서 무난한 것이 아니다. 여럿이 함께 협업해야 하는 직장생활의 속성상 사람들과 서로 업무적으로 부딪히는 상황이 많이 발생하기 마련이다.

사실 자존심을 집에 두고 가라는 말에는 직장에서는 자기를 높이려는 생각을 하지 말고 죽은 듯이 자기를 내려놓고 생활을 해야 한다는 의미가 내포되어 있다. 자기는 아무것도 아니라는 생각, 자기는 별로 중요하지 않은 사람이라는 생각, 자기는 그냥 자기라는 생각, 직장은 자존심으로 생활하는 곳이 아니라는 생각을 갖는 것이 스트레스를 미연에 방지하는 길이다. 아울러 자기 스스로 자기를 사랑하고 자기를 스스로 존중하는 자존감을 가지면 된다. 자존감이 강하면 자존심이 상해도 그리 대수롭지 않게 생각한다. 자신이 서열이 낮아서 능히 그럴 수 있다는 생각, 스트레스를 받는 것도 월급에 포함되어 있다는 생각, 자기로 인해 다른 사람이 스트레스를 해소할 수도 있다는 생각, 직장 상사는 자기보다 더한 스트레스 상황에서 생활하고 있다는 생각을 가지면 자신이 받는 스트레스는 조족지혈(鳥足之血)이라는 생각이 들 것이다. 자존심은 직장에서 퇴근하는 순간 다시 찾으면 된다. 직장에서 생활하는 하루 8시간은 자존심이 수면을 취하도록 하고 자존감이 활동하도록 하는 것이 스트레스를 줄이는 길이다. 자존심은 다른 사람에게 자기가 인정받고자 하는 마음에서 비롯된다. 또 다른 사람과는 차별화된 대우를 받고 싶어 하는 마음에서 생긴다. 그런 마음을 내려놓으면 된다. 자기는 아무런 존경이나 존중을 받을 정도의 사람이 아니고, 그냥 그저 평범한 사람이라는 생각을 갖자. 남과 다른 특별한 대우를 받으면 뭐할 것인가. 그것이 밥을 먹여 주고 돈을 벌어 주는 것이 아니지 않은가. 대신 자기를 존중하는 자존감은 결코 내려놓지 말아야 한다. 자존심이 다친 상처를 치유할 수 있는 특효약은 자존감이다. 자존심이 상해서 스트레스를 받았다면 상대적으로 자존감이 약한 것이다. 자기는 다른 사람에게 인정을 받아야 하고, 다른 사람에게 존중을 받아야 하며, 자기는 어느 누구보다 높은 위치에 있다는 생각은 자기 마음을 다치게 한다. 스트레스를 받지 않으면 스트레스를 풀기 위해서 나쁜 행동을 할 상황은 발생하지 않는다. 또 설령 스트레스를 받았다고 해도 자존감으로 그것을 치유하면 된다. 자존심이 상하는 경우는 비단 직장에서만 생기는 것은 아니다. 사회생활을 하다 보면 과거에 자기보다 못 나가던 사람이 자기보다 더 잘나갈 때 등 자존심이 상하는 상황이 발생하기 마련이다. 그러므로 어디서든 자존심을 내려놓고 지내는 것이 좋다. 자존심을 내세울 것이 아니라 자존감을 강화해서 자존심이 상처를 받지 않도록 호위를 하면 된다. 자기가 보석인데 보석 같은 자기를 다른 사람들이 돌멩이 취급을 한다고 해서 보석이 돌로 변하는 것은 아니다. 이유야 어떠하든 자존심을 내려놓는다고 해서 자기의 가치가 낮아지는 것은 결코 아니다. 그러므로 이왕 자존심을 내려놓을 바에는 철저하게 바닥을 기는 마음으로 사람들을 대하자. 다른 사람에게 사랑받고 존중받는 것보다 자기 자신에게 존중받는 것이 나쁜 습관을 고치는 데 효과가 더 크다.

10.

새롭게 거듭난다

　이대로 살아서는 안 된다. 이렇게 살다가는 결국에는 인생이 불행해질 수밖에 없다. 이런 상태가 지속되면 언젠가는 큰 낭패를 보게 될 것이다. 이러면 안 돼 그간 어떻게 쌓아 온 삶인데 이런 것으로 인해 허망하게 실패의 나락으로 떨어진단 말인가? 자기를 새롭게 거듭나기 위해 자기 변화를 시도했다면, 가장 우선적으로 변화의 필요성에 대해 가슴에 깊이 새겨야 한다. 단순히 변화하겠다, 막연하게 바꿔 보겠다는 생각으로 변화를 시도하다 보면 여지없이 작심삼일 바이러스에 감염되게 된다. 특히 또 하나의 피부처럼 자기와 일치를 이루고 있는 나쁜 습관을 가진 사람에서 좋은 습관을 가진 새로운 사람으로 변화를 한다는 것은 그야말로 낙타가 바늘구멍을 통과하는 것처럼 어렵다. 그럼에도 불

나쁜 습관 다루기

구하고 변화를 해야 한다고 생각했다면 가장 우선적으로 왜 변화를 시도하는지에 대한 명확한 운영정의가 필요하다. 또 어떻게 변화를 할 것이며, 중도에 결코 포기하지 않고 어떻게 장애를 극복할 것인가에 대한 전략과 전술도 필요하다. 남들도 하기에 아무런 이유 없이 갑자기 그런 생각이 들어서 변화를 시도했다면 아예 처음부터 시작하지 않는 것이 낫다. 사실 변화는 누구나 할 수 있지만 누구나 변화에 성공하는 것은 아니다. 평생 쌓아 온 것들을 다 버리고 백지상태에서 다시 시작해야 하는데 매몰 비용 때문에 혹은 기득권을 포기할 수 없기 때문에 중도 포기하는 사람들이 부지기수이다. 굳이 변화를 하지 않아도 잘 살아왔고 자신이 조금만 조심하면 되는데 그간 쌓아 온 모든 것을 접고 다시 시작한다는 것은 모순이라고 생각한다. 그럼에도 불구하고 변화를 할 요량이면 앞서 말한 바와 같이 왜 변화를 하려고 하는지에 대한 생각을 정리하는 것이 필요하다. 번번이 동일한 실수를 반복하는 나쁜 습관을 좋은 습관으로 바꾸겠다는 생각은 하지 말자. 30년의 세월에 걸쳐 몸에 익은 나쁜 습관을 바꾸려면 아마도 30년 넘는 자기 수련을 해야 할지도 모른다. 단순 무식하게 계산해서 30년의 세월을 되돌리는 데 30년이 걸린다. 그러므로 나쁜 습관을 좋은 습관으로 바꾸려고 하지 말고, 나쁜 습관을 행할 수 있는 시간을 없애는 편이 더 낫다. 자 그럼 동일한 실수를 반복하는 나쁜 습관을 지닌 사람이 아닌 좋은 습관을 지닌 사람으로 거듭나려는 이유는 뭘까? 이대로 살아서는 안 된다는 생각에서 변화를 시도하는 것일까? 아니면 더 이상 동일한 실수를 반복하는 것이 지겨워져서 그러한 것일까?

대부분 변화를 해야만 하는 특별한 계기가 있을 때 변화를 시도한다. 폐암 진단을 받아서 금연을 결심하고, 술로 인해 사고를 내서 금주를 결심하고, 돈이 없어 인간 이하의 치욕을 당해서 돈을 벌 결심을 하는 등 가장 좋은 변화의 필요는 결정적으로 어떠한 계기가 마련되었을 때 하는 것이다. 물론 자발적으로 변화를 시도하는 것이 성공할 확률이 낮다는 것을 말하는 것은 아니다. 대부분 변화에 성공한 사람들의 공통점 중 하나는 자신이 큰 충격을 받은 사건을 계기로 변화를 시도한 경우가 많다. 이론적으로 볼 때 우리의 두뇌는 생명에 위협이 되는 기억 등은 오래도록 기억한다. 어릴 적 하마터면 죽을 뻔했던 기억은 어른이 되어서도 잊지 않는다. 또 인간적인 치욕을 당하거나 사람으로서 수치심을 느낀 경험 역시 오래도록 기억한다. 그러한 계기가 되는 일련의 사건들이 장기기억에 머물고 있다면 변화에 성공할 확률이 높다. 왜냐하면 무의식 속에 자리 잡은 나쁜 습관을 가둘 수 있는 올가미가 바로 그러한 기억이기 때문이다. 즉 밖으로 드러나는 그러한 사건에 대한 기억이 무의식에 새겨지게 되면 그 기억이 무의식 속에 이미 존재하고 있는 나쁜 습관이 활기를 띠지 못하도록 절제를 시켜 준다. 불에 덴 아이가 불을 싫어하고 물에 빠져 죽을 뻔했던 경험이 있는 사람이 물을 싫어하듯이 나쁜 습관으로 인해 죽을 뻔했거나 충격적인 사건을 경험한 적이 있으면 무의식적으로 나쁜 습관으로 인한 행동을 하기를 꺼려 한다.

결과적으로 변화의 필요성을 직간접적으로 경험한 것을 바탕으로 그 필요성을 인지하는 것이 가장 이상적이다. 그렇다고 계기가 도래할 때

나쁜 습관 다루기

까지 기다리면서 변화의 시도 시점을 기다리는 것은 어리석은 선택이다. 그렇다면 어떻게 그 필요성을 느끼면 좋을까? 그것은 현실이 아닌 가상으로 계기를 마련하는 것이다. 실제로 일어나지 않은 충격적인 사건을 상상으로 꾸며서 마치 실제 그런 일을 당한 것처럼 하는 것이다. 술을 마셨고 만취해서 음주운전을 했고 그로 인해 행인을 쳐서 죽음에 이르게 했다는 상상은 상상만으로 끔찍하다. 그런 끔찍한 사건이 자기에게 일어났다고 가상하면서 술을 끊겠다는 결심을 하면 무의식에 있는 나쁜 습관이 그런 상황을 인지하고 꼬리를 내리게 될 것이다. 또 담배를 피우면 폐암에 걸릴 확률이 높다는 생각에서 담배를 끊으려고 변화를 시도하는 것보다 자신이 이미 폐암 선고를 받은 상태라고 상상하면 된다. 그러면 무의식에 있는 흡연 습관이라는 녀석이 자기로 인해 주인이 폐암에 걸렸다는 죄책감이 들어서 꼬리를 감출지 모른다. 변화의 필요성도 기획을 해야 한다. 무의식에 있는 나쁜 습관은 반복해서 무의식에 새겨진 것이다. 그러므로 변화의 필요성을 느낄 수 있는 특별한 계기가 없다면, 가상으로 꾸며진 계기를 계속 반복해서 무의식에 새기면 된다. 계속해서 반복적으로 보고 듣고 말하고 상상하며 무의식에 그러한 가상현실이 새겨지도록 하는 것이 중요하다. 동일한 실수를 반복하는 행동으로 인해 교도소에 갈 처지에 놓였다는 생각을 하면 아찔한 생각이 든다. 또 그런 행동으로 인해 이제껏 누려 온 모든 것이 사라지고 빈털터리가 된다고 생각하면 허망하기 짝이 없다. 아찔하고 허망하고 충격적이고 자극적이고 선정적인 것이 무의식에 잘 새겨진다는 것을 생각해서 변화를 시도하기 전에 자신의 두뇌를 속여 보자. 거짓말도 계속 반복하다 보면 그것을 사실처럼 착각하게 된다는 말의 의미를 생각하면서 말이다. 인생은 연극이라고 하는데 자기와의 소통을 할 때 거짓을 참으로 둔갑시키는 멋진 연극을 하는 것도 괜찮지 않을까 싶다.

11.

성공 습관을 기른다

    동일한 실수를 반복하지 않으려면 기본적으로 성공 습관을 길러야 한다. 『성공하는 사람들의 7가지 습관』의 저자 스티븐 코비 박사는 자기 주도적으로 끝을 생각하면서 소중한 것을 먼저하고, 승승을 도모하며, 이해하고 경청하면서 시너지를 발휘하는 것이 성공인들의 공통된 습관이라고 했다. 이에 더하여 끊임없이 자기를 쇄신하고 내면의 소리를 들어야 한다고 말한다. 자기 주도적이라는 말은 무슨 일을 하든 적극적이고 능동적으로 자기가 주인이라는 마음으로 가지고 임해야 함을 의미한다. 또 끝을 생각해야 한다는 말의 의미에는 목표를 갖되 자신이 하고자 하는 일의 결과가 어떻게 될 것이라는 것을 생각하면서 행동하라는 의미가 함축되어 있다. 자기 인생을 자기 주도적으로 산다는 것은 주변 환경에 쉽게 휘둘리지 않고 자신의 신념을 실현시키는 것을 의미한다. 피동적으로 움직이기보다는 능동적이고 적극적으로 움직이는 사람이 성공할 확률이 높다. 왜냐하면 주도적으로 행동하기 때문이다.

행동이 성공을 부른다. 아무런 행동도 하지 않으면 아무런 결과를 얻지 못한다. 마찬가지로 동일한 실수를 반복하는 나쁜 습관을 고칠 요량이면 자신의 습관은 자기 주도적으로 고칠 수 있다는 생각을 갖는 것이 필요하다. 이에 더하여 끝을 생각하면서 나쁜 습관은 반드시 나쁜 결과를 가져올 뿐 하등의 이익이 없다는 것을 인식해야 한다. 과거에 나쁜 습관으로 인해 곤경에 처했던 경험을 떠올리면서 나쁜 습관의 영역에 발을 들여놓으려는 자신의 행동을 스스로 절제하는 것이 나쁜 습관을 고치는 첫걸음이다. '만약 이 행동을 한다면 결과는 어떻게 될까?', '만약에 이 행동을 하지 않으면 어떤 결과가 나올까?'를 생각하면서 나쁜 습관을 행하려는 자신의 마음을 달래야 한다. 일례로 낭비벽이 있어서 돈을 무절제하게 쓰는 습관이 있다면 돈을 쓰기 전에 그 끝이 어떻게 될 것인지를 생각하고, 술로 인해 실수를 한다면 술을 마시기 전에 만약 실수하면 자기 생활에 어떤 여파가 있는지를 생각해야 한다. 대부분의 경우 나쁜 습관으로 인해 빚어지는 결과는 자기 주변 사람들에게도 불행을 안겨 준다.

실제로 금주를 한 지 3개월을 훌쩍 넘긴 사람을 만나서 소통을 한 적이 있다. 이제 술을 끊은 그는 그간 술로 인해 많은 것을 잃었다고 말한다. 처음에는 사람을 사귀기 위해서는 필연적으로 술을 마셔야 한다는 고정관념에 빠져서 술을 즐겼고, 술로 스트레스를 풀 요량으로 술을 마셨던 것이 어느 날 시도 때도 없이 술을 마시고 있는 한심한 자신을 발견했다고 한다. 그 순간 그런 자기의 모습에 실망했고 술을 끊기 위해 자기와의 소통 능력을 기르는 데 주력했다고 한다. 또 매일 자기와 소통하면서 삿된 마음이 들지 않도록 자기 성찰과 자기반성의 시간을 많이 가졌다고 한다. 그중 술을 마시는 나쁜 습관을 고치는 데 가장 효과를 본 것은 끝을 생각하는 습관이 많은 도움이 됐다고 말한다. 술을 마시기 전에 이미 술을 마심으로 인해 미래 어떤 결과가 나올 것이라는 것은 불을 보듯 뻔했기 때문에 술을 마실 수가 없었다고 한다. 누구보다 의지가 강하고 무엇이든 마음먹은 바를 열정적으로 행하는 그였지만 술 앞에서는 속수무책으로 당했던 그가 3개월 넘게 단 한 방울도 입에 대지 않는다는 말이 실감이 나지 않았다. 하지만 그 이후 여러 차례 모임을 갖고 회식을 했지만 그의 금주에 대한 결연함은 갈수록 강해졌고 이제는 그의 주변에 있는 사람들도 그가 술을 마시지 않는 사람으로 인식하고 있다. 그가 술을 끊은 성공비결 중 하나는 끝을 생각하며 술을 마시고 싶은 생각을 절제한 것에 있다. 결과적으로 술이 좋아서 마시는 것이 아니라 술에 취한 상태에서 환락을 즐기는 쾌락에 중독되었다고 한다. 그가 그러한 원인을 찾기까지는 자기와 많은 시간 소통의 시간을 가졌고 마침내 술을 마시지 않고 환락을 느낄 수 있는 방책을 알고부터 완전히 술을 끊게 됐다고 말한다.

앞서 말한 것처럼 나쁜 습관은 어떤 특별한 것이 원인이 되는 경우가 많다. 그러므로 동일한 실수를 반복적으로 행하게 하는 나쁜 습관을 가지고 있다면 그 습관을 갖게 된 원인이 어디에 있는지를 정확하게 아는 것이 중요하다. 의학의 아버지 히포크라테스는 환자에게 제아무리 좋은 약을 복용하게 해도 환자가 완치에 대한 확신과 희망을 갖지 않으면 무용지물이라고 했다. 마찬가지로 나쁜 습관이라는 병을 치유할 요량이면 가장 먼저 그 습관을 치유할 수 있다는 희망과 기대감을 갖는 것이 필요하다. 일의 시작 지점에서 그 끝을 알기 위해서는 그 일에 대한 전문지식을 갖고 있어야 한다. 이론적인 지식과 수많은 경험으로 인해 일의 시작 지점에서 그 끝을 볼 수 있는 혜안이 생긴다. 그런 혜안을 직관이나 통찰력이라고 한다. 그런 통찰력은 하루아침에 길러지는 것이 아니다. 그것은 평소에 남이 보지 못하는 것을 볼 수 있을 정도의 관찰력을 키우고, 그 과정에서 생각과 생각을 거듭하다 보면 낯익은 것을 새롭게 볼 수 있는 눈이 생긴다. 그 눈에 기인하여 미래를 예측할 수 있는 통찰력이 생긴다. 그러므로 나쁜 습관을 제거할 요량이면 평소에 자신을 유심히 관찰해야 하고 아무리 사소한 것이라도 세밀하게 들여다보는 습관을 기르는 것이 중요하다. 또 눈으로 보고 귀로 들은 것을 생각 속에 담아서 그러한 현상이 왜 나타나고 그러한 행동을 왜 하며 그런 행동을 하는 연유가 무엇인지에 대해 자기와 소통하는 시간을 많이 가져야 한다. 자기와의 소통 시간이 많으면 많을수록 그에 버금가는 통찰력이 길러진다. 고수는 가장 기본적인 것을 계속적으로 반복 연습 하는 과정에서 탄생된다. 고급 지식을 섭렵하고 고난도의 기술을 구사해서 고수가 되는 것은 아니다. 즉 그 분야의 가장 기본적인 것을 반복적으로 훈련하고 그 과정에서 새로운 것을 발견하고 그 발견을 토대로 새로운 것은 연마하여 자신만의 기술을 보유한 사람이 진정한 고수이다. 자기가 자기 인생의 고수라면 최소한 동일한 실수를 반복적으로 행하는 나쁜 습관 정도는 자기 스스로 고칠 수 있어야 한다. 누차 반복해서 말을 하지만 의식으로 무의식을 이길 수는 없다. 흔히 영원한 승자도 없고 영원한 패자도 없다고 말을 하지만 자기 안에 있는 무의식은 자기와의 싸움에서 영원한 승자이다. 그러므로 아예 무의식과 싸울 생각을 하지 않는 것이 상책이다. 그렇다고 무의식이 오만방자하게 날뛰도록 그냥 놓아둘 수는 없다. 가장 좋은 방법은 바로 무의식의 끝점을 예상해서 그 끝점에 도달하지 않도록 의식적으로 방향을 달리하는 수밖에 없다. 인생의 결과는 자기 마음대로 조정할 수 없지만 가고자 하는 방향은 자기 의지대로 얼마든지 조정 가능하다. 마지막으로, 끝을 생각하면서 행동한다는 것은 단 하나의 행동을 하더라도 목표와 목적의식을 가지고 생활해야 함을 의미한다. 아울러 목표와 목적의식에 집중된 생활을 하기 위해서는 자기가 하는 행동에 의미와 가치를 부여해야 한다.

한편 대부분의 사람들이 『성공하는 사람들의 7가지 습관』 등 성공학 총서를 많이 읽는 반면, 나쁜 습관을 고치는 것에 관한 책을 읽지 않는다. 아니 나쁜 습관을 고치는 것은 이론을 습득하지 않아도 마음먹고 고치면 되는 것이라고 생각한다. 좋은 습관을 많이 가졌다고 해서 나쁜 습관이 상대적으로 줄어드는 것은 아니다. 좋은 습관으로 인해 인생이 나락으로 떨어지는 경우보다 나쁜 습관으로 인해 인생의 나락으로 떨어지는 경우가 더 많다. 그러므로 성공하려는 생각을 가졌다면 성공 습관을 우선적으로 배우고 익힐 것이 아니라 나쁜 습관을 고치는 방법을 익히는 것이 상책이다. 제아무리 성공 습관을 완벽하게 체화했다고 해도 나쁜 습관으로 한순간에 이뤄 놓은 모든 것을 날릴 수 있다. 특히 현재 성공인의 대열에 합류하여 승승장구하고 있다면 더더욱 나쁜 습관을 고치는 노력을 하는 것이 상책이다. 그렇지 않으면 당신이 그간 이뤄 놓은 모든 것을 나쁜 습관이 단 한 순간에 무너뜨릴 것이다. 나쁜 습관은 시간이 가면 갈수록 더 고치기 어렵다. 그러므로 하루라도 빨리 고치는 것이 상책이다. 이제라도 늦지 않았다. 성공 습관 100개를 기르는 것보다 나쁜 습관 1개를 고치는 것이 장기적으로 볼 때 성공한 인생이다.

나쁜 습관 다루기

DEALING WITH BAD HABITS

CHAPTER 4.

자기와의
동행

01.

『논어』에서 답을 찾자

앞서 동일한 실수를 반복하는 나쁜 습관을 고칠 요량이면 자기 성찰의 시간을 갖는 것이 필요하다고 언급한 바 있다. 자기 성찰을 한다는 것은 자기와 소통하면서, 자기 내면의 소리를 듣는 것이다. 또 자기와 소통한다는 것은 자기 마음과 대화하면서 자기 마음의 끈을 놓지 않는 것을 의미한다. 맹자(孟子)가 마음을 잃지 않기 위해서 학습해야 한다는 말의 의미도 결국 자기 마음 안에 지식을 쌓으며 마음을 붙잡아 두어야 한다는 것을 의미한다. 자기를 수양하고 단련하는 데 학습만큼 좋은 것은 없다. 학습은 마음 안에 지식을 쌓게 하고, 생각하게 하며, 무지를 깨닫게 한다. 아울러 최고에게서 최고를 배워야 한다는 말이 있듯이 이왕 배우고 익히려면 최고에게 배워야 차원 높은 지식을 얻을 수 있다.

나쁜 습관 다루기

익히 아는 바와 같이 공자는 학습의 창시자이자 명실상부 그 분야 최고의 구루이다. 공자와 제자들의 토론 내용이 담긴 『논어』에는 학습에 대한 이야기가 즐비하다. 공자는 『논어』에서 "학이시습지 불역열호", "유붕이 자원방래면 불역낙호", "인지불이불온이면 불역군자호"라고 했다. 이 말은 배우고 익히는 것은 즐겁고, 멀리서 벗이 찾아오면 또한 즐거우며, 남이 자기를 알아주지 않아도 성내지 않으면 군자라는 말이다. 소통의 관점에서 볼 때 배우고 익히는 것은 자기 마음 안에 지식을 쌓는 자기와의 소통이며, 멀리서 친구가 찾아와 그 배우고 익힌 것을 나누는 것은 타인과의 소통이다. 또, 남이 알아주지 않아도 성내지 않는 것은 자기 무의식과의 소통이다. 배우고 익힌 것을 자기 혼자 갈무리하는 것이 아니라 벗과 함께 공유하며, 자기 마음대로 되지 않아도 성내지 않으며 스스로 감정을 억제하는 수준에 이르러야 참된 학습이다. 동일한 실수를 반복하는 나쁜 행동을 고칠 요량이면 위와 같이 『논어』의 첫 구절을 마음에 새기면서 생활해야 한다. 또 나쁜 습관이 무의식에 새겨져서 쉽게 고칠 수 없는 것이라면 의식과 무의식에 대한 심오한 이론을 설파한 프라이드의 이론을 섭렵해야 한다. 그래서 그에 대해 다른 사람들과 토론하며, 무의식에 새겨진 나쁜 습관을 어떻게 고칠 것인가에 대해서 끊임없이 자기와 소통한다면 나쁜 습관을 고치는 데 많은 도움이 될 것이다.

양명학에 앎은 행의 시작이요, 행은 앎의 완성이라는 말이 있다. 그렇다. 배우고 익히는 것은 행동의 시작이다. 아울러 아는 것을 행하는 것이 진정으로 아는 것이다. 단순히 배우고 익히는 단계에서 끝나는 것이 아니라 그것을 다른 사람들과 나누고 실천하는 단계에 이르러야 진정으로 배우고 익힌 것이다. 고전(古典)은 처음과 끝이 매우 중요하다. 즉 고전을 배우고 익힐 때 처음과 마지막에 기록된 내용을 상호 연계해서 학습하는 것이 바람직하다. 『논어』는 배우고 익히는 것으로 시작해서 안다는 것은 사람을 아는 것이라는 말로 끝난다. 즉 배우고 익히는 진정한 목적은 사람을 아는 것이며, 사람으로서 사람답게 살기 위한 것임에 있다. 그렇다면 배우고 익히며 사람을 안다는 것은 무엇을 의미하는가? 배우고 익힌다는 것은 무지를 깨닫는 것이고, 사람을 안다는 것은 사람으로서 사람답게 살기 위해서 알아야 하는 도리가 무엇인지를 아는 것이다. 아울러 사람을 안다는 것은 자기가 어떤 사람이고 다른 사람은 어떤 사람이며, 사람으로서 마땅히 해야 하는 도리를 아는 것이다. 그러므로 나쁜 습관을 반복적으로 행하는 것이 무지에서 비롯되는 것은 아닌지 생각해 보자. 나쁜 습관을 고치겠다는 단순한 결심과 각오로 나쁜 습관을 고치려고 하는 것은 앞으로도 계속해서 나쁜 습관의 노예가 되겠다는 것과 같다. 왜냐하면 나쁜 습관은 그렇게 해서 쉽게 고칠 수 있는 것이 아니기 때문이다.

변화와 혁신을 위해 가장 우선적으로 해야 하는 것은 학습이다. 왜냐하면 사람들은 아는 만큼 보이고 보이는 만큼 느끼며 느끼는 만큼 행동하기 때문이다. 즉 아는 것이 없으면 변화를 하려고 해도 어떻게 변화해야 하고, 어떤 방법으로 실천해야 하는지를 알 수 없다. 더불어 함

나쁜 습관 다루기

께 사는 세상에서는 주변 사람의 영향을 직간접적으로 많이 받는다. 그러므로 나쁜 습관을 고치기 위해서는 그에 도움을 주는 사람들을 주변 곳곳에 많이 포섭해 두어야 한다. 그래서 자기가 나쁜 습관을 행하려고 해도 만류하고 조언해 주는 사람의 도움을 받아서 나쁜 습관을 고쳐야 한다. 마지막으로 제일 중요한 것은 주변 상황에 흔들리지 않는 부동심의 마음을 갖는 것이다. 그러기 위해서는 단 한 번의 학습으로 모든 것이 해결된다는 생각을 버리고 쉼 없이 반복해서 학습해야 한다. 『논어』의 첫 구절을 매일 매일 읽고 그것을 필사하면서 반복적으로 학습하자. 『논어』의 전부를 읽을 시간이 없다면 말이다.

송나라를 세운 조광윤의 책사였던 조보는 『논어』의 반절로 송나라를 세우는데 기여했고, 나머지 반으로 송나라 수성에 기여했다. 평생 단 한 권의 책을 읽는다면 『논어』를 읽자. 『논어』는 모든 사람들에게 통하는 보편적인 진리와 나쁜 습관을 제거하는 자기 수양에 대한 내용이 즐비하다. 또 자기 심신을 수양하고 올바르고 의롭게 사는 인간의 도리에 대한 내용이 많이 담겨 있다. 나쁜 습관을 제거하는 데 필요한 지식은 『논어』에 모두 담겨 있다고 할 정도로 『논어』에는 사람으로서 사람답게 사는 도리와 이치에 대한 내용이 즐비하다. 일어나서 눈을 뜨는 순간 『논어』를 생각하고 저녁에 잠자리에 드는 순간까지 『논어』를 생각하자. 『논어』에 실린 대부분의 내용들이 지극히 상식적이고 보편적인 진리지만 진리 중의 진리라는 점을 생각하면 『논어』가 얼마나 무겁고 소중한 책인지를 새삼 느끼게 될 것이다. 나는 『논어』의 1장에 담긴 공자의 사상을 제대로만 이해한다면 한평생 인생을 사는 데 무리가 없다고 생각한다. 배우고 익히는 것이 즐겁고 주변 사람들과 통교하는 것이 즐거우며, 남이 자기를 알아주지 않아도 성내지 않는다면 더없이 행복한 삶을 살게 될 것이다.

가장 좋은 배움은 경험을 통한 배움이고 자기가 아는 것을 다른 사람과 공유하는 것이다. 자기가 배우고 익힌 것이 완연한 정수라고는 장담할 수 없다. 자기가 아는 것보다 다른 사람이 더 많은 것을 알고 있는 경우도 있고 어떤 경우에는 다른 사람과 지식을 공유하는 과정에서 자기가 잘못 이해하고 있다는 것을 알게 되는 경우도 있다. 그러므로 배워서 남 준다는 생각으로 배우고 익힌 것을 남과 공유하고 그 과정에서 보다 새로운 것을 아는 기회로 삼자. 마지막으로 나쁜 습관을 고치려는 과정에서 실수하고 실패를 하더라도 결코 포기하지 말아야 한다. 또 주변 사람들이 불가능하다고 말해도 자기만은 반드시 이룰 수 있다는 생각으로 도전에 도전을 거듭하는 것이 중요하다. 『논어』 1장의 내용을 마음에 새기며, 나쁜 습관을 고치고 제거하는 것이 중요한 것이 아니라 배우고 익히는 과정이 중요하다는 생각을 가진다면 능히 나쁜 습관을 고칠 수 있을 것이다.

나쁜 습관 다루기

노래를 부른다

　돈을 좋아하는 사람은 돈으로 소통하고, 술을 좋아하는 사람은 술로 소통하며, 운동을 좋아하는 사람은 운동으로 소통한다. 인간은 자주하는 것, 좋아하는 것, 즐겨하는 것으로 인해 중독이 된다. 습관의 특성 중 하나는 중독성이다. 그래서 습관이라 쓰고 중독으로 읽어도 크게 그릇됨이 없다. 흡연 습관을 가진 사람은 니코틴에 중독된 것이고 음주 습관을 가진 사람은 알코올에 중독된 것이다. 일반적으로 나쁜 습관을 가진 사람에게 중독이라는 단어를 쓴다. 하지만 엄밀하게 말하면 좋은 습관이나 나쁜 습관이나 특정한 것과 특정한 행동에 중독된 것은 동일하다. 중독에서 벗어나는 한 가지 방법은 자기와 소통을 할 때 나쁜 습관을 고친다는 생각을 반복적으로 해서 그 생각에 중독되는 것이다. 나쁜 행동을 하지 않겠다는 생각이 자신의 무의식에 새겨질 수 있도록 계속 반복적으로 자기와 소통을 하는 것이 나쁜 습관을 고쳐 주는 역할을 한다. 영어를 배울 때 회화능력을 키우기 위해 팝송을 듣거나 외국 영화를 반복적으로 본 경험이 있는 사람들은 위의 말에 공감할 것이다. 또 암기가 되지 않을 때 "태종태세 문단세, 예성현중 인명선, 광인효현 숙경영, 정순헌철 고순이"라고 하면서 암기를 한 경험도 있을 것이다. 나쁜 행동을 하지 않으려는 데 도움을 주는 노래를 반복적으로 부르는 것도 나쁜 습관을 고치는 데 도움이 된다. 또 "생각을 바꾸면 행동이 바뀌고 행동을 바꾸면 습관이 바뀌며 습관을 바꾸면 운명이 바뀐다"는 격언을 일정한 리듬을 넣어서 계속 반복적으로 되뇌는 방법도 나쁜 습관을 고쳐 주는 데 효과가 있다. 일례로 자신의 나쁜 행동으로 인해 아내에게 불행을 안겨 주었다면 '아내에게 바치는 노래'를 반복적으로 듣거나 부르면 아내를 생각하는 마음이 나쁜 행동을 하지 않게 하는 역할을 한다. 마치 군인들이 군가를 반복해서 부르면 그 군가에 힘입어 용기가 생기는 것처럼 말이다. 그렇다. 나쁜 습관을 고치기 위해서는 자신이 나쁜 습관을 행함으로 인하여 자기가 사랑하는 사람들을 불행하게 한다는 것을 생각하면서 자기의 잘못을 뉘우치는 것도 효과가 크다. 부모님의 은혜를 부르면서 부모님 생각으로 나쁜 행동을 하려는 생각을 쫓는 것도 좋다. 신앙생활을 하는 사람들이 절대자의 말씀이 담긴 신앙 송을 듣고 부르면서 신앙심을 키우고, 음악으로 웃음 치료를 하거나 환자를 치유하듯이 자신의 나쁜 습관을 음악으로 치유하는 것이다. 자기의 나쁜 습관을 고치는 데 도움이 되는 노래를 선정해서 그 노래를

나쁜 습관 다루기

반복적으로 부르다 보면 자신도 모르게 그 음악의 가사에 버금가는 생활을 하게 된다. 신자들이 주기도문과 사도신경을 반복적으로 계속해서 읽는 것도 일련의 신앙심을 길러 주는 역할을 한다. 흔히 좋은 종교에 빠져 있는 사람을 보고 종교에 중독되었다고 표현하지 않는다. 반면에 사이비 종교나 이단에 빠져 있는 사람을 우리는 중독되었다고 말한다. 사이비 종교에 빠진 사람도 처음에는 건전하게 신앙생활을 했을 것이다. 그런 과정에서 본능적으로 무의식 속에 담겨 있는 기대감이나 환상이 현실로 이뤄지는 것을 느꼈거나 자기만의 특별한 쾌락을 느꼈을 때 그 쾌락에 중독되어 자신도 모르게 사이비 종교에 빠지게 된 것이다. 나쁜 습관 역시 지극히 개인적인 영역에서 볼 때 착한 자기가 아닌 나쁜 자신이 만들어 놓은 자기 종교에 중독된 것이나 다름없다. 멀쩡한 사람이 사이비 종교에 중독이 되는 것이나 나쁜 습관에 빠져드는 것이나 그 원리는 같다.

일반적으로 나쁜 것이 좋은 것이 되기는 어렵다. 이는 마치 맑고 깨끗한 물이 구정물이 되는 것은 쉽지만 구정물이 맑고 깨끗한 물이 되기는 힘든 것과 같다. 물론 자생능력이 있어서 스스로 변화의 여지가 있다고 할 수 있지만 흙탕물은 오랜 시간이 지나면 침전물이 가라앉아 있을 뿐 다시금 물을 휘저으면 흙탕물이 된다. 이처럼 사람의 나쁜 습관 역시 조용하고 고요한 상태에서는 발발하지 않지만 유혹에 의해 언제든 발발한다는 점을 생각해서 이에 선제적으로 대처해야 한다. 짧다면 짧고 길다면 긴 인생이라는 시간을 나쁜 습관을 기르는 데 허비했다는 생각을 하면 너무도 어리석고 비참하다는 생각도 든다. 그것도 누가 시켜서 한 것이 아니라 자기 스스로 했다는 생각을 하면 더욱더 비통하기 이를 데 없다. 누구에게 하소연도 하지 못하고 자기 안에 있는 또 다른 자기를 강제로 추방할 수도 없다는 것이 더 큰 분노를 자아낸다. 하지만 이제라도 늦지 않았다는 생각, 분명히 고칠 수 있다는 생각, 이제는 결코 나쁜 행동을 하지 않을 수 있다는 생각을 갖고 도전의 삶을 산다면 얼마든지 오늘보다 더 멋진 인생을 살게 될 것이다.

나쁜 습관 다루기

03.

은신처를 마련한다

　동일한 실수를 반복적으로 행하는 나쁜 습관을 좋은 습관으로 대체
하려면 자기만의 공간에서 자기가 좋아하는 것을 마음껏 할 수 있어야
한다. 앞서 말했듯이 대부분의 스트레스는 수많은 규제와 제한된 영역
안에서 자유를 누리지 못하기 때문이다. 최근 자연인 열풍이 부는 것도
사람들이 자유를 누리고 싶은 사람이 많다는 것을 방증한다. 퇴직 이후
에 산속에 들어가 아무런 제약을 받지 않고 자기가 하고 싶은 것을 마
음껏 하고 싶다는 생각을 가진 사람들이 많다. 마찬가지로 동일한 실수
를 반복하는 나쁜 습관을 좋은 습관으로 대체하거나 나쁜 행동을 하지
않기 위해서는 자기만의 공간을 마련해서 자기가 하고 싶어 하는 일을
하는 것이 좋다. 자기만의 공간에서 자기에게 행복감을 주는 자신이 하

고 싶은 일을 마음껏 할 수 있다면 당연히 나쁜 습관을 잉태하는 나쁜 행동을 하지 않을 것이다. 아니 혼자만의 공간에서 사특한 생각을 하지 않게 되고 자기가 좋아하는 일을 하는 데 스트레스를 받을 겨를도 없다. 또 다른 사람의 규제나 제약을 받지 않고 자기가 좋아하는 일을 시간 가는 줄 모르고 무한하게 할 수 있다. 나쁜 습관이 형성된 제일 큰 원인은 환경적인 요인이다. 자기가 생활하는 공간이 스트레스를 많이 받는 환경이고, 눈에 보이는 것 귀에 듣는 것이 나쁜 행동을 하도록 유혹하는 것이 많은 환경이면 더욱더 나쁜 행동으로 인한 나쁜 습관이 빨리 형성되게 된다. 그러므로 신자가 오로지 고요한 곳에서 기도를 하기 위해 성스러운 장소를 찾듯이 나쁜 습관을 행하는 행동을 할 수 없는 공간으로 피신을 하는 것이 상책이다. 그 공간에 있으면 나쁜 생각이 들지 않고 아무런 유혹도 없다면 더할 나위 없다. 책을 좋아하는 사람은 책만 보면 마음의 안정을 찾고, 술을 좋아하는 사람은 술집에 가면 없던 힘이 생긴다고 한다. 그런 관점에서 볼 때 나쁜 행동을 좋은 행동으로 대체하고 나쁜 습관을 좋은 습관으로 대처할 요량이면 가장 우선적으로 나쁜 행동을 하고 싶어도 할 수 없는 공간으로 피신하는 것이 상책이다. 이와 더불어 자기가 피신하는 곳에서 자기가 좋아하는 것, 평소에 하고 싶었던 것을 할 수 있는 재원이 넘치게 준비되어 있다면 더욱 효과가 크다. 단순한 은신처이고 나쁜 행동을 피해서 피신한 피신처가 아니라는 말이다. 그 공간은 자기만의 공간이고 평소 그런 공간을 가지고 싶은 것이 자신의 로망이었다면 완벽하다고 할 수 있다. 단 그 공간에는 나쁜 행동을 하도록 유혹하는 것들이 전무해야 하고 그 누구도 그 공간을 함부로 출입할 수 없도록 하는 것이 중요하다. 사자나 표범 등 맹수들은 상처를 입으면 자기만의 공간에서 스스로 치유한다. 다른 맹수들이 상처 입은 자기를 공격할 수 있기 때문이다. 그래서 아무도 모르는 자기만의 공간에서 자기를 치유한다. 자기만의 아지트를 가지고 있으면 스트레스를 받거나 울화통이 터지는 분노를 그 공간에서 자기가 좋아하는 일을 하면서 해소할 수 있다. 직장인들이 직장에서 받은 스트레스를 푸는 방법도 다양하다. 쌓인 스트레스를 풀 수 있고 해소할 수 있는 공간이 바로 은신처이다. 중요한 것은 그 은신처는 나쁜 습관을 잊고 자기가 좋아하는 일을 하면서 건전하게 스트레스를 해소할 수 있는 공간이어야 한다. 또 동일한 실수를 반복하는 나쁜 행동을 고치기 위해서는 자기 마음의 안정을 취할 수 있는 자기만의 거처가 필요하다. 어렵고 힘들 때 잠시 쉬어 갈 수 있는 거처, 고통스러운 마음의 상처를 치유할 수 있는 거처, 자기의 꿈과 목표를 향해 학습 가능한 외부와 차단된 자기 혼자 머물 수 있는 거처, 자기가 좋아하는 것을 시간에 상관없이 무한하게 할 수 있는 그런 거처가 필요하다. 상고 시대에 소도라는 곳이 있었다. 이곳은 국가의 법이 미치지 않는 치외 법권 지역으로 누구나 들어갈 수 없는 매우 신성한 곳이다. 그 누구도 들어올 수 없는 자기만의 공간, 그곳에 있으면 어머니 품처럼 마음이 포근하고 아픈 상처가 치유되는 것 같은 느낌을 갖게 하는 그런 장소가 있다면 나쁜 습관을 줄일 수 있을 것이다. 산속에 가려고 해도 가지 못하는 생활환경에 있다면 앞서 언급했던 것처럼 자기만의 공간, 자기 혼자만의 공간을 별도로 마련해서 자기 마음을 수양하고 상처 난 마음을 치유하는 거처로 활용하는 것이 나쁜 행동을 줄일 수 있는 길이다. 누구에게나 다른 사람에게 말을 하고 싶어도 말을 할 수 없는 자기만의 근심 걱정이 있기 마련이다. 사랑하는 가족들에게도 말을 할 수 없는 자기만의 아킬레스건이 있다면 혼자만의 생각을 할 수 있는 공간을 별도로 마련해서 그곳에서 자기의 무의식과 대화를 하면서 자기 내면의 소리를 듣고 자기로 인해 상처받은 사람들을 위해 기도하는 시간을 갖는 것도 필요하다. 무협의 고수가 적과의 싸움에서 입은 상처를 치유하고 방전된 공력을 채우기 위해 깊은 동굴에서 무방비 상태로 혼자서 주화입마에 걸린 자신을 운기조식하면서 치유하듯이, 나쁜 행동으로 인해 상처받은 자기의 마음을 치유하는 시간을 갖는 것이 필요하다. 음악을 좋아한다면 방음 시설이 잘된 공간에서 근심 걱정으로 혼란스러운 자기 생각의 집을 깨끗이 음악으로 치유하는 것도 좋은 방법이다.

04.

쾌락을 나눈다

　동일한 실수를 반복하는 나쁜 행동은 기쁨과 쾌락을 추구하려는 욕구에서 비롯된다. 반복되는 일상생활에서 벗어나 평소에 느껴 보지 못한 특별한 기쁨과 쾌락을 느끼고 싶은 생각에서 행하는 것들이 반복되어 습관으로 형성되는 경우가 많다. 특히 본능적인 욕구에서 비롯되는 기쁨과 쾌락의 경우에는 쉽게 습관으로 형성될 확률이 높다. 왜냐하면 그러한 욕구는 인간이면 누구나 본능적으로 가져지는 욕구이기 때문이다. 식욕, 성욕, 재물욕, 수면욕, 명예욕 등 5가지 욕구는 누구나 추구하고 싶은 본능적인 욕구이다. 평소에는 업무에 치이고 먹고사는 문제로 인해 어떻게 하루가 가는지도 모를 정도로 바쁘게 지내다 보면 그런 욕구를 채울 생각을 하지 않는다. 특히 먹고사는 문제로 여념이 없을 때는 인간의 본능적인 욕구를 생각하는 것 자체도 사치이고 낭비라는 생각이 든다. 또 자신은 그러한 욕구를 오래도록 잊고 살아서 자기와는 전혀 무관하다는 생각도 든다. 하지만 바쁜 일과 속에서도 망중한을 즐길 수 있는 여유가 생기면 불현듯 그러한 욕구를 충족하고 싶은 욕구가 생긴다. 그렇게 한두 번 그런 욕구 충족을 위한 행동을 하게 되면 그것이 반복되고 어느 순간 그러한 행동이 무의식적으로 행하는 습관의 단계에 이르게 된다. 그러한 습관은 대부분 좋은 습관이라기보다는 나쁜 습관이다. 왜냐하면 의식적으로 행하는 행동이 아니라 무의식적으로 행하는 행동이기 때문이다. 또 일상에서 쌓인 정신적이고 심리적인 피로를 날려 버리고 싶은 쾌락적인 욕구이기 때문이다. 그런 쾌락을 충족하고자 행하는 나쁜 습관을 고칠 요량이면 한 번에 그런 욕구를 충족하려고 하기보다는 쾌락을 조금씩 나눠서 충족하는 형태를 취하는 것이 바람직하다. 쾌락의 속성상 양적으로 측정하기가 곤란하고 잘게 나눈다는 것이 현실적으로 어려운 것은 사실이다. 하지만 쾌락은 감정의 영역이기 때문에 느끼는 정도를 시나브로 조금씩 나눠서 충족하는 것은 가능하다. 오욕을 한 번에 모두 충족하려고 하지 말고 나눠서 충족하는 것이다. 생각만으로 성적인 쾌락을 느끼거나 쪽잠을 자면서 수면 욕구를 조금씩 해소하는 것도 한 가지 방법이다. 또 과음이나 폭주로 인해 술기운에 나쁜 행동을 하는 나쁜 습관을 가지고 있다면 한자리에서 폭주를 하기보다는 술 생각이 날 때 새가 물을 먹듯이 조금씩 입술에 젖혀지는 정도로 술을 마시는 것도 한 가지 방법이다.

대부분의 나쁜 습관은 갈등이나 불행한 이슈를 파생시키는 속성을 지녔다. 마음의 평화나 행복을 주는 결과를 파생시키는 행동이라면 당연히 좋은 습관이다. 그러므로 슬픔과 기쁨을 자기 안에 있는 자기와 나눈다는 생각으로 조금씩 시나브로 쾌락의 기쁨에 젖어 드는 것이 좋다. 그런 과정에서 무의식이 완전하게 드러나지 않는 기회를 틈타서 나쁜 행동을 하려는 마음을 절제해야 한다. 운전을 할 때 과속으로 달리다가 갑작스럽게 브레이크를 밟으면 사고 확률이 높아지지만 서서히 조금씩 여러 번 밟으면 안정감 있게 속도를 제어할 수 있다. 마찬가지로 한 번에 모든 쾌락을 느끼려고 하기보다는 조금씩 쾌락을 나눠서 느끼는 것이 필요하다. 이때 쾌락을 느끼는 것이 본질이 아니라 나쁜 습관을 고치는 것이 본질이라는 생각을 간과하지 말아야 한다. 물론 환락을 느끼기 위해 본드를 흡입하거나 필로폰을 맞는 등의 불법적인 것은 애초부터 하지 않는 것이 바람직하다. 마약류 등은 아예 자기 근처에 오지 못하도록 해야 하며, 그런 유형의 불법을 자행하는 사람들과는 아예 상종을 하지 않는 것이 상책이다.

05.

쉽플하게 산다

　동일한 실수를 반복하는 나쁜 행동을 좋은 습관으로 대체하려면 우선 정신이 맑아야 한다. 혼란스러운 정신 상태에서는 이성적인 생각을 하지 못한다. 이로 인해 올바른 판단을 하지 못하고 무의식적으로 복잡한 생활에서 이탈하고 싶은 생각을 한다. 특히 생활공간이 정리 정돈이 되지 않아 난잡한 상태에 있거나 근심 걱정으로 생각이 혼란스러운 상황에서는 더욱더 그러하다. 그러므로 일차적으로 눈에 보이는 주변 환경이 정리 정돈이 잘되어 있어야 한다. 아울러 생활이 단순해야 한다. 생활공간에 있는 물품들이 가지런히 정리되어 있지 않으면 일단 정신 상태가 혼미하게 된다. 어떻게 치워야 할지를 모를 정도로 어질러져 있다면 생각도 복잡하게 칡넝쿨처럼 얽혀 있다고 보는 것이 타당하다. 그런 상태에서 올바른 판단을 할 수 있을 리는 만무하다. 또 근심 걱정으로 생각이 분산되어 있고 생각이 정리되어 있지 않은 상태에 있으면 올바른 판단을 하지 못한다. 마지막으로 주변 환경과 생각이 정리되어 있어도 일상적으로 행하는 행동 패턴이 정립되어 있지 않으면 올바른 생각을 할 수 없다. 생활이 복잡하다는 것은 일의 순서가 없고 뒤섞여 있다는 것을 의미한다. 정리 정돈이 잘되어 있고 청결한 공간에 있으면 마음마저 깨끗하게 정리된 느낌이 든다. 또 생각 속에 근심 걱정이 없고 맑으면 기분까지 맑아지는 느낌을 받는다. 이에 더하여 자신의 하루 일과가 일정한 규칙에 준하여 단순하게 생활하면 더할 나위 없이 마음의 안정과 평화를 찾게 된다. 마음이 평안하고 기분이 맑고 생각이 깨끗한 사람은 그릇된 판단을 하지는 않는다. 그런 사람은 늘 여유로운 마음으로 여러 가지 변수를 생각하면서 올바른 선택을 한다. 또 생각의 폭이 넓어지고 깊어지는 환경에서는 나쁜 행동을 하게 하는 나쁜 생각이 들지 않는다.

한편, 생활이 단순하고 심플하다는 것은 어느 정도 예측된 삶을 산다는 것을 의미한다. 나는 아침에 회사에 출근해서 직장에서 일을 하고 퇴근하면 밭에서 농사일을 하고 저녁 식사를 한 이후에는 서재에서 책을 읽거나 집필을 한다. 그러다 잠이 오면 하루 일과를 정리하고 내일을 계획하면서 잠자리에 든다. 그런 생활이 매일 반복되는 생활이다. 생활이 단순하다는 것은 자기가 머무는 장소가 일정한 패턴을 유지하고 있다는 것을 의미한다. 나의 주된 생활 장소는 직장과 농장, 그리고 서재이다. 사람은 성장하는 과정에서 처음에는 여러 장소를 옮겨 다니면서 생활한다. 활동을 많이 한다는 것, 높은 위치에 오른다는 것, 권력을 잡게 된다는 것은 어쩌면 자기의 활동공간이 점점 늘거나 넓어지는 것을 의미한다. 일반 직원일 때에는 자기가 일하는 장소가 특정되어 있다. 그러다 지위가 높아지면 움직이는 공간과 장소가 점점 늘어난다. 한마디로 자기가 소유하고 자기의 영향력이 발휘되는 공간이 점점 넓어지고 활동공간이 다채로워진다. 만나는 사람도 늘고 오가는 장소도 늘며 생각과 고민도 는다. 능력이 있고 재능이 출중하다는 것은 전문가로서의 자리를 유지할 수 있는 이점도 있지만 눈에 보이는 공간에 특정되어 있다는 단점도 있다. 그런 전문가들의 생활은 단순하다. 또 자신의 전문성에 기인하여 남의 간섭을 받지 않고 자기가 좋아하는 일을 하기 때문에 자기 스스로 무너지지 않으면 나쁜 행동을 하지 않는다. 전문가나 지위가 높은 사람 등 남의 간섭을 받지 않고 혼자서 생활하는 영웅과 같은 사람은 남에 의해서 무너지기보다는 자기의 힘에 자기가 넘어지는 경우가 많다. 그러므로 그런 자리에 있어도 결코 방심하지 말고 자기 생활을 돌아보면서 자기 스스로 나쁜 행동의 굴레에 빠지지 않도록 신중을 기해야 한다.

생활공간이 어수선하게 널려 있다고 해서 반드시 생각이 복잡하고 마음이 혼란스러운 것은 아니다. 어떤 사람은 그런 상태가 오히려 마음이 편하고 생활이 안정된다고 말하는 사람도 있다. 그런 사람은 천성적으로 게으른 사람이다. 물론 카오스의 상태를 겪어야 코스모스의 상태

나쁜 습관 다루기

에 이르기도 하지만, 애초에 정리 정돈이 되어 있는 상태를 잘 유지하면 된다. 어수선한 주변 환경을 청소하고 정리 정돈을 하면서 이런 생각 저런 생각과 함께 자기 생활을 정리하는 것이 좋다. 마치 주부가 깨끗하게 세탁된 옷들을 포개어 정리하면서 이런저런 생각을 정리하듯이 말이다. 생활이 단순하다는 것은 예측된 생활을 한다는 것을 의미한다. 나쁜 행동은 정상적으로 생활하는 프로세스에서는 하지 않는 속성을 지녔다. 운전을 하다가 교통사고가 나는 경우는 낯선 도로를 운전하거나 교통상황이 혼잡할 때 발생하는 경우가 많다. 이처럼 생활이 복잡하고 혼란스러우면 평소에 하지 않는 돌발행동을 하게 된다. 그러므로 나쁜 행동을 습관처럼 하고 있다면 자기 생활이 복잡한 것은 아닌지를 돌아봐야 한다. 그래서 나무의 성장에 불필요한 가지를 쳐내듯이 자기 생활에 그다지 영양가가 없는 것들은 가지치기를 하는 것이 바람직하다. 나이가 어릴 때는 친구들과의 관계를 유지하기 위해서 자신이 하고 싶은 대로 하지 못한 경우도 있다. 하지만 50이 넘어 중년에 접어들었다면 남의 눈치를 보지 않아도 된다. 지천명에도 남의 눈치를 보면서 자기가 하고 싶은 일을 하지 못하고 있다면 인생을 잘 못 살아온 것이다. 지천명에는 흔들림이 없이 남의 눈치를 보지 않아도 된다. 그간 30년 넘게 남의 눈치를 보면서 자기가 하고 싶은 대로 하지 못했다면 이제는 자기를 위한 삶을 살 필요가 있다. 나쁜 습관을 고치려면 주변 사람들에게 욕을 먹을 각오를 해야 한다. 나쁜 습관을 대체할 수 있는 좋은 습관이 형성될 때까지는 주변 사람들의 따가운 눈총을 받을 준비를 각오해야 한다. 그야말로 독한 사람이 되어야 한다. 독종이 되어야 성공의 반열에 오를 수 있듯이 나쁜 습관을 고칠 요량이면 지독한 독종이 되어야 한다. 최소한 좋은 습관이 형성되는 90일 동안은 두문불출(杜門不出)하고 자기의 단순하고 심플한 생활 프로세스에서 이탈하지 말고 자기가 가야 하는 올바른 길을 묵묵히 가는 것이 상책이다. 눈과 귀와 입을 막고 자기의 존재가 없는 것처럼 투명인간의 삶을 산다는 생각으로 침묵하면서 조용히 사는 것이 한 가지 방법이다.

활동하는 장소가 많다는 것은 만나는 사람이 많다는 것을 의미하고 일이 많고 볼륨이 크다는 것을 의미한다. 또 이해관계가 얽혀 있는 사람들이 많다는 것을 의미하기도 한다. 마찬가지로 사업 영역이 넓다는 것은 그 일과 관련된 이해관계가 얽힌 사람들이 많다는 것을 의미한다. 한편으로 생각하면 일이 많다는 것은 생각 속에 생각이 많다는 것을 의미한다. 생각 속에 생각이 많으면 생각과 생각의 마찰열이라는 스트레스가 발생하고 생각의 회로가 복잡하게 얽히고 꼬이게 되는 경우가 발생한다. 그러므로 생활을 단순하게 할 요량이면 일을 단순하게 할 필요가 있다. 수도하는 사람들은 생활이 단순하다. 또 마음을 수양하는 사람들은 머무는 장소가 지극히 제한적이다. 어떻게 보면 자기의 생활을 단순하게 한다는 것은 자기가 하고 싶은 일을 포기하는 것이고 자기가 가고 싶은 장소를 가지 않게 자기를 통제하는 것이다. 나쁜 행동을 하는 장소에 가지 않고 자기가 하고 싶은 나쁜 행동을 하려고 해도 할 수 없는 장소에 있는 사람이 나쁜 행동을 한다는 것은 불가능하다.

나쁜 습관 다루기

06.

나타내고 드러낸다

　동일한 실수를 반복적으로 행하는 나쁜 습관을 고칠 요량이면 일단 자신이 나쁜 습관을 고치기 위해 하고자 하는 바를 언제든 눈으로 보고, 귀로 들을 수 있도록 나타내야 한다. 독일의 심리학자인 헤르만 에빙하우스가 말을 했듯이 사람은 망각의 동물이라서 특정한 것을 오래도록 기억하지 못하는 속성을 지녔다. 그래서 정신적이고 육체적으로 강한 충격을 받은 기억은 오래 기억하지만 일상적인 생각들은 오래도록 기억하지 못한다. 그래서 무의식적으로 행하는 나쁜 습관을 고치려고 마음먹은 바를 생각만으로 품고 있으면 우선순위에 밀려서 차일피일 미루다가 결국 행하지 못하는 경우가 많다. 그러므로 일단 나쁜 습관을 하고자 하는 바가 생각나면 즉시 메모하거나 육성으로 남겨서 언제든 그것을 눈으로 보고 귀로 들을 수 있도록 해야 한다. 당장 실천하지 않아도 그런 행동을 해야 한다는 것을 아는 것 자체만으로 나쁜 습관을 고치고자 하는 생각의 끈을 놓지 않게 된다. 특히 나이가 어느 정도 된 사람들은 메모의 습관화가 매우 중요하다. 왜냐하면 나이가 들면 들수록 기억력이 쇠퇴해서 눈에 보이지 않으면 잊어버리기 십상이기 때문이다. 나이가 들면 즉시 해야 한다고 생각했던 것도 다른 일을 하다 보면 언제 그것을 해야 한다고 생각했는지조차 망각하는 경우가 종종 있다. 그러다가 눈에 보이면 아하 그런 생각을 했었지 라고 기억을 꺼내 든다. 매번 일이 바빠 시간에 쫓겨서 사는 사람이라면 특별히 메모를 해서 자주 왕래하는 곳에 언제든 볼 수 있도록 나타내는 것이 좋다. 눈에서 멀어지면 마음에서 멀어지기 마련이다.

기업 경영에서도 일을 하면서 발생하는 문제점을 드러내고 무엇을 하고 무엇을 하지 말아야 하는지에 대한 각각의 항목을 모두가 공유할 수 있도록 메모해서 보드에 부착해 놓는 방식으로 일을 한다. 그렇게 하는 궁극적인 목적은 일을 하면서 발생하는 모든 문제점을 모두가 알 수 있도록 드러냄으로써 집단지성에 의해서 문제를 해결하는 데 있다. 이에 더하여 조직원 간에 서로 누가 무슨 일을 하는지를 공유하고, 상호 협업이 필요한 일은 협업으로 일을 처리하고, 중복되는 일은 없는지 혹은 하지 않아도 되는 일을 관습적으로 하고 있는 것은 아닌지를 상호 공유하는 정보의 장이 되기도 한다. 드러내고 나타낸 것은 실행할 확률이 높다. 이와 마찬가지로 나쁜 습관을 고치기 위해 하고자 하는 바를 정했다면 그것을 보드에 구체적이고 상세하게 드러내고, 그것을 늘 보면서 더 보완을 해야 하는 사항은 없는지, 실제로 실행하고 있는지를 체크하면서 그 진행과정을 관리하는 것이 나쁜 습관을 고치는 데 적잖은 도움이 된다. 관리하지 않는 것은 개선할 수 없고, 측정되지 않는 것은 관리할 수 없다. 눈에서 보이지 않으면 관리가 되지 않는다. 눈에 보여야 관리가 가능하다. 와신상담(臥薪嘗膽)에서 합려와 부차는 원수를 잊지 않기 위해서 간과 쓸개를 먹고 가시나무 위에서 잠을 자면서 자나 깨나 원수만을 생각하면서 복수를 다짐했다. 이와 마찬가지로 나쁜 습관을 고치겠다는 일념과 나쁜 습관이라는 원수에게 반드시 복수를 하겠다는 생각으로 하고자 하는 바를 드러내고 나타낸다면 비교적 빠르게 자기가 원하는 바를 얻게 될 것이다.

07.

클럽을 결성한다

    동일한 실수를 반복하는 나쁜 행동을 고치기 위해서는 자기 안에 자기의 삶을 사랑하는 좋은 습관 만들기 클럽을 결성하여 조직적으로 움직일 필요가 있다. 일반적으로 조직이 처음 결성되면 그 조직원들이 상호 영향력을 행사하기 위해 갈등을 빚게 된다. 그런 갈등의 관계를 해결하는 과정에서 새로운 조직으로 거듭나 조직다운 면모를 갖추고 조직이 결성되기 전보다 지속적으로 더 좋은 성과를 내는 조직으로 거듭나게 된다. 이러한 조직 결성의 원리를 이용하여 자기의 나쁜 습관을 고치는 노력을 하는 것도 필요하다. 조직의 목표는 행복한 삶을 살아가기 위해서 어떻게 해야 하는가를 궁리하는 것을 주요 골자로 한다. 또 자기 삶의 주인은 자기 자신이라는 인식을 갖고 자기 삶을 진정으로 사랑하는 그런 모임의 성격을 갖는다. 자기 안에 결성되는 성공 클럽의 리더는 긍정적인 생각을 가진 사람에게 위임하고 조직원들을 긍정적으로 교육을 시키는 사람과 그것을 실천하는 사람으로 결성하며 특별히 감독관을 두는 것이 좋다. 긍정적인 리더는 조직원들이 가야 할 방향을 제시하고 미래 청사진을 제공하여 조직원에게 희망을 주어야 하고, 교육자는 조직원들에게 대내외 정보를 제공함과 동시에 조직원들에게 지식과 지혜를 전달하며 조직원은 배우고 익힌 것을 올바르게 실행하는 역할을 한다. 아울러 감독관은 리더와 스승 그리고 조직원이 정해진 목표를 향해 제대로 가고 있는지를 지속적으로 모니터링해서 잘한 것에 대해서는 더욱 잘하도록 강점을 강화하고 나쁜 행동을 할 조짐이나 징후가 보이면 즉시 체벌을 가하는 역할을 한다. 이상과 같은 성공 클럽은 자기가 지향하는 인생의 목표와 일치되는 목표를 여러 개 정해서 운영한다. 또 월간 실행 전략과 주간 실천 목표를 정해서 움직인다.

일례로 술을 끊을 요량이면 '건강한 삶을 산다'를 목표로 정한다. 그래서 술에 취해 이성을 잃어버리는 생활을 지양하고 냉철한 이성으로 자신에게 주어진 삶을 견실하게 산다는 세부 목표를 세워서 실천한다. 목표를 실행하는 과정에서는 여러 가지 수많은 갈등을 겪게 된다. 담배를 끊으려고 하는 사람이 일정한 시점에 금단현상에 봉착하여 어려움에 봉착하듯이 새로운 목표를 정하면 자기 안에서 끊임없이 양심과 비양심, 정의와 불의, 의식과 무의식, 선과 악 등이 서로 치열하게 싸움을 한다. 그러한 갈등 관계를 잘 풀어 가는 것이 리더와 스승과 감독관의 역할이다. 즉 리더는 그런 갈등 관계가 원만하게 해결되도록 방향을 제시하고 스승은 그런 해결책을 수행할 수 있는 역량을 길러 주며, 감독관은 올바른 처신을 하는지 계속 관찰하고 주시한다. 중요한 것은 갈등의 선상에 있을 때 나쁜 행동을 행하려는 그런 생각을 절제하는 것이다. 또 자기의 생각 속에 오만 가지의 잡생각들이 기승을 부리고 너무 많은 생각으로 인해 정신적인 공황상태에 놓일 때가 있는데 그런 공황상태에 이르기 전에 그 상황에서 벗어나는 것이 필요하다. 나쁜 행동을 하고 싶어도 도저히 할 수 없는 환경으로 도주하거나 발등에 불이 떨어지는 위급한 상황에 놓이도록 하는 것이다. 벼랑 끝에 선 사람은 모든 잠재력을 발동하여 죽기 살기로 그 상황에서 벗어나기 위해 최선을 다한다. 또 풍전등화(風前燈火)의 상황에 이르면 자기도 모르는 초인적인 힘이 발휘되게 된다. 마음 안에서 수많은 갈등이 생기는 궁극적인 원인은 자기 생각의 질서가 잡히지 않고 문란하고 혼란하다는 것을 의미한다. 혼란스러운 상황에서는 선과 악을 구분하기가 모호하다. 마치 안개 속에 있으면 가고자 하는 길이 어떤 길인지를 쉽게 찾을 수 없듯이 말이다. 그런 상황에 처하면 무작정 고요한 상태를 유지하는 것이 최상이다.

노자는 『도덕경』에서 소란스럽고 혼란스러운 것은 고요한 것을 이길 수 없다고 했다. 이와 마찬가지로 혼란스러운 상황에서는 섣불리 다른 행동을 하려고 하지 않는 것이 상책이다. 태풍이 불면 고개를 숙여야 한다. 태풍이 부는데 고개를 빳빳이 세우고 있으면 고개가 부러지기 마련이다. 그러므로 갈등의 상황에서는 경계에 서서 자기 자신의 모습을

나쁜 습관 다루기

냉철하게 바라보면서 대책을 강구해야 한다. 그렇지 않고 나쁜 행동을 하지 않으려는 생각에 집착하거나 무리하게 나서는 것은 태풍 속으로 자기를 내던지는 것과 같다. 그러한 갈등 상황에 있다면 길게 심호흡을 하면서 그 상황에서 벗어나 객관적으로 자기를 바라보며 성찰하는 시간을 갖는 것이 필요하다. 아울러 성공 클럽의 세(勢)를 몰아서 나쁜 행동을 하려는 내면의 목소리가 커지지 않도록 하는 것이 필요하다. 독서하는 좋은 습관 클럽, 절약하는 좋은 습관 클럽, 시간을 귀하게 생각하는 좋은 습관 클럽, 올바르게 말하고 행동하는 모범 클럽 등 자기가 행하는 성공 클럽들과 연합하여 나쁜 행동이 목소리를 내지 못하도록 하는 것이 상책이다. 즉 한가해서 딴생각이 날 때 자기 안에 나쁜 행동을 하는 클럽이 활동할 겨를이 없도록 좋은 습관을 행하는 성공 클럽에게 삶의 주도권을 넘겨주면 된다.

가치를 높인다

　동일한 실수를 반복하는 나쁜 습관을 고칠 요량이면 자기에 대한 가치 평가를 끊임없이 반복해야 한다. 물건을 구입하는 사람에 따라 그 물건의 가치가 결정되듯이 보는 사람에 따라 자기의 가치가 결정된다. 또 자기가 평가하는 가치와 남이 평가하는 가치는 다를 수 있다. 그러므로 가급적 높은 가격이 책정되는 생활을 한다는 생각으로 자기의 가치를 올리는 데 심혈을 기울여야 한다. 자기의 평가는 자기가 사랑하는 사람에 의한 평가가 제일 정확하다. 다른 사람들이 자기를 높게 평가해도 자기가 사랑하는 사람이 낮게 평가한다면 자기 평가 점수는 낮다고 보는 것이 타당하다. 왜냐하면 다른 사람들은 호불호가 갈리기 때문이다. 하지만 자기가 사랑하는 사람은 자기의 지난 과거에서 현재에 이르는 동안 자신의 모습을 봐왔기 때문에 누구보다 자기에 대해서 잘 아는 사람이다. 특히 부모님의 경우에는 자기가 기억하지 못하는 자기의 과거까지도 상세하게 알고 있기에 지극히 정확하게 평가한다. 동일한 실수를 반복하는 원인이 어디에 있는지도 자신의 사랑하는 사람은 정확히 안다. 그러므로 나쁜 습관을 형성하는 나쁜 행동을 하지 않기 위해서는 자기가 사랑하는 사람에게 인정받는 사람이 되겠다는 생각을 바탕에 두어야 한다. 가장 위대한 부모는 자녀들에게 인정받는 부모이고, 가장 남편 역할을 잘하는 남편은 아내에게 인정받는 남편이다. 또 가장 좋은 상사는 부하직원들에게 인정받는 상사이고, 가장 좋은 스승은 제자들에게 인정받는 스승이다. 나쁜 행동을 하고 싶은 생각이 들면 가장 먼저 사랑하는 사람을 떠올려야 한다는 말의 의미에는 사랑하는 사람을 생각하면 자신의 행동에 신중을 가하기 때문이다. 술을 마시고 부부싸움을 하는 남편이라면 아내가 얼마나 불행할까를 생각하면서 나쁜 행동을 하려는 생각을 절제하는 것이 필요하다. 또 공부하는 학생이라면 새벽부터 밤늦게까지 뼈가 시리도록 일하는 부모님을 생각하면서 학습에 매진하는 것이 필요하다. 사람들은 자기가 하기 싫은 일도 사랑하는 사람을 위해서는 기꺼이 하는 속성이 있다. 그래서 자녀 학자금을 마련해야 하기에 어렵고 힘든 고통을 이겨 가면서 허드렛일을 하고, 부모님이 기뻐하는 일을 하는 자녀가 되기 위해 애쓴다. 자기가 도박에 중독되어 가산을 탕진하면 자기를 의지하면서 사는 가족들의 미래가 어떻게 될지를 생각하면 등줄기에서 식은땀이 흐른다. 사랑하는 아내에게 인정받는 남편이 되기 위해 어떻게 행동을 해야 할까? 존경하는 부모님의 자랑스러운 자녀가 되기 위해서는 어떤 자녀가 되어야 할까? 자신을 등용해 준 상사에게 어떤 직원이 되어야 하는가를 생각하면서 자기의 행동을 돌아보는 것이 동일한 실수를 반복하게 하는 나쁜 행동을 고칠 수 있는 단초가 된다. 사랑하는 사람들에게 무한 신뢰를 받는 사람, 사랑하는 사람에게 희망을 주는 사람, 사랑하는 사람에게 활력을 주는 사람, 사랑하는 사람을 행복하게 해주는 사람이 진정으로 가치가 높은 위대한 사람이다. 또 사회적으로 명망이 높고 지위와 권력이 높은 사람이 위대한 사람이 아니고, 사랑하는 사람에게 힘과 희망과 용기를 주고 사랑하는 사람에게 인정받는 사람이 진정으로 위대한 사람이다. 그렇다고 해서 아전인수(我田引水)의 태도로 자기가 사랑하는 사람만을 위한 삶을 사는 것은 가치 있는 삶은 아니다. 진정으로 가치가 높은 사람은 사랑하는 사람에게 인정받고 동시에 주변 사람들에게도 인정받는 사람이다. 『대학』에 수신제가치국평천하(修身齊家治國平天下)를 몸소 실천하는 사람이 진정으로 가치 있는 사람이다. 또 세상에 없어서는 안 될 빛과 소금과 같은 역할을 하는 사람이 진정으로 가치 있고 위대한 사람이다.

09.

돈은 선이다

동일한 실수를 반복하는 나쁜 행동을 고치기 위해서는 경제적으로 안정을 취하는 것이 무엇보다 중요하다. 특히 돈이 있으면 모든 것이 가능한 황금만능주의 시대에는 돈이 있으면 선이고 돈이 없으면 악이다. 가난은 임금님도 해결해 주지 못한다. 자기가 아닌 다른 사람이 자기의 경제적인 문제를 해결해 주는 것이 아니라는 말이다. 중국의 명재상으로 알려진 관중은 창고에 곡식이 가득해야 예절을 알게 된다고 했다. 또 공자는 경제적으로 풍족해야 백성들이 염치를 알게 된다고 했다. 이처럼 경제적인 문제는 생활의 안정뿐 아니라 심리적인 안정감을 주기 때문에 경제적으로 풍요로운 사람은 나쁜 행동을 할 확률이 낮다. 당장 끼니를 걱정하는 사람과는 예의범절을 논할 수 없다. 또 당장 돈이 없어서 하고 싶은 일을 하지 못하는 사람에게 정서적으로 안정을 취해야 한다고 권유할 수도 없다. 또 돈으로 인해 스트레스를 받는 사람에게 돈이 없어도 행복하면 그만이라는 말로 위로하는 것은 그 사람들 두 번 죽이는 것이다. 그래서 나쁜 행동을 하지 않기 위해서는 경제적으로 안정을 취하는 것이 우선되어야 한다. 대부분의 보통사람들은 돈이 없으면 의기소침해 하고 자신감도 약한 모습을 보인다. 나이가 들면 지갑이 두꺼워야 인심을 얻을 수 있다는 말의 의미를 생각하면 왜 경제적인 안정을 취해야 하는지에 대한 필요성을 인지하게 된다.

돈이 없으면 인격적인 대우를 받지 못하는 상황이 오지 않을 것이라고 장담할 수 없는 시대에 우리는 살고 있다. 혹자는 돈이 너무 많아도 걱정이라고 말한다. 또 돈이 많은 만큼 그에 비례하여 근심 걱정이 많을 것이라고 말한다. 그런 말은 여우가 포도를 먹을 수 없는 상황에서 저 포도는 시어서 먹을 수 없다고 하면서 자기 마음을 달래는 것과 같이 돈이 없는 자신을 다독이는 위로의 말일 뿐이다. 나쁜 행동을 하지 않기 위해서 돈이 많아야 한다는 말을 돈이 없으면 나쁜 행동을 할 수밖에 없다는 말로 오해는 하지 않았으면 한다. 대부분의 사람 중 돈이 풍족하다고 느끼는 사람은 드물다. 가진 자도 가진 만큼 더 많이 소유하고 싶은 욕망에서 늘 돈의 부족함을 느끼며 산다. 지금 당장 나쁜 습관을 고치는 것도 힘들고 어려운 상황인데 거기에 나쁜 행동을 고치기 위해 돈을 벌어야 한다면 설상가상으로 더욱 힘들기 마련이다.

나쁜 습관 다루기

대부분의 사람들이 돈을 벌지 못한 것에 대한 스트레스보다 주식으로 날려 버린 돈, 유흥비로 낭비한 돈, 남에게 속아서 잃어버린 돈 등 어처구니없는 자신의 실수로 예상치 못하게 날려 버린 돈으로 인해 스트레스를 받는다. 그런 과거의 잃어버린 돈은 이미 엎질러진 물과 같다. 그러므로 주식으로 빈털터리 신세가 되지 않은 것을 다행으로 생각하고, 유흥비로 돈은 날렸지만 그렇다고 해서 자기 인생이 완전히 바닥을 친 것을 아니라는 생각을 하면서 자기 마음의 안정을 취해야 한다. 돌고 돌아서 돈이라는 말이 있듯이 과거에 흥청망청 날려 버린 돈은 나쁜 행동을 고치면 다시금 자기에게로 돌아올 것이라는 생각을 갖자. 중국 한나라 고조 유방이 논공행상을 할 때 신하들에게 재산을 아낌없이 주었던 것은 신하가 가진 재산도 결국은 한나라의 재산이고 그 한나라는 자기가 주인이라는 통 큰 생각을 가졌기 때문이다. 마찬가지로 나쁜 행동으로 인해 돈을 잃어버렸어도 자기가 비싼 수업료를 치르고 참다운 인생의 길이 무엇인가를 알게 된 것이라는 생각을 가지면 된다. 어차피 죽으면 손에 동전 1개 가져갈 수 없는 인생이라는 것을 생각하면 참다운 인생을 만들어 가는 것은 돈이 아니다. 심리적인 돈이 자기 인생의 풍요를 만드는 소산이다. 오늘날 내가 머무는 자리는 수많은 희로애락과 시행착오가 만들어 낸 자리이다. 돈이 있든 부족하든 간에 자기가 살아 숨 쉬고 있다는 것에 감사하는 마음으로 앞으로 낭비하지 않으면 된다는 생각을 하자. 아울러 현재 보유한 돈만으로도 마음먹기에 따라 얼마든지 풍족한 생활을 할 수 있다는 생각으로 삶을 대한다면 결코 돈의 부족으로 인해 스트레스를 받거나 나쁜 행동을 하는 경우는 없을 것이다. 대부분의 나쁜 행동의 뒤에는 돈이 수반된다. 손톱을 물어뜯는 나쁜 행동은 건강상의 비용이 들고, 욕을 하는 나쁜 습관은 언어폭력에 의한 합의금이 들어가는 등 모든 나쁜 행동에는 돈이 들어가게 마련이다. 아니 우리네 일상 삶 중에서 돈과 연관되지 않는 행동은 없다. 특히 나쁜 행동에는 좋은 행동을 할 때보다 쓸모없이 낭비되는 돈이 더 많이 들어간다. 그것도 전혀 실익이 없이 손해를 주는 돈이 들어가게 마련이다. 돈이 모으는 비결 중 하나는 헛된 곳에 돈을 쓰지 않는 것이다. 돈을 쓰지만 않아도 돈은 모이게 마련이다.

결과적으로 나쁜 행동을 하지 않는 것만으로도 돈을 모으는 것이다. 좋은 습관과 나쁜 습관을 구분하는 요소 중 하나는 돈을 버는 습관인지 돈을 낭비하는 습관인지를 보면 된다. 백화점에서 과소비를 하는 것은 나쁜 행동이고 가계부를 쓰면서 돈을 아끼면서 쓰는 것은 좋은 습관이다. 이처럼 습관의 좋고 나쁨을 판가름하는 기준이 돈이 될 수도 있다. 이익이냐 손해를 따질 때도 돈을 헤아리고, 잘했는지 못했는지를 따질 때도 돈이 기준이 된다. 그러한 것은 자본주의에서는 지극히 당연하다. 돈보다는 마음이라고 하는 사람 역시 돈과 마음을 함께 받으면 더욱더 기분 좋아한다. 좋은 기분 상태에서 좋은 행동을 하고 기분 나쁘고 스트레스를 받은 상황에서는 나쁜 행동을 하는 이유가 여기에 있다. 물론 돈이 없으면 나쁜 행동을 하고 싶어도 하지 못하는 경우도 있다. 그런데 돈이 어느 정도 생기면 다시금 나쁜 행동을 한다는 점에서 돈이 나쁜 습관을 고치는 특효약은 아니다.

나쁜 습관 다루기

10.

자기 탓이다

　동일한 실수를 반복하는 나쁜 행동을 고치기 위해서는 잘못한 것에 대해 자기 책임이라는 생각을 가져야 한다. 그렇지 않고 환경이나 남의 탓을 하는 것은 또다시 잘못을 범할 확률이 높다. 그러므로 일단 나쁜 행동을 해서 잘못을 저질렀다면 자기의 행동을 돌아보고 어디가 문제고 원인은 무엇이며 또다시 동일한 문제가 발생하지 않게 하기 위해서는 어떻게 해야 하는가에 대한 전략과 전술을 구사해야 한다.

　사노라면 만약 그 사람만 만나지 않았더라면 그런 나쁜 행동은 하지 않았을 것인데, 만약 그곳에 가지만 않았더라도 그런 나쁜 행동은 하지 않았을 것인 데라는 생각으로 후회를 하는 경우가 종종 있다. 또 사람과 환경 이외에도 상황에 의해서 하필이면 그런 상황에 그런 생각을 해서 나쁜 행동을 하게 되었다면서 후회하는 경우도 있다. 그러나 그런 생각은 나쁜 행동을 하게 된 문제와 원인을 자기 안에서 찾지 않고 다른 사람이나 환경에 전가하는 격이다. 잘못을 남의 탓으로 돌리는 이유는 그래야 자기의 마음이 편하고 죄책감에서 벗어나기 때문이다. 그 어떤 경우든 나쁜 행동을 고칠 요량이면 자기 합리화는 금물이다. 나쁜 행동을 하게 된 원인을 자기가 아닌 다른 곳에서 찾는 것은 정작 치료를 해야 하는 곳은 치료하지 않고 치료하지 않을 곳에 약을 바르는 격과 같다.

자기와 연관되어 발생한 나쁜 행동의 모든 원인은 자기에게서 비롯된다. 자기라는 주체가 없으면 자기에게 나쁜 행동이 발생될 우려는 없다. 그러므로 나쁜 행동을 했다면 가장 우선적으로 자기 행동에 어떤 문제가 있었는지 자기 행동을 세세히 쪼개서 상세하게 분석할 필요가 있다. 그래서 그 원인이 자기의 그릇된 생각에서 비롯된 것이라면 생각을 고쳐야 하고, 상황에 이끌려 자기도 모르게 나쁜 행동을 했다면 그런 상황에 처하지 않기 위해서는 어떻게 할 것인가에 대한 자기 전략과 전술을 세워서 실행해야 한다. 아울러 평소에 자기 인생의 주인은 자기라는 생각을 갖는 것이 필요하다. 성공하는 사람들의 7가지 습관 중 첫 번째 습관은 자기 주도적으로 행하라는 말이다. 여기서 자기 주도적이라는 말은 주어진 상황을 주도적으로 이끌라는 말이다. 또, 주어진 상황이 아무리 나빠도 실망하거나 좌절하지 말고 주변 환경과 다른 사람 탓을 하지 말라는 말이다. 그런데 대부분 나쁜 행동을 반복하는 사람은

나쁜 습관 다루기

상황이 자기에게 불리하게 작용하면 으레 습관적으로 그 상황에서 발을 빼려고 한다. 일이 잘되면 자기가 잘한 것이고 잘 못 되면 자기는 전혀 무관하다는 태도를 보이는 사람들이 주로 그런 생각을 한다. 하지만 좋은 상황만 취하고 나쁜 상황에서 발을 빼는 그런 기회주의자는 장기적으로 볼 때 스스로 자기를 나쁜 행동이 즐비한 함정으로 빠뜨리는 것과 같다. 깨진 유리창의 법칙은 습관의 형성에도 여지없이 적용된다. 즉 자기에게 불리한 상황에 발을 뺐을 뿐이라는 생각이 반복되다 보면 그런 생각이 무의식에 새겨지고 그런 무의식에 의해 나쁜 행동을 무의식적으로 하게 된다.

가톨릭의 기도문에 "내 탓이오 내 탓이오 남의 탓이 아니옵니다"라는 말이 있다. 자신이 저지른 잘못을 포함하여 남의 잘못까지도 내 탓이라고 생각하는 마음이 자기 성찰의 진수이다. 물론 걱정도 팔자이고 오지랖도 넓다고 생각하는 사람도 있다. 하지만 객관적으로 볼 때 남의 탓인데 굳이 내 탓이라고 하는 마음으로 삶에 임하면 자기 자신은 물론 다른 사람도 사랑할 수 있는 선한 마음이 무의식에 새겨진다. 그렇게 볼 때 책임을 떠안는 행위는 사랑을 떠안은 것에 견줄 수 있다. 다른 사람을 사랑하고 자기에게 주어진 환경과 자기가 닥친 상황을 사랑하는 마음이 자기를 선한 행동을 하는 사람으로 만들어 주는 원동력이다. 그렇다. 내 탓이라고 생각하는 마음, 자기가 나쁜 행동을 하게 되는 원인이 자기에게 있다고 생각하는 마음이 결국 자기가 자기를 더없이 사랑하게 하는 지렛대 역할을 한다.

11.

대체 만족 한다

앞서 동일한 실수를 반복하는 나쁜 행동을 반복적으로 행하는 주요 원인 중 하나로 기쁨과 쾌락을 추구하려는 욕구에서 비롯되는 경우가 많다고 했다. 이에 더하여 그런 기쁨과 쾌락을 다른 것으로 대체하면 좋다. 반복해서 말하지만, 두뇌 학자들은 무의식에 새겨진 나쁜 습관을 제거하는 것은 거의 불가능하며 좋은 습관으로 대체하는 것이 최선의 방법이라고 했다. 좋은 습관이 나쁜 습관으로 대체되어 좋은 습관을 행하던 사람이 나쁜 행동을 하게 된다. 또 나쁜 행동을 행하게 하는 나쁜 생각을 좋은 생각으로 대체하면 좋은 행동을 하게 된다. 또 나쁜 것에 중독된 것을 좋은 것에 중독되게 할 수 있는 가능성이 있다. 그러므로 나쁜 습관을 좋은 습관으로 대체할 수 있다는 생각을 가지고 나쁜 습관을 제거하려 애쓰기에 앞서 좋은 습관으로 대체하는 노력을 해 보자. 술을 마시는 나쁜 습관을 책을 읽는 좋은 습관으로 대체하고, 술 집에 가는 습관을 도서관에 가는 습관으로, 술을 마시는 사람들과 이야기하는 것을 즐기는 습관을 술을 안 마시는 사람들과 이야기하는 습 관으로 대체하자. 또 술을 마시는 습관에서 물을 마시는 습관으로, 술 에 취하는 습관을 음악에 취하는 습관으로 대체하자. 당구에 빠진 사람 이 잠을 잘 때도 당구를 상상하는 습관에서 사랑하는 자녀와 부모를 생 각하는 습관으로 대체하듯이 나쁜 행동을 하는 세세한 요소를 나열해 서 각 요소별 대체할 수 있는 좋은 습관은 무엇인지를 나열해 보자. 그 래서 대체할 수 있는 것은 모두 대체해 보자. 돈을 낭비하고 불필요한 것을 구매하는 나쁜 습관을 돈을 모으고 꼭 필요한 것을 구입하는 습관 으로 대체하자. 늦잠을 자는 나쁜 버릇은 새벽에 일어나 산책하는 즐거 움을 느끼는 습관으로 대체하자. 가장 좋은 대체는 나쁜 행동으로 인해 얻어지는 기쁨과 쾌락보다 더 강한 기쁨과 쾌락을 주는 좋은 습관을 형 성하는 것이다. 일과 후에 술집에서 동료들과 술을 마시며 노래방에서 스트레스를 풀던 사람은 그것이 주는 기쁨과 짜릿한 쾌감에 중독된 것 이다. 그런데 그 시간에 책을 읽으면서 혹은 글을 쓰면서 음악을 듣는 그 즐거움에 중독되면 술자리를 하지 않게 된다. 돈을 물 쓰듯이 쓰던 사람이 자신이 스스로 땀을 흘려 돈을 벌어 보니 돈이 얼마나 소중하고 귀한지를 알게 되어 돈을 쓰지 않는 것처럼, 나쁜 행동을 하면서 느끼 지 못했던 귀중하고 소중한 것을 발견해서 나쁜 행동을 하지 않는 경우 도 있다. 돌이켜 생각하면 시간이 가는 것을 잊고 날밤이 새도록 나쁜 행동을 했다. 이제는 나쁜 습관을 제거하고 좋은 습관으로 대체하기 위해 날밤을 새운 적이 있는지를 자문자답하면서 자기를 반성하는 시간을 갖자. 사실 나쁜 행동을 하느라고 날밤을 새운 적은 많다. 술을 마시면 외박을 하는 사람은 그 술로 인해 밤을 새웠다. 그런데 그런 술을 끊겠다고 사생결단을 한 사람이 술을 끊는다는 생각을 하면서 날밤을 새우지는 않는다. 좋아하는 것을 하면서 날밤을 새웠다면 그 좋아하는 것과 이별하기 위해서도 날밤을 새울 수 있어야 한다. 그 정도가 되어야 진정으로 나쁜 습관을 좋은 습관으로 대체할 수 있다.

나는 잠을 자는 것보다 이렇게 음악을 들으며 글을 쓰는 시간이 너무 행복하다. 더군다나 내일이 휴일이니 더할 나위 없이 마음이 편하다. 이렇게 글을 쓰다가 잠이 오면 실컷 잘 수 있으니 더욱 좋다. 이처럼 뭔가에 집중해서 얻은 보람과 쾌감에 중독되는 것도 나쁜 습관을 좋은 습관으로 대체하는 것이다. 종전에는 불금이면 다음 날 업무가 없으니 마음껏 술을 마셨다. 또 비가 오면 파전에 막걸리 한잔이라는 사고에 휩쓸려 막걸리를 마셨다. 그런데 불금에 책을 쓰는 것이 얼마나 마음 편안함을 주는지를 알고부터 불금을 본격적으로 책을 쓰는 날로 정했다. 아니 이제는 불금이 오면 설레는 마음이 든다. 평일에는 직장 일로 인해 쓰고 싶은 책을 쓰지 못했는데 불금에는 마음대로 책을 쓸 수 있기 때문이다. 돈을 쓰는 재미보다 돈을 모으는 재미에 빠지면 돈을 쓸 겨를이 없어 돈이 모이게 된다. 또 늦잠을 자는 것보다 새벽에 일어나 새벽 공기를 마시면서 사랑하는 사람과 산책을 하는 것에 재미를 느끼면

나쁜 습관 다루기

늦잠을 자지 않게 된다. 이처럼 나쁜 습관을 좋은 습관으로 대체할 때는 나쁜 행동을 하면서 느끼는 기쁨과 쾌락보다 더 큰 재미와 즐거움을 주는 습관으로 대체하는 것이 나쁜 습관을 잊게 하는 데 효과가 크다. 파스칼이 인간은 생각하는 갈대라고 했는데, 인간은 그야말로 갈대처럼 연약하지만 생각을 한다는 점에서 위대하다. 쾌락의 기쁨, 나쁜 행동을 하지 않게 되었다고 생각하는 그 자체는 위대하다. 그러므로 사람에게는 생각의 기능이 있다는 생각으로 그 어떤 환경에 처해도 자기 생각의 끈은 놓지 않는 것이 중요하다.

『습관의 힘』의 저자 찰스 두히그는 습관은 어떠한 신호에 의해서 특정한 행동을 하고 그것이 계속적으로 반복될 때 습관으로 형성이 되는데 특정한 행동을 반복하는 이유는 특정한 행동을 통해 얻어지는 보상 때문이라고 말한다. 즉 특정한 보상을 얻기 위해서 특정한 행동을 하게 되고 그것을 반복적으로 행할 때 그것이 습관이 된다. 사람은 어떠한 자극에 대해서 특정한 반응을 보이게 되는데 동일한 자극에 대해서 동일한 행동을 하는 것이 반복되면 그것이 무의식에 새겨져 습관으로 형성된다. 좋은 습관의 관점에서 보면 습관으로 형성되어 무의식적으로 행한다는 것은 어떻게 보면 축복이 아닐 수 없다. 또 『습관의 힘』의 저자는 특정한 생각이라는 신호를 받게 되면 특정한 행동을 하게 되는 이유는 그 행동으로 인해 얻어지는 보상의 열망에서 비롯된다고 말한다. 특정한 보상을 얻고 싶어 하는 열망이 강하면 강할수록 신호에 대한 행동의 속도가 빨라진다. 이런 관점에서 볼 때 나쁜 습관을 고치거나 제거할 요량이면 나쁜 행동을 해서 얻어지는 보상과 동일한 보상을 충족할 수 있는 좋은 행동을 하는 것이 바람직하다. 즉 나쁜 행동을 하지 않아도 나쁜 행동을 했을 때와 다름없는 동일한 보상을 얻을 수 있다면 굳이 나쁜 행동을 할 필요가 없다. 한마디로 말해서 신호와 보상은 동일한데 행동을 다르게 하는 것이다. 좋은 행동을 해서 나쁜 행동을 했을 때와 다름없는 보상을 얻을 수 있다면 금상첨화이다.

DEALING WITH BAD HABITS

CHAPTER 5.

자기와의

인연

01.

습관은 상속된다

동일한 실수를 반복하는 나쁜 행동을 좋은 습관으로 대체하려고 한다면 정신적인 충격을 받거나 그렇게 살아서는 안 되겠다는 계기가 될 만한 충격적이고 자극적인 생각을 하는 것이 도움이 된다. 일례로 자신의 나쁜 습관이 자녀들에게 상속된다고 생각하면 참으로 아찔한 생각이 든다. 자녀는 부모의 행실을 보고 배운다는 말은 많이 들었지만 부모의 나쁜 습관이 자녀들에게 자연스럽게 전염된다고 생각하면 참으로 정신이 번쩍 뜨인다. 모든 부모의 마음은 자신의 좋지 않은 습관이 자녀들에게 대물림되지 않기를 희망한다. 책을 보거나 남을 도와주는 좋은 습관은 당연히 자녀들이 자기를 따라 했으면 하는 생각도 한다. 부모의 입장에서는 다른 사람은 몰라도 자기 자녀만큼은 자기의 나쁜 습관을 물려받지 않기를 간절히 바란다. 좋은 것은 당연히 자기를 닮기를 바라면서도 나쁜 습관만큼은 자녀들에게 대물림되지 않기를 바라는 것이 모든 부모의 공통된 마음이다. 살아생전 아버지의 나쁜 행동을 보면서 자기는 어른이 되어 결코 아버지를 닮지 않겠다고 다짐을 했건만 어른이 되어 자신이 아버지의 나쁜 행동을 답습하고 있다는 것을 느낄 때가 있다. 자기만은 결코 아버지의 전철을 밟지 않으리라고 다짐했건만 어느덧 아버지와 한 치의 어긋남이 없이 아버지의 삶을 재현하는 자신의 모습을 볼 때는 습관이라는 것이 대를 이을 정도로 참으로 무섭다는 생각이 든다. 하는 행동과 말씨가 너무도 아버지와 흡사하다는 것을 느낀다면 자신에게 이미 아버지의 나쁜 행동이 습관으로 자리하고 있는 것은 아닌지를 돌아보자. 사람은 지내 온 환경과 주로 함께 생활하는 사람의 영향을 받아 성격이 형성된다. 그런 관점에서 볼 때 부모의 하나하나 행동과 말씨가 자녀들에게 어김없이 전염된다는 생각을 해야 한다. 자기가 나쁜 행동을 유산으로 남기지 않아도 자녀는 부모의 나쁜 습관을 자연스럽게 이어받는다. 물론 특별한 경우 자녀의 후천적인 노력에 의해 부모의 습관을 답습하지 않는 경우도 있지만, 어릴 적부터 보고 듣고 함께 생활한 자녀의 무의식에는 늘 부모의 행동과 말씨가 무의식에 새겨 있다고 보는 것이 타당하다. 그러므로 자기의 좋은 습관을 물려준다는 생각을 하기보다는 나쁜 습관을 자녀들에게 대물림하지 않는다는 간절한 마음으로 나쁜 습관을 고치기 위한 노력을 하는 것이 바람직하다. 부모는 자기 아들과 딸이 자기를 닮길 원한다. 오죽하면 발가락이 닮았다는 말이 있지 않은가. 그러면서도 한편으로는 자기의 나쁜 습관만은 닮지 않기를 바란다. 하지만 대부분의 경우 부모의 나쁜 습관과 좋은 습관은 자녀들에게 대물림이 될 확률이 높다. 더군다나 나쁜 습관은 빨리 따라 하는 경향이 있다. 왜냐하면 좋은 습관은 대부분 이성적으로 생각하고 합리적으로 판단해서 실행해야 하는 반면, 나쁜 습관은 그다지 심도 있게 생각하지 않고 감정적이고 즉흥적으로 판단해서 행하는 경우가 많기 때문이다. 그래서 좋은 습관보다 나쁜 습관을 빨리 배운다. 피는 못 속인다는 말이 있듯이 자기의 행동을 답습하는 자녀를 보면 흐뭇한 생각도 들기도 하지만 나쁜 습관을 따라 하는 경우에는 할 말이 막히는 경우가 많다. 어른이 되어 자기도 고치지 못하는 나쁜 습관을 자녀들은 고쳐야 한다고 질타를 한다는 것은 모순이다.

간디가 사탕에 중독된 아이의 나쁜 습관을 고쳐 줄 요량으로 조언을 하러 왔는데 그 자리에서 아무 말도 하지 못했다고 한다. 자기 역시 사탕에 중독되어 있었기 때문이다. 시간이 지나서 간디가 사탕 중독에서 벗어난 이후에 그 아이에게 조언을 했다. 간디처럼 어른이 모범을 보이고 자녀들의 나쁜 습관을 고치도록 조언을 하고 가르침을 주어야 하는데 막상 자신이 나쁜 행동을 하고 있으니 참으로 어른으로서 체면이 말이 아닐 때가 있다. 술로 인해 실수를 하고 사건 사고가 많은 경험이 있는 부모는 술을 마시는 자녀를 보면 어떤 생각을 할까? 아마도 머지않아 어른이 되면 그 자녀도 자기와 똑같은 실수를 저지르고 사건 사고로 인해 난처한 상황에 처할 것이라고 생각할 것이다. 물론 건전한 음주는 건강에도 좋고 더불어 다른 사람들과 좋은 관계를 유지하는 데 필요한

나쁜 습관 다루기

필요악이다. 자기가 술로 인해 나쁜 행동을 한다면 자녀 역시 자기와 그다지 크게 다른 삶을 살지는 않을 것이라는 생각을 하는 것이 맞다. 설마 배운 녀석이 혹은 자신의 그런 처참한 상황을 직접 목격하면서 보고 자란 아이가 설마 자기의 나쁜 행동을 답습하랴, 하는 생각은 착각이다. 십중팔구는 자신의 나쁜 행동을 여지없이 따라 한다는 생각을 하는 것이 맞다. 간혹 사노라면 자녀가 자기의 나쁜 행동을 반면교사로 삼아 올바른 삶을 사는 경우를 볼 때는 자기가 낳은 자녀지만 참으로 대견하다는 생각도 든다. 하지만 결코 방심은 금물이다. 언제든 자녀들의 무의식 속에 있는 자기의 나쁜 행동을 하는 유전자가 발동할지 모르기 때문이다. 지금 당장은 좋은 습관이 자녀의 무의식에 새겨진 나쁜 습관을 대체하고 있지만 생활환경이 변하고 나쁜 행동을 할 수 있는 조건이 구비되면 언제든 그 잠재된 나쁜 습관이 고개를 내밀 것이다. 중요한 것은 자기의 나쁜 행동이 자녀들에게 대물림된다는 생각을 하면서 자기를 채찍질하는 것이다. 그래서 좋은 습관을 행하는 모습을 자녀들에게 자주 보여서 자녀로 하여금 자신의 좋은 습관을 따라 하기를 기원하자. 굳이 나쁜 행동이니 따라 하지 말라고 말을 할 필요도 없다. 그냥 행동으로 자녀들에게 자신이 좋은 습관을 행하는 모습을 보이면 그만이다. 또 자녀들의 도움을 받아 나쁜 행동을 고치는 데 주력하자. 자녀의 입장에서 아버지가 나쁜 습관을 고치기 위해서 애쓰는 모습을 보면서 자기는 결코 아버지를 닮지 않을 것이라고 생각을 할 수도 있기 때문이다.

『명심보감』에 효도하는 부모는 효도하는 자녀를 낳고 불효하는 부모는 불효하는 자녀를 낳는다는 말이 있듯이 좋은 습관을 행하는 부모는 좋은 습관을 행하는 자녀를 낳고, 나쁜 행동을 하는 부모는 나쁜 행동을 행하는 자녀를 낳는다는 말의 의미를 생각하면서 좋은 습관을 행하는 부모가 되려고 애써야 한다. 간혹 젊었을 때 호기심에 담배 1개를 피운 것이 평생 끊지 못하는 습관으로 형성됐고, 술을 즐기던 할아버지 곁에서 막걸리 등 술을 접한 것이 평생 술을 마시는 나쁜 습관으로 형성됐다. 학창시절에 아버지가 술에 만취해서 어머니와 부부싸움을 하는 것을 보면서 나는 어른이 되어 술로 인해 부부싸움을 하지 않을 것이라고 다짐을 했는데 어른이 되어 아버지의 술버릇을 내가 답습하고 있다. 참으로 어리석은 삶을 살았다는 생각이 든다. 좀 더 젊은 시절에 그런 나쁜 습관을 고치려고 노력을 했다면 얼마나 좋았을까 하는 후회가 많다. 30년 넘게 반복적으로 행했던 나쁜 행동이 이제는 또 다른 내가 되어 칼로 도려낼 수도 없어 매우 고통스러운 날을 보내고 있다. 매일 아침 나쁜 행동을 다시는 하지 말아야지라고 굳게 다짐을 하지만 그것은 마음뿐 번번이 실패를 하고 있다. 그럼에도 불구하고 나의 나쁜 행동으로 인해 너희들에게 불행을 안겨 주지 않을 것이라는 단호한 생각으로 지금도 나의 무의식에 새겨진 나쁜 습관과 혈투를 벌이고 있다. 다행스러운 것은 현재까지 계획대로 잘되어 가고 있고 앞으로도 잘될 거라는 확신을 가지고 생활을 하고 있다. "나의 이러한 나쁜 습관이 너에게 전염되고 자연히 상속이 된다고 생각하면 좀 늦은 감도 있지만 나는 그래도 너희들을 믿는다. 너희들은 나의 나쁜 행동을 물려받지 않았을 것이고 이제까지 그랬듯이 나와는 다른 좋은 습관으로 좋은 삶을 살 것이라고 믿는다. 너희들에게 많이 미안하다. 이미 나의 나쁜 행동이 너희들에게 전염이 되었다면 내가 진심으로 사과를 하마. 그리고 이제 죽는 그날까지 결코 나쁜 행동을 하지 않을 것이라는 것을 너희들에게 약속한다. 부디 나와 같은 전철을 밟지 말고 나라의 큰 동량이 됐으면 싶다. 부디 나를 닮지 않았으면 한다. 또 먼 훗날 내가 이 세상에 없을 때 아버지는 반평생에 걸쳐 몸에 익은 30년 묵은 나쁜 습관을 고치고 좋은 습관을 형성하여 행복한 삶을 살았고, 극기하고 자기 수양 하며 나쁜 습관을 고쳤다는 영웅담을 너희 자녀에게 말해 주기를 희망한다. 너희는 좋은 습관을 행하여 네 자녀들에게 좋은 습관을 상속하는 좋은 부모가 되기를 기원한다. 술을 마셔도 끝장을 보는 나쁜 습관, 식후 연초는 불로장생이라고 말하면서 식사 후 습관적으로 담배를 피우고, 사랑하는 가족들과 즐겁고 행복한 시간을 보내는 것보다 혼자 있는 시간을 더 즐기는 나쁜 습관, 남이 보는 곳에서는 올바르게 행동을 하면서 혼자 있을 때는 그릇된 행동을 밥 먹듯이 행하는 나쁜 습관이 너희들에게 전염되지 않았으면 한다. 술을 마시면 가족을 생각하지 않고 술을 절제하지 못하고 비틀비틀하면서 상갓집 개가 될 때까지 술을 마시는 이런 나쁜 습관이 너희들에게 털끝만큼도 전염되지 않기를 간절히 희망한단다. 나쁜 습관이 너희들에게 유전자처럼 대물림이 된다는 생각을 좀 더 일찍 깨달았더라면 하는 아쉬운 마음도 있단다. 정말로 과거가 후회막심하기 짝이 없단다. 이제라도 늦지 않았다는 생각과 이제 시작해도 늦지 않았다는 생각으로 앞으로 나쁜 행동을 하지 않기 위해 절치부심 노력할 것을 너희들에게 약속한다" 아버지로서 위와 같이 자녀들에게 편지를 쓰는 것을 어떨까 싶다.

가정이 최우선이다

　동일한 실수를 반복하는 나쁜 행동을 한다는 것은 긴장의 끈을 놓았다는 것을 의미한다. 대부분 직장인의 경우에는 직장에서는 직장인으로서 주어진 역할과 책임을 다하며 일정 부분 가면을 쓰고 생활한다. 자신의 진면목을 있는 그대로 투명하게 남에게 보이면서 직장생활을 하는 사람은 드물다. 대부분의 사람들이 그러하듯이 자기의 진면목은 숨기고 남을 배려한다는 명목으로 속내를 숨기면서 산다. 실오라기 하나 걸치지 않는 알몸을 보이는 것처럼 자기의 민낯을 완전히 드러내고 생활을 하는 사람은 극히 드물다. 특히 특별한 지위에 있거나 타인을 리드하는 위치에 있으면 더더욱 자신의 속내를 드러내지 않고 지위에 맡은 역할과 책임에 걸맞은 가면을 쓴다. 그래서 공식 석상에서는 자기가 아닌 본연의 자기를 숨기고 공식적인 가면을 쓰고 생활한다. 가면을 쓰고 있는 상태에서는 나쁜 행동을 할 확률이 낮다. 왜냐하면 공인으로서 혹은 공적인 사람으로서 마땅히 좋은 행동을 해야 하고, 나쁜 행동을 하면 공인의 자격을 잃을 수도 있기 때문이다. 그런데 그런 사람일수록 나쁜 행동을 하지 않기 위해서는 가면을 벗지 말고 생활하는 습관을 기르는 것이 바람직하다. 왜냐하면 가면을 벗는 순간 본연의 자기로 돌아가 무의식에 새겨진 나쁜 행동을 자행할 확률이 높기 때문이다. 특히 직장인의 경우 퇴근 이후 가정에서도 가면을 벗지 않는 것이 매우 중요하다. 자칫 긴장의 끈을 푸는 순간 무의식에 새겨진 나쁜 행동이 저절로 튀어나올 수 있다. 그러므로 나쁜 습관을 고칠 요량이면 그 누구보다 가정에서 가족들과 함께 생활하는 공간에서도 공식적인 가면을 완전히 벗지 않고 생활하는 것이 상책이다. 얼핏 생각하면 가족들과 함께 있을 때 가면을 벗지 않으면 언제 벗느냐고 반문하겠지만 여기서 가면을 벗지 말라는 말은 그 가면 위에 가정에서 가족들과 함께 하는 새로운 가면을 하나 더 쓰면 된다. 그래서 가족들과 함께할 때에도 방심하지 말고 나쁜 행동을 고치는 데 주력해야 한다. 밖에서는 성실하고 평판이 좋은 사람이 간혹 집에서는 가족들에게 쌍욕을 하고 폭력을 일삼는 경우도 있는데, 그런 이유는 본연의 자기로 돌아와 본능에 충실한 삶을 살기 때문이다. 한마디로 말해서 긴장의 끈을 끊어 버리고 조심하거나 신중하지 않았기 때문이다. 또 직장에서는 가면을 썼기에 나쁜 행동을 하고 싶어도 꾹 참았던 마음이 가족들과 함께 있을 때 무장해제가 됐기 때문이다. 그러므로 나쁜 행동을 고칠 요량이면 가장 우선적으로 가족들에게 인정받고 신뢰받는 사람으로 거듭나야 한다. 자기를 제일 잘 아는 사람은 자기 가족이다. 특히 결혼을 했다면 남편과 아내, 그리고 자녀들에게 인정을 받아야 하고, 미혼이라면 부모에게 인정받는 자녀가 되는 것이 우선되어야 한다. 사회생활을 하면서는 나쁜 행동을 하지 않는 사람도 가정생활 속에서 나쁜 행동을 암암리에 자행하는 사람도 있는데 그런 사람이 공식적인 가면을 완전히 벗어 버린 무리에 속한다. 회사에서는 금주를 선언하고 퇴근해서 가정에서는 간주를 핑계로 암암리에 음주는 하는 사람이나, 가족들에게는 근면 성실하게 생활하는 척을 하면서 직장에서는 나태하고 불성실하게 생활하는 사람도 가면을 벗어 버린 사람들의 무리에 속한다. 가정과 직장은 하나라는 말이 있듯이 나쁜 행동을 고칠 요량이면 사회와 가정, 직장과 가정에서 일관성 있는 삶을 살아야 한다. 아울러 나쁜 행동을 하지 않기 위해서는 가정과 회사에서도 가면을 벗지 말고 2개의 가면을 쓰고 생활한다는 생각으로 적정하게 긴장을 하면서 생활하는 것이 바람직하다. 여기서 말하는 가면은 긴장의 가면, 심사숙고의 가면, 신중의 가면을 의미하며, 위선이나 속임의 가면이 아니다.

결론적으로 말해서 주변 환경의 변화에도 아랑곳하지 말고 적정하게 긴장하고 신중하게 생각하며 심사숙고해서 행하는 것이 바람직하다. 안에서 새는 바가지는 밖에서도 샌다. 그러므로 가정에서 가족들에게 인정받고 신뢰받는 사람이 되는 것이 우선이다. 사회생활에 필요한 모든 것은 가정에서 비롯된다. 그래서 가정교육을 잘 받은 사람은 그렇지 않은 사람보다 나쁜 행동을 할 확률이 비교적 낮다. 가정에서 나쁜 행동을 하지 않는다는 것은 신독의 생활이 몸에 밴 것이라고 할 수 있다. 가족들도 사회 구성원이고 직장생활을 하는 동료라는 생각으로 가족으로서 역할과 책임에 맞는 행동을 해야 한다. 또 가정에서 사람으로서 기본적으로 행해야 하는 이치나 도리를 다하지 않는다면 그로 인해 사회에서 기본을 무시한 언행을 일삼게 된다. 가정과 회사는 엄밀하게 구분되어야 하지만 그 성품이나 성격은 변함없이 일관성을 유지하는 것이 나쁜 행동을 하지 않게 하는 단초가 된다. 물론 가정과 회사에서 동일한 가면을 쓰고 생활을 할 수만은 없다. 가정은 가정이고 회사는 회사이다. 가정에서는 가정의 도(道)가 있고 회사에는 회사의 도(道)가 있기 마련이다. 그래서 때로는 가정 윤리와 어긋난 행동을 회사에서 할 수도 있고, 회사 윤리와 어긋난 행동을 가정에서 행할 수도 있다. 하지만 그 바탕은 선하고 올곧아야 한다. 근본적으로 바탕은 바뀌지 않아야 한다. 처세술은 주어진 상황과 여건에 따라 카멜레온처럼 변화무쌍한 것이 좋지만 그렇다고 해서 인간으로 지켜야 하는 기본적인 도리와 이치에서 벗어나 생활하는 것은 좋지 않은 결과를 자아낼 확률이 높다. 그러므로 그 어떠한 경우라도 근본을 저버리는 행동을 하지 않으려는 생각을 갖고 생활해야 한다. 아울러 인간의 궁극적인 삶의 목표는 행복이라는 것을 망각하지 않는 것이 중요하다.

자기의 나쁜 행동으로 인해 자기가 사랑하는 사람들이 불행한 삶을 산다면 이보다 더 큰 불행한 삶은 없다. 나쁜 행동을 하기 전에 가족의 얼굴을 떠올리자. 또 자기가 나쁜 행동을 하는 모습을 늘 가족들이 유심히 지켜보고 있다는 생각을 갖자. 날마다 가족사진을 보는 것도 나쁜 행동을 고치는 데 효과가 있다. 자녀들이 어렸을 때 사진을 보면서 그 당시 자녀들에게 잘해 주지 못했던 것, 가족들과 함께 변변찮은 가족여행 한번 해본 적이 없다면 아마도 후회막심한 생각이 들 것이다. 그런 마음으로 앞으로는 나쁜 행동을 하지 않는다는 각오를 더 강하게 다질 필요가 있다.

03.

남의 일이 내 일이다

　　동일한 실수를 반복하는 나쁜 행동을 고칠 요량이면 주변에서 일어나는 사건 사고를 보면서 나쁜 행동이 빚어내는 결과가 얼마나 불행을 초래하는지를 학습해야 한다. 단순히 상상으로 인지하는 것보다 자기가 직접 눈으로 보고 귀로 들으며 그 실체를 아는 것이 중요하다. 방송 뉴스나 신문 지상에 대문짝만하게 실린 사건 사고를 보면서 만약에 자신이 직간접적으로 연관된 사건이라면 얼마나 불행한 상황에 처하게 되는지에 대해서 실감하는 것이 중요하다. 또 단순히 사건 사고를 접하는 것에서 벗어나 주관적으로 해석하며 만약의 경우 자신도 지금처럼 나쁜 행동을 계속해서 행한다면 그 언젠가는 방송을 타게 될 것이라는 것을 인지해야 한다. 또 남이 저지른 사건 사고를 마치 자신이 자행한 것이라고 생각하면서 사건 사고가 주는 불행하고 처참한 상황을 간접 체험 하는 것이 필요하다.

음주운전이라는 나쁜 행동으로 인해 생계유지를 위해 새벽에 종이박스를 줍는 행인을 죽음에 이르게 하고, 담뱃불로 여의도 광장 10배가 넘는 산을 태워 버리는 사건 등 술과 담배로 인한 사건 사고의 주범이 자기라는 생각을 하면 끔찍하다. 난잡하게 술을 마셔서 성범죄를 저지르는 경우도 있고 음주운전으로 인해 뺑소니 사고를 내는 등의 반이성적인 행동으로 불법을 자행하는 사람들이 있다. 그런 사고를 접하고 그런 사건 사고가 났구나 하는 단계를 넘어, 그것이 나쁜 행동을 하고 있는 자기 자신의 미래 모습이라는 생각을 하면서 마음의 경종을 울리는 것이 필요하다.

부모의 상속재산 문제로 인해 형제간에 칼부림 사고가 발생하는 것을 접하면 어떤 생각이 드는가? 대부분의 사람들이 부모 재산 문제로 형제간에 우애가 나빠질 우려는 없다고 말한다. 또 다른 가족의 형제들은 모두 부모의 재산 문제로 가정불화가 있어도 자기 형제들만은 결코 그러지 않을 것이라고 생각한다. 하지만 막상 부모의 유산을 나누는 상황에 처하면 대부분 형제간의 불화가 생기게 된다. 손윗사람들이 손아랫사람을 배려하며 유산 상속을 하는 경우는 드물다. 피를 나눈 형제들이 그러한 까닭은 재산욕구에 대한 인간의 본능적인 욕구도 있지만 자기는 자녀로서 지극히 정당하게 부모의 유산을 받을 자격이 있다고 생

나쁜 습관 다루기

각하기 때문이다. 나쁜 행동을 고치는 이야기를 하면서 갑자기 부모의 유산 상속에 대한 이야기를 하는 것은 피를 나누는 형제들도 인간의 욕구 중 하나인 재산욕구에 대한 욕망으로 자기 이익을 챙기려고 한다는 점을 말하기 위해서이다. 즉, 대부분의 나쁜 행동은 인간의 기본적인 욕구를 충족하려는 것에서 비롯된다. 또 그런 욕구를 충족하는 과정에서 쾌락을 느끼고 자기의 이익을 취하기 위해서이다. 그러므로 이익이나 쾌락이 있고 욕구가 태동하는 그런 일에 대해서는 한발 물러서 있는 것이 합당하다. 아울러 방송 뉴스나 신문 지상에서 사고를 접하고 자칫 방심하면 자기도 그런 사건 사고의 직간접적인 관계자가 된다는 생각을 갖는 것이 타당하다.

공자는 『논어』에서 세 사람이 걸어가면 그중에서 반드시 자기의 스승이 있다고 했다. 가장 좋은 배움은 책을 통하거나 경험을 통해 배우는 것도 중요하지만 무엇보다 사람을 통해 배우는 것이다. 자기 혼자의 삶 속에서 헤아릴 수 없이 많은 사건사고를 모두 경험을 통해 배울 수는 없다. 먼저 세상을 떠난 사람들이 남겨 놓은 지혜를 통해 배우고 주변에서 일어나는 사건 사고를 통해 배우는 것이 시행착오를 줄이는 길이다. 살인이나 폭행사건 등도 언제든 자기가 방심하면 타에 의해서 직간접적으로 그런 사건 사고의 가해자나 피해자가 될 수도 있다는 생각을 하면서 자신의 마음을 다잡는 것이 필요하다. 지각하는 동료를 보면서 지각을 하지 말아야지 하는 생각을 하고, 근무시간에 주식을 하거나 업무 외에 다른 일을 하는 동료를 보면서 자신은 그런 사람이 되지 않겠다고 생각하는 것만으로도 배우고 익히는 것이다. 중요한 것은 마음에 충격을 받는 것이다. 무의식의 속성상 충격적인 일은 오래도록 기억하는 속성을 지녔다. 간혹 뉴스에 나오는 사건 사고를 모방해서 범죄를 저지르는 사람도 있는데 그런 사람은 타산지석과 반면교사의 교훈을 모르는 사람이다. 같은 물도 젖소가 마시면 우유가 되지만 독사가 마시면 독이 된다는 말이 있듯이 동일한 사건 사고를 접해도 각각의 사람들마다 생각하고 느끼는 바는 다르다.

나쁜 습관 다루기

04.

강자의 편에 선다

　동일한 실수를 반복하는 나쁜 행동을 고칠 요량이면 사람으로부터 오는 스트레스를 줄이는 것이 필요하다. 대부분 스트레스가 발생되는 요인은 다른 사람으로부터 오는 경우가 많다. 사람들과 관계를 하는 과정에서 발생되는 스트레스는 관계하는 사람의 숫자에 비례하여 변하는 속성을 지녔다. 그래서 혼자 있으면 결코 발생되지 않는 스트레스도 다른 사람들과 함께 있으면 그 사람 수에 상응하는 정도의 스트레스가 발생된다. 물론 마음먹기에 따라 동일한 상황에서도 사람에 따라 스트레스를 받는 정도는 다르지만, 일반적으로 사람들과 관계하는 과정에서는 사람 수에 비례하여 스트레스가 증가한다. 그러므로 스트레스를 줄일 요량이면 관계하는 사람의 수를 줄여야 하고, 가능한 한 스트레스를 주는 사람과는 접촉을 피하는 것이 상책이다. 스트레스를 받으면 앞서 말했듯이 심리적인 불안정으로 인해 감정적이고 즉흥적으로 판단하여 행동하는 경우가 많다.

대부분 사람 간에 발생되는 스트레스는 자기가 하고 싶은 것을 자기 마음대로 할 수 없거나 자기가 충족하고자 하는 욕구를 충족할 수 없기 때문에 발생한다. 즉 자기가 마음먹은 바를 이뤄야 하는데 다른 사람과 이해관계가 얽혀 있을 경우에는 자기 뜻대로 되지 않기에 스트레스를 받는다. 특히 약자의 경우에는 강자의 간섭과 억압으로 인해 스트레스를 받는 강도가 더 크다. 그러므로 사람들과의 관계 속에서 스트레스를 덜 받을 요량이면 강자의 대열에 합류하는 것이 상책이다. 겸손하고 온유하며 나약한 척 부드러운 모습으로 상대방을 대하는 것이 능사는 아니다. 겸손하고 유연한 태도로 양보하고 배려하는 것이 나쁘다는 것은 아니다. 진정한 겸손은 강함이 뒷받침될 때 그 효력이 더 크다. 일반적으로 사람들은 자기보다 10배 강하면 시기하고 100배가 강하면 부러워하며 1,000배가 강하면 존경한다는 말이 있듯이 사람으로 인한 스트레스를 받지 않기 위해서는 우선적으로 강자의 면모를 보이는 것이 상책이다. 특히 약육강식의 생존경쟁에서 살아남기 위해서는 일단 강한 면모를 보여야 하고 실제로 다른 사람들이 함부로 얕잡아 볼 수 없을 정도의 힘을 지녀야 한다. 간혹 겸손해야 하고 자기의 힘을 드러내지 않는 것이 좋다고 말하지만, 사람으로 인한 스트레스를 받지 않기 위해서는 때로는 없는 힘도 있는 척을 해야 하고 약해도 강한 척을 해야 한다. 특히 힘의 논리가 통하는 조직에서 살아남기 위해서는 자기가 보유한 힘을 어느 정도 과시하고 내보이는 것도 필요하다. 물론 전략적으로 볼 때 자기의 힘을 상대방에게 모두 내보이는 것은 득보다 실이 많다. 하지만 상대방이 자기를 얕잡아 보고 무리한 요구를 하거나 인간적인 치욕을 줄 정도의 모멸감을 주는 경우라면 그 힘을 숨기는 것이 능사는 아니다. 사람은 자기가 보고 싶은 대로 보고 겉으로 보여지는 모습으로 다른 사람을 평가한다. 그래서 지식이 출중하고 특별한 능력을 보유하고 있어도 표면적으로 약해 보이고 능력이 없는 사람으로 보여지면 그 사람을 낮게 평가한다. 반면에 힘이 없고 능력이 없어도 마치 힘이 있는 것처럼 행세하고, 특별한 능력을 지닌 것처럼 내보이면 그 사람을 높게 평가한다. 돈이 아무리 많은 부자여도 행색이 가난한 사람으로 보이면 다른 사람들은 그 사람을 가난한 사람으로 대한다. 하지만 가난해도 부자처럼 행동하면 다른 사람들의 눈에 부자로 보여서 다른 사람들이 부자로 대한다. 물론 힘이 미약한데 일부러 힘이 있는 척 허장성세의 태도로 상대방을 대하라는 말은 아니다. 진짜 힘을 보유하고 있다면 자기가 힘을 보유하고 있다는 것을 넌지시 상대방에게 알릴 필요가 있다. 그래야 상대방이 함부로 대하지 않는다. 물론 진정으로 강한 사람은 굳이 애써서 자기의 힘을 상대방에게 드러내지 않는다. 한편으로 생각하면 강자의 위치에 있다는 것은 시간의 지배력을 갖게 됐다는 것을 의미한다. 약자의 시간을 자기의 시간으로 사용할 수 있기 때문이다. 대부분의 스트레스는 자기가 누릴 수 있는 자유를 충분히 만끽하지 못하는 데에서 발생한다. 자유롭고 자율적으로 행동하는 사람은 다른 사람의 지배를 받는 사람보다 받는 스트레스 양이 적다. 왜냐하면 자기 스스로 자신의 시간을 자유롭게 자율적으로 지배할 수 있기 때문이다.

　노자는 드러내지 않아야 하고 공을 세웠으면 물러나야 한다고 말하지만 그것은 정의로운 사회에서나 통하는 교과서적인 말이다. 또 박수칠 때 떠나야 한다는 말이나 공을 세웠으면 스스로 물러나야 한다는 말은 서로 배려하고 신의를 나누는 사회에서나 통용되는 말이다. 자기가 가진 권력을 다른 사람에게 이양했을 때 사람들이 자신에게 대하는 태도가 얼마나 차이가 있는지를 피부로 느낀 사람은 그 말이 얼마나 터무니없는 말인지를 알게 된다. 『한비자』에 호랑이의 이빨과 발톱을 개에게 준다면 개는 호랑이에게 덤빈다는 말이 있다. 그러므로 약육강식의 서바이벌 시대에서 오래도록 살아남을 요량이면 애써 보유한 힘과 권력을 자의에 의해서 내려놓는 우를 범하지 않는 것이 좋다. 정승 집의 개가 죽으면 문상객이 많지만 정승이 죽으면 문상객이 없다는 말의 의미에는 강한 힘이 주는 효과가 얼마나 큰지를 방증한다. 사람들은 힘과 권력이 없는 사람에게는 호감을 갖지 않는다. 제아무리 인품이 좋고 덕성이 뛰어나도 힘과 권력이 없다면 강자로 생각하지 않는다. 하지만 인품이 나쁘고 덕성이 좋지 않아도 힘과 권력을 가지면 그 사람을 강자로 생각한다. 또 지록위마(指鹿爲馬)의 고사성어가 말하듯이 힘을 가지면 거짓을 진실로 둔갑시킬 수 있다. 무전유죄 유전무죄라는 말이 그냥 나온 것이 아니다. 더불어 함께하는 세상에 상호 조화와 상생을 나누는 삶이 가장 이상적인 삶이지만 현실적으로 자기의 이익과 집단 이기주의로 인해 각자도생(各自圖生)하는 사람들이 더 많다. 겸손하고 약자를 배려하며 사는 사람이 인정을 받고 그런 사람을 귀하게 생각하는 사회적인 분위기라면 얼마든지 양보하고 배려하는 것이 상책이다. 하지만 현실은 그런 사람이 더 많은 스트레스를 받는다. 공자는 『논어』에서 남이 자기를 알아주기를 바라지 말고 자기가 남에게 알려질 사람인가를 돌아보라고 했다. 또 자기가 나서고 싶어도 남이 나서게 해야 한다고 했다. 물론 공자처럼 성인의 대열에 설 정도로 내공이 깊고 심오하다면 능히 그럴 수 있다. 하지만 보통사람이 그런 생각을 갖기는 낙타가 바늘구멍을 통과하는 것처럼 힘들다. 가난해도 도리에 어긋나지 말아야 하고 부자라고 해서 그 힘을 드러내지 말아야 한다는 공자의 말은 그 시대에 맞는 지극히 교과서적인 말이다. 모든 사람들이 그런 마음으로 세상을 살면 얼마나 좋을까마는 현실은 그리 녹록하지 않다. 그런 마음으로 살다가는 다른 사람들이 주는 스트레스를 온전히 자기 혼자 껴안고 살 수밖에 없다. 그러므로 혼자 울화통이 터질 정도의 스트레스를 감내하면서 살 요량이 아니면 스트레스를 받지 않는 것이 최상이다.

05.

경험이 스승이다

동일한 실수를 반복하는 나쁜 습관을 제거할 요량이면, 자기에게 맞는 방식으로 좋은 습관을 형성하면서 나쁜 습관의 새싹이 더 이상 자라지 않도록 해야 한다. 최근 산업 현장에서 지혜롭게 일을 해야 한다는 말이 회자되고 있는데, 나쁜 습관을 제거하는 것 역시 지혜롭게 대처해야 한다. 지혜는 지식과 경험이 어우러져 만들어 내는 산물이다. 즉 나쁜 습관을 제거하는 지식을 습득했다면 이를 실행하는 과정에서 시행착오를 겪으면서 얻어진 경험을 토대로 계속해서 도전에 도전을 거듭해야 한다. 여기서 중요한 사실은 단순히 경험을 많이 했다고 해서 나쁜 습관을 제거할 수 있는 역량이 길러지는 것이 아니라는 것이다. 경험한 것을 토대로 자신의 행동특성을 분석하여 자기만의 나쁜 습관을

나쁜 습관 다루기

제거하기 위한 행동 원리를 발견하는 것이 중요하다. 잡초가 우거진 길도 계속해서 오가면 길이 생기듯이 나쁜 습관이라는 잡초가 우거진 길을 좋은 습관이라는 신발을 신고 계속 오가다 보면 좋은 습관으로 포장된 길이 된다. 사실 나쁜 습관은 쉽게 정복할 수 있는 것은 아니다. 단순히 두 번 다시 나쁜 행동을 하지 않을 것이라고 마음을 먹었다고 해서 나쁜 습관을 쉽게 제압할 수 있는 것은 아니다. 중요한 것은 그 수많은 시행착오 안에서 자기가 나쁜 습관을 제거하기 위해 반드시 해야 하는 가장 기본적인 것이 무엇이고, 나쁜 습관의 뿌리를 근본적으로 제거할 수 있는 방법이 무엇인지를 아는 것이다. 거듭해서 말을 하지만, 단기간에 나쁜 습관을 제거하려고 하는 것은 무리이다. 나쁜 습관이 무의식에 새겨질 때 반복했던 횟수에 버금가는 정도로 경험적인 지식이 가미된 행동이 수반될 때 비로소 나쁜 습관을 제거할 수 있다. 이 책에서 말하는 경험적인 지식이 당신의 나쁜 습관을 제거하는 만능키가 아니다. 이 책에서 제시하는 경험적인 지식을 토대로 자기만의 경험적인 지식을 창출하고 그것을 자기 행동에 접목하여 자기만의 습관으로 형성할 때 비로소 그 효과를 보게 될 것이다. 사람에 따라 이 책에서 말하는 단 하나의 경험적인 지식을 자기의 좋은 습관으로 형성하여 자신의 나쁜 습관을 제거할 수도 있다. 일례로 나쁜 습관을 제거하는 방법으로 자기가 자주 가는 장소와 자주 만나는 사람을 바꿔야 한다는 경험적인 지식을 접목해서 생활했는데도 다시금 나쁜 행동을 했다면 추가적으로 더 많은 것을 바꿔야 한다. 또 자기가 나쁜 습관을 제거하기 위해 수시로 암기하고 입버릇처럼 말하는 문구를 만들어서 무의식 속에 자기는 나쁜 행동을 하지 않는 사람이라는 주문을 반복적으로 행해야 한다. 그 어떤 경험적인 지식이든 자기에게 맞는 자기만의 경험적인 지식이 자기의 나쁜 습관을 제거하는 데 효과가 있다. 그것이 나쁜 습관을 무의식적으로 행하는 것을 막아 주는 든든한 수문장 역할을 해줄 것이다. 사실 책에서 배우는 지식이나 다른 사람이 경험한 지식보다 더없이 효과가 큰 것은 자기만의 경험적인 지식이다. 이 책의 내용이 자기만의 경험적인 지식을 창출하는 불쏘시개 역할을 할 것이다.

06.

근검절약한다

　동일한 실수를 반복적으로 행하는 나쁜 행동을 좋은 습관으로 대체할 요량이면, 우선적으로 근검절약하는 습관을 기르자. 앞서 부지런한 습관을 기르면 자연스럽게 나쁜 행동의 8할 이상이 고쳐진다고 했는데 나머지 2할은 절약하는 생활을 하면 해결된다. 부지런하고 검소한 생활을 하는 것이 근검절약의 생활을 하는 것이다. 절약을 한다는 것은 낭비하지 않고 꼭 필요한 데에만 쓰는 것을 의미한다. 절약이라는 단어를 생각하면 대표적으로 돈, 전기, 물, 학용품, 비누, 치약 등을 아끼는 것을 떠올린다. 여기서 말하는 절약의 대상은 생활을 하면서 사용되는 모든 것이다. 특히 동일한 실수를 반복하는 나쁜 습관을 고칠 요량이면 돈과 시간을 아끼는 생활을 해야 한다. 물론 꼭 필요한 데에는 써야 하지만 그렇지 않고, 굳이 사용하지 않아도 되는 것들은 아끼는 것이 진정한 절약이다. 막연히 무조건 아끼는 것이 절약이 아니다. 밥값을 아끼려고 굶는 것은 돈을 아끼려다 건강을 해치는 격이다. 그런 절약은 좋은 절약이 아니다. 꼭 써야 하고 필요한 것은 구입해야 한다. 대부분의 나쁜 행동은 무분별하게 소비하고 낭비하는 것에서 비롯된다.

자본주의 시대에는 무엇을 하든 돈이 들어가게 마련이다. 돈을 아끼는 생활을 하는 사람은 헛된 곳에 돈을 낭비하지 않는다. 또 돈이 없어서 다른 사람들에게 빌려서 나쁜 행동을 하는 경우도 있지만 대부분 돈이 없으면 나쁜 행동을 하고 싶어도 하지 못하게 된다. 비단 담배를 피우는 나쁜 습관도 담배를 구입할 돈이 없으면 담배를 피우지 못한다. 또 술을 마시고 싶어도 술값이 없으면 술을 마시지 않게 된다. 돈이 없는데 다른 사람에게 돈을 빌려서 술과 담배를 하는 것도 하루 이틀이지 계속해서 그럴 수는 없다. 마찬가지로 시간이 없어도 나쁜 행동에 제약을 받는다. 사행성 도박을 할 시간적인 여유가 없고 돈도 없는 사람이 사행성 도박을 하는 것은 가히 불가능하다. 시간과 돈은 일종의 에너지를 발생시키는 연료이다. 시간과 돈이 투여되어야 그로 인해 에너지가 파생되고 그 에너지에 기인하여 행동을 하게 된다. 그렇다고 해서 나쁜 행동을 고칠 요량으로 시간과 돈에 쪼들리게 살라는 말이 아니다. 시간과 돈이 넘쳐나더라도 꼭 필요한 곳에만 사용하고 불필요하게 나쁜 행동을 하는 데 사용하지 말아야 한다. 절약이라는 말은 전략이라는 말과 유사하다. 그래서 절약하는 생활을 한다는 것은 전략적으로 생활한다는 말을 의미하기도 한다. 왜냐하면 절약을 하기 위해서는 꼭 필요한 사용처와 불필요한 사용처를 분별할 줄 알아야 하고, 꼭 필요한 곳에 얼마만큼의 시간과 돈을 사용해야 하는지에 대한 계획이 있어야 하기 때문이다. 전략도 없이 무작정 절약하는 것은 진정한 절약이 아니다. 가정주부가 생활비를 절약하기 위해 지출 계획을 세우듯이 전략을 수립해서 그 전략에 맞게 생활하는 것이 올바른 절약이다. 절약하는 생활 습관을 기르는 것은 나쁜 행동을 고치는 것보다 비교적 쉽다. 그것은 부지런한 사람이 시간을 절약하는 습관과 거의 유사하다. 엄밀하게 말하면 부지런한 것과 시간을 절약하는 것은 다른 개념이다. 즉 부지런한 것은 시간을 유용하게 잘 활용하고 자기에게 주어진 시간을 효율적으로 잘 활용한다는 측면은 있지만 그것이 반드시 시간을 절약하는 것이라고는 할 수 없다. 극단적으로 말해서 부지런하게 행동해서 남은 시간에 나쁜 행동을 하지 않는다는 보장이 없다. 대부분의 나쁜 행동은 시간이 남아돌 때 무료한 생각이 들어서 행하는 경우가 많다. 또 시간은 돈과 달라서 모은다고 해서 모이는 것이 아니다. 시간을 모아서 시간의 여유가 생겼다고 해서 무료하게 아무것도 하지 않고 있으면 시간이 사라지게 된다. 그래서 시간을 모아서 시간을 벌었다면 그 시간을 보다 의미 있게 보내야 한다. 그간 시간이 없어서 하지 못했던 일을 하거나 일을 하느라 가족여행을 하지 못했다면 가족들과 여행을 하는 등 모인 시간을 의미 있고 가치 있게 쓰는 것이 시간을 절약하는 것이다. 부지런히 일해서 시간을 벌었다면 휴식을 취하면서 시간을 더 아낄 수 있는 여지는 없는지를 돌아보는 것이 시간을 밀도 있게 쓸 수 있는 비결이다. 한편, 돈을 아끼는 사람은 그렇지 않은 사람보다 나쁜 행동을 할 확률이 낮다. 또 시간을 아끼는 사람은 그렇지 않은 사람보다 더욱 나쁜 행동을 할 확률이 낮다. 단순히 이론적으로 그것이 맞는 것이 아니라 실제로 시간과 돈을 아끼는 사람은 자린고비의 삶을 산다. 그런 사람들에게 있어서 나쁜 행동을 하는 것은 사치이다. 나쁜 행동으로 인해 얼마나 많은 시간과 돈이 아깝게 낭비되는지를 알기 때문이다.

소중하고 귀하다고 하는 것은 그것이 없을 때 얼마나 불편하고 고통스러운지를 아는 것에서 시작된다. 산소 부족으로 호흡이 어려운 사람들은 공기의 소중함을 안다. 또 돈이 없어 하루하루 끼니를 걱정해 본 사람은 돈이 얼마나 귀한 것이라는 것을 안다. 그래서 절약을 한다. 습관 중에서 제일 좋은 습관은 근면 성실한 습관이고 그보다 더 좋은 습관은 근검절약하는 습관이다. 근면 성실한 사람이 절약하면서 검소하게 생활을 한다는 것은 불순물이 없는 순금과 같은 삶을 사는 것과 같다. 앞서 나쁜 습관은 제거하기 어렵지만 좋은 습관으로 대처할 수 있다는 말의 의미를 되새기면서 나쁜 습관을 고칠 요량이면 근검절약하는 습관을 생활화하자.

07.

무사하면 무사하다

대부분 동일한 실수를 반복하는 나쁜 행동은 무료하거나 심심할 때 행하는 경우가 많다. 특히 천성적으로 뭔가를 하지 않으면 불안 증세를 보이는 사람일수록 그런 성향이 더 농후하다. 일이 없으면 그 시간에 편안히 휴식을 취하면 되는데 아무 일도 없고 무료한 시간을 견디지 못한다. 그런데 아무 일도 없는 날이 지극히 행복한 날이다. 반드시 기쁘고 즐거워야만 행복을 느낄 수 있는 것은 아니다. 기쁘고 즐겁지 않아도 슬프거나 근심 걱정이 없는 그런 날이 행복한 날이다. 그런데 대부분의 사람들은 아무 일도 없으면 뭔가 새로운 일이 일어나기를 희망한다. 어쩌면 일에 대한 욕심에서 비롯되는 것일 수도 있지만 엄밀하게 말하면 정지된 상태나 멈춰 있는 그런 상태에 놓이는 것을 견뎌 내지 못하는 데 그 원인이 있다. 한마디로 인내심이 부족한 것이다. 무료함을 좀 참으면 되는데 그 순간을 참지 못하고 뭔가 새로운 일을 벌이는 것이 습관화되어 있기 때문이다. 무료하고 심심하면 취미 생활을 하거나 비교적 건전한 일을 해야 하는데 대부분의 경우 일에 중독된 사람이나 성취욕이 강한 사람들은 일이 없는 틈을 타서 일탈을 꿈꾼다. 그래서 또다시 결과적으로 후회막심하게 될 것이라고 알면서도 기꺼이 일탈에 나선다. 그로 인해 동일한 실수를 반복한다. 하지만 동일한 실수를 반복하지 않기 위해서는 그런 날에는 아무 일도 하지 않는 것이 최상이다. 망중한(忙中閑)을 즐기면서 아무런 생각도 하지 말고 그저 무념무상의 상황에서 멍을 때리는 것도 좋다. 돌이켜 생각하면 그야말로 꿀같은 휴식의 시간이 아닐 수 없다. 그런데 그런 귀한 시간에 일탈에 나서는 것은 자신을 불행의 늪에 빠뜨리는 형국과 같다. 조용히 아무 일도 하지 않고 가만히 멍을 때리고 있다고 해서 그 누가 뭐라고 하는 사람은 없다. 그간 열심히 땀 흘리며 열정적으로 살아온 수고에 대한 보상이라 생각하고 그 시간에 평온한 휴식을 취하는 것이 상책이다.

대부분 동일한 실수를 반복하는 나쁜 행동은 그 시점에 시작된다. 실수의 크기가 다를 뿐 습관적으로 그 시간이 되면 그분(?)이 찾아온다. 아니 그분(?)이 찾아오는 것이 아니라 스스로 그분(?)을 초대한다고 해야 맞다. 왜냐하면 그분(?)을 찾으러 스스로 일탈에 나서는 사람은 그분(?)이 아니라 바로 자기 자신이기 때문이다. 그런 일이 생기지 않도록 하기 위해서는 즉각 자기와의 협상에 돌입하는 것이 상책이다. 이때 자기 마음 안에서 선과 악이 싸우면 필연적으로 악이 이긴다는 생각을 가지고 협상에 임하는 것이 필요하다. 오랜 기간 잠재의식 속에 터줏대감으로 군림하고 있는 나쁜 습관이란 녀석을 쉽게 설득할 수는 없다. 의식적으로 제아무리 일탈을 하지 않으려고 해도 무의식과의 협상에서 패배할 확률이 높다. 그러므로 그런 때는 아예 협상을 피하는 것이 상책이다. 그런 순간에 동일한 실수를 반복했다면 그런 순간에는 자기 자신과 소통을 하기보다는 무관심으로 일관하는 것이 상책이다. 일탈에 나서면 안 된다는 객관적인 현실만을 생각하면서 무관심으로 일관하면 아무 일도 일어나지 않는 날에 진짜 아무 일도 일어나지 않을 것이다. 만약 공허하고 무력감을 느낀다면 공허함과 무력감을 그냥 수용하면 된다. 한마디로 마이동풍(馬耳東風)의 자세로 천연덕스럽게 그 순간을 모면하면 된다. 정히 무료하고 심심한 순간에 도저히 참을 수 없는 공허함과 무력감을 느낀다면 무조건 사랑하는 가족과 대화를 나누는 것이 최상이다. 가족이 곁에 없다면 전화로 대화를 나누면 된다. 그것도 싫다면 음악을 들으면 기분이 한층 좋아질 것이다. 조물주가 인간에게 무력감을 주고 공허함을 준 것은 쉬면서 그 시간을 이용하여 사랑하는 사람들과 진솔하게 정담을 나눌 수 있도록 하기 위해서이다. 그런데 그런 참뜻을 헤아리지 못하고 그런 시간마저 자기 마음껏 하고 싶은 것을 하려고 하니 조물주가 벌을 내리는 것이다. 그러므로 쉴 때는 쉬어 가자. 아무 일도 없고 무료하다는 것은 그간 참으로 열심히 살아왔다는 방증이다. 열심히 일하고 쉼 없이 달려왔으니 그런 시간이라도 소모된 에너지를 충전하고 활력을 되찾는 시간으로 활용하자. 그럼에도 불구하고 일탈에 나서려는 마음이 든다면 자기는 이미 일탈을 마치고 복귀했다고 심리적 현실인 무의식에 하얀 거짓말을 하면 된다. 무의식은 참인지 거짓인지를 알지 못한다. 그냥 무조건 객관적인 현실이 말하는 대로 새길 뿐이다. 그 점을 활용해서 자신은 일탈에서 돌아와 현실에 임하고 있다고 무의식에 말하면 된다. 그러면 한껏 기분이 고조되는 것을 느낄 것이다. 그렇게 시간을 끌면서 일탈에 나서는 시간을 지연시키면 다시금 원래의 상태로 돌아오게 된다. 세상에서 제일 강한 사람을 자기를 이기는 사람이라고 하는 말은 자기를 이기는 사람은 없다는 것을 반증한다. 나는 세상에서 가장 강한 사람이 누구인지 아직도 모른다. 실제로 자기를 이기는 싸움은 단 한 번으로 끝나는 것이 아니라 죽을 때까지 계속된다. 일진일퇴(一進一退)를 거듭하며 지금 이 순간에도 자기와의 싸움은 계속되고 있다.

결과적으로 무료하고 심심한 순간에 별다른 일을 만들려고 애쓰지 말고 그 시간 역시 무료하고 심심한 일을 하고 있다는 생각을 하면 된다. 무료하고 심심하다고 생각하는 것은 자기의 생각이다. 다른 사람이 그 모습을 보면 아무런 근심 걱정 없이 지극히 고요하고 평온하게 지낸다고 느낄 것이다. 아마도 다른 사람들은 그런 순간이 오기를 고대하면서 사투를 벌이며 혼신의 힘을 다해 일을 할 것이다. 성격상 무슨 일을 하든 간에 주도적으로 행동하는 성격을 지녔다면 자기 뜻대로 되지 않을 때 특별히 행동에 신중을 기해야 한다. 그런 사람은 자기 뜻대로 일이 풀리지 않을 때 컨디션이 극도로 악화되는 성향을 보인다. 그러므로

나쁜 습관 다루기

그런 상태에 있을 때 특히 행동거지에 신중을 기하는 것이 나쁜 행동을 행하는 횟수를 줄이는 길이다. 이때 무엇보다 우선되어야 하는 생각 중 하나는 어떤 상황에 처해도 행복하면 그만이라는 생각으로 자기의 감정 상태를 안정시키는 것이다. 나쁜 행동을 하게 되는 대부분의 이유가 과도한 스트레스로 인해 불안정한 상태에 있을 때 발생한다는 것을 감안하면, 행복하면 그만이라는 말 자체만으로 마음의 안정을 꾀할 수 있을 것이다.

08.

중용을 실천한다

　동일한 실수를 반복적으로 하는 나쁜 행동을 고칠 요량이면 모든 일을 행함에 있어 평형을 유지하는 것이 필요하다. 평형을 유지한다는 것은 중용의 상태를 유지하는 것이고 경계에 머무는 것을 의미한다. 물질이 화학적으로 결합을 할 때 상호 균형과 평형을 이루는 상태가 가장 안정된 상태이다. 마찬가지로 마음과 몸의 무게 중심이 중심에 위치하도록 생활하는 것이 평형을 유지하는 삶이다. 보는 관점에 따라 평형을 유지하는 삶은 악센트가 없는 건조한 삶이라고 할 수도 있다. 또 자기 색깔이 없이 이래도 좋고 저래도 좋다는 식으로 대하는 것은 모호함을 주기도 한다. 하지만 평형의 삶을 사는 것이 나쁜 행동을 행하지 않게 하는 밑거름이 된다. 저울추가 평형을 이룬 상태가 될 때 안정을 찾

나쁜 습관 다루기

듯이 우리네 삶은 평형 상태에 있을 때 안정을 이룬다. 그래서 평형의 삶을 사는 사람들은 조화로운 상태에서 균형을 이루는 삶을 산다. 조화와 균형을 이루는 삶은 자기뿐 아니라 주변 사람들에게 마음의 안정을 준다. 대부분 나쁜 행동을 하는 원인 중 하나는 불균형이나 불안정에서 비롯되는 경우가 많다. 과도한 스트레스로 인해 심적으로 무게 중심이 좋지 않은 감정 쪽으로 쏠리게 되면 자기도 모르게 마음의 불안정에 기인하여 감정적으로 행동하는 경향이 있다. 또 육체적인 피로로 인해 이성적인 판단을 하지 못하고 감정적이고 즉흥적으로 자기도 모르는 찰나의 순간 나쁜 행동을 하게 되는 경우도 있다. 그러한 일련의 행동이 심적으로 불균형 상태에 있거나 육체적인 에너지가 평형을 이루지 못한 상태에서 비롯되는 경우이다. 마찬가지로 나쁜 행동을 하는 궁극적인 원인 또한 평형 상태를 이루지 못한 상태에서 발현된다. 평형을 이루는 삶은 심신의 에너지가 완전히 방전이 되지 않고 안정 상태를 유지하는 상태이다. 에너지가 충만하면 기분이 들떠 있는 상태에서 평소와 다른 선택을 하게 되고 평소와 다른 행동을 한다. 정상적이고 평정심을 이룬 상태에서 선택하고 결정해서 행동하는 것이 아니라 비정상적인 선택에 기인하여 비정상적으로 행동한다.

사실 나쁜 행동을 하게 되는 보다 궁극적인 원인은 좋은 행동을 너무 많이 했기에 그러하다. 우리네 삶은 평형을 이루려는 속성을 지녔다. 음이 양을 만나려고 하는 것처럼 우주 삼라만상의 모든 것들은 서로 평형을 이루려는 속성을 지녔다. 그렇게 볼 때 현재 나쁜 행동을 한다는 것은 과거 좋은 행동을 많이 했다는 것을 반증한다. 나쁜 행동을 더 해야 평형 상태를 이룰 수 있기 때문에 나쁜 행동을 하는 것이다. 그렇게 볼 때 좋은 행동은 직접 행하고 나쁜 행동은 간접적인 상상으로 하는 것도 나쁜 행동을 하지 않는 방법 중 하나이다. 모든 사람들의 마음에는 천사와 악마가 함께 병존하며 살고 있다. 자기가 지내 온 과거의 삶을 따져 보면 천사와 악마의 삶을 반반씩 살아왔다는 것을 쉽게 발견할 수 있을 것이다. 다만 우리의 기억이 나쁜 행동으로 인해 경험한 충격적인 좋지 않은 일들이 깊게 각인되어 있기에 보기에 따라 악마의 삶을 더 많이 살았다고 생각한다. 그래서 후회 없는 인생을 사는 사람은 거의 없다. 존 고든이 후회 없는 삶을 살기 위해서 노력했듯이 일정한 계기로 인해 자기가 살아온 인생을 뒤돌아보면서 후회를 하는 것이 인간의 속성이다. 어쩌면 나쁜 행동을 고치려고 하는 이 순간이 천사의 삶과 악마의 삶을 평형 상태로 살아온 삶의 순간일지도 모른다. 그런 평형 상태에서 다시금 시작한다는 생각을 하자. 아울러 좋은 행동은 100개를 행해도 나쁜 행동 1개에 준하는 무게를 지녔다. 즉 나쁜 행동을 1개 감량하기 위해서는 좋은 행동 100개를 해야 한다. 또 좋은 행동을 하는 데 소요되는 기간은 100일이 걸리지만 나쁜 행동을 하는데 소요되는 시간은 1일도 걸리지 않는다. 좋은 행동이 갖는 무게보다 나쁜 행동이 갖는 무게가 100배 이상이 된다는 것을 생각하면 나쁜 행동을 하지 말아야 하는 이유는 충분하다. 좋은 행동과 나쁜 행동의 무게 차이가 이토록 크다면 좋은 습관과 나쁜 습관의 무게 차이는 상상을 초월한다고 할 수 있다. 나쁜 행동을 고치기 위해서는 좋은 행동을 많이 하는

나쁜 습관 다루기

것이 상책이라는 말의 의미에는 나쁜 행동의 무게와 평형을 이루기 위해서는 수없이 많은 좋은 행동을 해야 한다는 의미가 함축되어 있다.

평형이론을 생각하면 『중용』을 생각하게 된다. 『중용』은 공자의 손자 자사가 저술한 책이다. 『중용』 1장에 중용은 가운데가 아니며 고정된 것이 아니라 상황에 따라 가장 최고 적정한 상태를 유지하는 것이라는 말이 있다. 고정불변하게 가운데를 유지하는 것이 아니라 상황에 따라 역동적으로 편향되지 않고 최고 적정한 상태를 유지하는 것이 평형 상태를 유지하는 것이다. 저울추가 한쪽으로 기울기 시작하면 신속하게 쏠리는 쪽 접시의 무게를 덜어 내거나 반대쪽 접시에 추를 올려놓아야 평형 상태를 유지할 수 있듯이 나쁜 행동을 하게 되면 이미 평형 상태를 잃게 되는 것이다. 그러므로 나쁜 행동을 하기 전에 좋은 행동 쪽의 무게를 무겁게 한다는 생각으로 신속하게 좋은 행동을 행하는 것이 바람직하다. 즉 나쁜 행동을 해야 하는 생각이 드는 순간은 좋은 행동을 하는 순간이라는 생각을 해야 한다. 그래야 좋은 생각으로 인해 좋은 행동을 하게 된다. 한편, 풍선효과에서 말하듯이 한쪽이 강하면 다른 쪽이 약해지고, 어느 한쪽에 신경을 쓰다 보면 다른 쪽에 신경을 쓰지 못하는 경우가 생기게 된다. 즉 나쁜 행동을 하게 되는 나쁜 습관을 고치는 데 신경을 쓰다 보면 그간 잠재의식의 무의식 속에 잠들고 있던 다른 나쁜 습관이 고개를 들 수 있다. 그러므로 어느 한쪽에 국한되어 모든 전력을 그곳에 투여하는 것보다는 일정한 수준에 이르면 다른 쪽에도 신경을 써야 한다. 술로 인해 나쁜 행동을 하게 되는 나쁜 습관을 고치기 위해 온통 술을 끊는 것에 신경을 쓰다 보면 그간 술로 인해 맺어진 대인관계가 소원해질 수 있다. 그러므로 술도 끊고 사람들과의 관계를 지속적으로 유지하기 위해서는 어떻게 행동해야 하는가에 대한 대안을 마련해서 나쁜 습관을 고치는 것에 전심전력을 기울여야 한다.

09.

자기 안에 답이 있다

　나쁜 습관을 고칠 요량이면 우선적으로 습관은 어떻게 형성되는지에 대해 아는 것이 필요하다. 지피지기면 백전불태이다. 먼저 자기와 싸움을 해야 하는 상대방에 대해서 아는 것이 필요하다. 또 자기를 극히 객관적으로 분석해서 자기라는 사람은 어떤 사람인지에 대한 자기 속성도 알아야 한다. 습관은 몸에 익은 반복되는 행동이다. 습관이 몸에 익었다는 말의 의미에는 몸이 죽지 않는 한 습관은 결코 죽지 않는다는 것을 내포하고 있다. 좋은 습관이든 나쁜 습관이든 습관은 몸에 익은 행동이다. 머리로 아는 것이 아니라 몸이 알고 반응을 한다는 점에서 일반적으로 머리를 아는 것과 다른 범주에 속한다. 우리의 두뇌 기억은 크게 장기기억과 단기기억으로 분류한다. 오래도록 기억하는 것은 장기기억이고 시간이 지나면 망각하는 기억이 단기기억이다. 습관은 장기기억에 속한다. 장기기억에 담겨 있는 것들은 공통적으로 심리적으로 큰 충격을 받았거나 반복해서 하는 것들이다. 그래서 생명이 위험할 정도의 충격적인 사건이나 심적으로 크게 충격을 받은 일들은 쉽게 망각하지 않는다. 그것은 습관의 문제가 아니라 기억의 문제이다. 그래서 그런 것은 습관이라고는 하지 않는다. 계속 반복적으로 행하는 것들이 장기기억에 저장되는데 그것이 무의적으로 행해지는 습관이다. 습관으로 형성된 행동은 공통적으로 반복했다는 것이 핵심이다. 또 반복해서 하는 생각이나 행동은 장기기억에 저장되고 그것이 오랜 시간 지속되면 이제는 머리로 생각하지 않아도 몸이 알아서 움직이는 습관으로 형성된다. 습관의 형성은 본능적인 욕구에서 비롯되는 경우가 많다. 또 동물적인 욕구로 분류되는 본능적인 욕구와 연관된 것들이 주로 습관으로 형성된다. 편식하거나 과식을 하는 것은 식욕의 욕구에서 비롯된 나쁜 습관이고, 성적인 욕구 충족을 위해 성범죄를 반복적으로 행하는 것은 성욕에서 비롯된 습관이다. 나쁜 습관의 특성 중 하나는 쾌락을 추구하는 욕구에서 비롯되는 경우가 많다. 등산을 하는 사람이 힘들게 정상에 오르는 것은 정상에서 느끼는 쾌감을 만끽하기 위해서이다. 마찬가지로 나쁜 습관은 대개의 경우 일상적인 생활에서 느끼지 못하는 특별한 쾌락을 느끼고 싶어 하는 욕구에서 비롯된다. 마약이나 도박에 중독되는 것 등이 바로 그러한 종류의 나쁜 습관에 속한다. 또 심리적으로 긴장하거나 심적으로 견디기 힘든 과한 스트레스 상황에 처했을 때 비롯되는 경우가 많다. 스트레스를 풀기 위해 술을 마시거나 담배를 피우는 것도 일련의 그런 유형의 습관이다. 또 자기만의 개성을 표출하는 것에서 비롯되는 경우도 있다. 습관적으로 침을 뱉거나 쓰레기를 함부로 아무 데나 버리는 것, 예의 없이 말을 함부로 하는 것, 운전 중 새치기를 하는 것 등 기본적인 예절에서 벗어나 행동을 하는 것도 일련의 자기만의 개성을 표출하는 것이다. 자기의 개성을 표현하기 위해 하는 그러한 행동은 사회적인 규범에 반하고 비도덕적이라서 사회적으로 문제가 되지만 그러한 것도 일련의 개인의 개성을 표출하는 시그니처(Signature)이다. 특별히 나쁜 습관은 본능적인 욕구 등 이상과 같은 복합적인 요인에 의해서 비롯되는 경우도 있지만 그러한 것들이 복합적으로 융합되어 특정한 행동을 하는 것도 일련의 나쁜 습관을 형성하는 데 적잖은 영향을 준다. 과소비와 낭비벽 등이 그런 유형의 대표적인 나쁜 습관이다. 아울러 습관의 형성에는 자기 주변의 환경적인 요건이 미치는 영향이 크다. 술을 마실 수밖에 없는 환경이라면 술을 마실 수밖에 없고, 공부를 할 수밖에 없는 환경이면 공부를 할 수밖에 없다. 맹자의 어머니가 맹자를 교육하기 위해 세 번 이사를 했다는 맹모삼천지교(孟母三遷之敎)가 말하듯이 환경이 습관 형성에 미치는 영향은 크다. 특히 사람의 습관은 함께 자주 어울리는 사람에 의해서 형성되는 경우가 많다. 술을 마시는 집단에서 생활하는 사람은 술을 마실 확률이 높고, 공부를 하는 분위기가 주를 이루는 집단에서는 공부를 할 확률이 높다. 그렇다. 좋은 습관을 형성하느냐 혹은 나쁜 습관을 형성하느냐는 환경에 달려 있다. 흔히 습관을 이야기할 때 무의식적으로 하는 행동이라고도 말한다. 이는 생각해서 이성적으로 행동하는 것이 아니라 감정적이고 본능적으로 행동한다는 것을 의미한다. 대부분의 습관은 인간의 생명에 위협을 느낄 때 본능적으로 행동을 하듯이 무의식적으로 행해지는 것이다. 의식하면 행하지 않을 행동도 무의식적으로 행하는 것이 습관이다. 대부분의 습관 중 욕구 충족과 불만과 불안에서 벗어나고자 하는 것에서 비롯되는 습관이 나쁜 습관으로 형성되는 경우가 많다. 그렇게 생각하면 나쁜 습관을 고치는 것은 쉽다는 생각도 든다. 욕구를 억제하고 불만을 갖지 않으며 심리적으로 안정된 생활을 하면 되기 때문이다. 하지만 욕구 충족에서 비롯되는 나쁜 습관은 쉽게 고칠 수 없는 습관이다. 왜냐하면 인간은 욕구를 충족하도록 기질적으로 형성되었기 때문이다. 인간이 신이 아닌 이상 욕구에서 자유로울 수 없다는 점을 생각하면 나쁜 습관을 제거하는 것이 얼마나 어려운지 가히 짐작 가능하다. 그렇다고 해서 모든 것을 포기하고 깊은 산속으로 들어가거나 혼자 수도원에 들어가 수도를 할 수는 없는 노릇이다. 제아무리 천국이 좋다고 해도 지옥 같은 현실을 버리고 천국에 들어가고 싶은 사람은 없다. 또 나쁜 습관 하나를 제거하기 위해 속세를 떠나 수도를 하는 사람도 없다.

대부분의 많은 사람들이 나쁜 습관과 함께 불편한 동거를 하면서 산다. 결국 피할 수 없다면 즐기는 수밖에 없다. 즉 속세를 벗어나 살지 않는 이상 나쁜 습관과 불편한 동거를 할 수밖에 없다. 좋은 습관을 행하는 사람도 자기이고, 나쁜 습관을 행하는 사람도 자기이다. 본격적으로 나쁜 습관을 고치기 위한 자기와의 소통에 들어가기에 앞서 나쁜 습

나쁜 습관 다루기

관이 형성되는 속성에 대해서 다시 정리해 보자. 나쁜 습관이 형성되는 본질적인 원인이라고도 할 수 있는 속성은 욕구를 충족하려는 마음, 불만을 표출하려는 마음, 스트레스 등 불안정한 심리상태에서 벗어나려는 마음, 그리고 정서적으로 불안정한 상태에서 안정을 찾고 싶어 하는 마음, 쾌락을 느끼고 싶어 하는 마음에서 비롯된다. 그러므로 우선적으로 나쁜 습관을 고칠 요량이면 그런 마음이 생기지 않도록 해야 한다.

10.

자기는 능력자다

　동일한 실수를 반복하지 않으려면 실수하는 자기도 자기의 일부라는 생각을 하는 것이 바람직하다. 그런 자기를 부정하는 것은 자기 스스로 자기 합리화에 빠질 우려가 적잖다. 아울러 자신은 앞으로 그런 행동을 하지 않을 사람이라는 확신을 가져야 한다. 즉 자신은 이제 그런 어리석은 행동을 결코 하지 않는 사람으로 거듭났고, 이제는 과거의 자기가 아니라 새로운 자기로 수준이 더 나아졌다고 생각해야 한다. 또, 의식 수준도 보통사람보다 뛰어난 사람이라고 생각한다. 또 동일한 실수를 반복하는 어리석은 행동은 하수나 자기보다 못한 사람들이 하는 저질스러운 행동이고, 자기와는 전혀 무관한 것이라는 생각을 갖는 것이 필요하다. 이렇듯 자기 스스로 특별한 탄생설화를 지닌 신비로운 능력을 갖고 태어난 사람이라는 선민의식이 보통사람들과는 다른 행동을 하게 하는 단초가 된다. 자기만의 상상과 착각 속에서 사는 것은 그리 좋은 것은 아니지만 나쁜 습관을 고치는 데 명약이다. 자기는 일반 사람과는 다른 뭔가를 가졌다고 생각하는 사람은 자기 스스로 그런 사람에 걸맞은 인격과 자질을 갖추기 위해 노력한다. 또 실제로 그런 사람답게 행동하기 위해 품격과 품성을 기른다. 그래서 그런 사람은 겉으로 드러나는 아우라가 남다르다. 또 굳이 대화를 하지 않아도 보는 것만으로도 기품이 있어 보인다. 마찬가지로 자기 생각 속에서 자기는 보통사람들과는 수준이 천지 차이라는 선민의식을 가지면 그런 사람으로 거듭나게 된다. 그런 사람인 양 착각 속에서 하는 행동이 위선된 행동이지만 그런 것이 반복되면 실제로 그런 자기 착각 속의 상상인물이 실제로 만들어진다.

지구상에 있는 모든 만물은 누군가의 창의적인 상상 속에서 만들어진 걸작이다. 인간 역시 조물주의 상상으로 빚어진 걸작이라는 점을 생각해서 선민의식을 가지고 생활한다면 상상 속의 자기가 현실로 드러날 것이다. 시뮬레이션 기법과 이미지 기법이 주는 효과가 말하듯이 사람은 생각으로 만들어진다. 감옥에서 상상으로 골프 연습을 했던 사람이 골프 대회에서 1등을 하거나, 객관적으로 불가능하다고 생각하는 일을 이룬 경우를 보면 상상이 현실이 된다는 것은 그저 꿈같은 이야기가 아니다.

11.

비우면 가볍다

앞서 나쁜 습관을 고칠 요량이면 정서적으로 안정된 상태에서 자기의 무의식과 소통의 시간을 가져야 한다고 언급한 바 있다. 그런데 정서적 안정을 기하기 위해서는 마음의 욕심을 버려야 한다. 근심 걱정 없이 마음이 편안하면 정서적으로 안정된 상태이다. 근심 걱정은 주로 욕심에서 비롯된다. 그러므로 마음의 근심 걱정을 제거하기 위해서는 가장 우선적으로 마음에 담겨진 욕심을 내려놓아야 한다. 한때 부는 악이고 가난은 선이라는 말이 회자됐다. 그래서 사람들의 뇌리에 돈을 많이 가진 사람들은 악행을 많이 행한 사람이라는 인식이 강했다. 하지만 공자가 『논어』에서 정당하게 부를 축적하는 것은 좋은 것이라고 했듯이 부를 축적하는 것 자체가 악은 아니다. 그 말은 사람들이 돈에 너무 집착하는 것을 예방하는 차원에서 나온 말이다. 중요한 것은 부를 축적한 사람이 그 돈을 어떻게 사용하는가에 있다. 인간의 오욕 중에 재물욕이 있을 정도로 사람들은 누구나 돈에 대한 욕심이 강하다. 99섬 가진 사람은 1섬을 더 채워서 100섬을 만들려고 하는 욕심이 있을 정도로 돈을 축적할수록 더 많은 부를 축적하려고 하는 것이 인간의 본능적인 욕구이다. 그런 욕구를 억제하고 자신이 축적한 부를 가난한 사람을 위해 쓰거나 공공의 이익과 사회발전을 위해 기부한다면 그 돈의 가치는 무한하다. 그런 나눔과 베품의 생활이 나쁜 습관을 고치게 하는 단초가 된다. 『성경』에 하늘에 부를 쌓는 사람은 천국에 임한다는 말이 있는데 부를 선하게 나누고 베푸는 사람은 하늘에서 복을 내린다. 나누고 베푸는 마음은 욕심을 버리는 마음이고 자기 마음 안에 있는 근심 걱정을 버리는 행위이다. 또 욕심은 나쁜 행동을 하게 하는 단초가 되고 나눔은 좋은 행동을 하게 하는 단초가 된다.

사실 나쁜 행동과 좋은 행동을 구분하는 기준은 모호하다. 중요한 것은 더불어 함께하는 사람들에게 나쁜 영향을 주면 나쁜 행동이고, 제아무리 좋은 행동이라고 해도 다른 사람들에게 나쁜 영향을 준다면 그것은 나쁜 행동이다. 그러므로 다른 사람들이 객관적으로 평가하기에 좋은 행동이라고 하는 행동을 해야 한다. 나누고 베풀 때 느끼는 희열을 경험한 사람은 계속해서 나누고 베풀려고 한다. 반면에 자기 안에 욕심을 채우고 과정에서 쾌감을 느끼고 보람을 느끼는 사람은 그런 행동을 계속하려는 속성이 있다. 요즘은 기업도 사회적인 기업의 차원을 넘어서 기업시민으로 거듭나기 위해 애쓰고 있다. 자사의 이익만을 추구하는 기업은 이제 현실에서 도태될 수밖에 없다. 또 탄소 중립 등 지구 환경을 지키고 보호하기 위한 노력을 등한시하면 사회적으로 지탄을 받는다. 이제는 지구촌 모든 사람들에게 이익이 되는 경영을 하지 않으면 기업 자체가 흔들릴 수밖에 없는 사회가 됐다. 이와 마찬가지로 어렵고 힘든 사람을 돕는 것에 관심을 가지고 있는 사람은 나쁜 행동을 할 확률이 낮다.

행복의 요건 중 가장 핵심적인 요인은 정서적인 안정이다. 정서적으로 안정된 사람이 행복하다. 나쁜 행동을 하는 궁극적인 원인은 심리적인 불안정에서 비롯된다. 사실 심리적으로 불안정한 상태에서는 올바른 선택을 할 수 없다. 감정의 불안정에 기인하여 이성적으로 선택을 하기보다는 감정적으로 선택하기 때문이다. 이성은 의식의 영역이고 감정은 무의식의 영역이다. 또 이성은 생각의 영역이고 감정은 행동의 영역이다. 이성적으로 생각하고 좋은 선택을 하고 좋은 행동을 한다면 나쁜 행동을 할 확률이 낮다. 앞서 습관의 속성 중 하나는 감정적으로 쾌락을 느끼게 하는 본능적인 욕구를 충족하기 위한 것에서 발생된다고 했던 말을 기억하는가? 그렇다. 본능적인 욕구는 감정적인 쾌락을 추구하려는 것에서 생긴다. 그래서 감정적으로 행동한다는 것은 본능적으로 행동한다는 것을 의미한다. 또 심리적으로 불안하다는 것은 이성이 마비가 되어 간다는 것을 의미한다. 즉 심리적인 불안이 이성의 마비를 가져오고 이성이 마비되어 이성적인 생각하기에 앞서 감정적으로 행하는 것이다. 그러므로 나쁜 습관을 고칠 요량이면 심리적인 안정을 꾀하는 것이 무엇보다 필요하다. 정서적이고 심리적인 안정은 욕구를 버리는 것에서 시작된다. 즉 욕구를 내려놓으면 어느 정도 심리적인 안정을 취할 수 있다. 법정 스님의 『무소유』를 읽거나 노자의 무위자연 사상이 담겨 있는 『도덕경』을 읽지 않아도 욕구를 버리는 것은 쉽다. 두뇌 학자들은 인간이 욕구를 버리면 무기력해지고 우울증에 빠진다고 말한다. 물론 모든 욕구를 버리라는 것은 아니다. 나쁜 행동을 하게 하는 원천이 되는 욕구를 버리라는 것이다. 육체적인 쾌락을 추구하려는 욕구나 부와 명예와 권력을 취하려는 욕구만 버려도 나쁜 습관의 8할 이상은 제거할 수 있다. 늦잠을 자는 나쁜 습관은 수면욕에서 비롯되고, 성적으로 문란한 생활은 성욕에서 비롯된다. 수단과 방법을 가리지 않고 권력이나 명예를 추구하려는 것은 명예욕에서 비롯된다. 또 이기적으로 재산을 모으는 것은 재물욕에서 비롯된다. 이상과 같은 인간의 오욕(五慾)이라 불리는 5가지 욕구만 버려도 아니 그런 욕구만 절제해도 나쁜 습관이 8할 이상 준다. 오욕의 특성 중 가장 무서운 특성은 바로 만족이 없다는 것이다. 앉으면 눕고 싶고 누우면 잠을 자고 싶은 것과 같은 속성이 오욕의 속성이다. 그러므로 자신의 나쁜 행동이 어떤 욕구에서 비롯되는 것인지를 먼저 아는 것이 중요하다. 그래서 그 욕구를 절제할 수 있는 자기만의 방법을 찾아서 생활한다면 나쁜 습관을 정복하는 것도 그리 어려운 일이 아니다.

DEALING WITH BAD HABITS

CHAPTER 6.

위기관리
스킬

01.

위기관리의 중심에 사람이 있다

제아무리 철저하게 준비하고 빈틈없이 방비해도 위기는 찾아온다. 어떤 경우에는 눈에 훤히 보이는 위기인데 막지 못하는 경우도 있다. 또 지극히 평범한 일인데, 어처구니없는 실수를 해서 스스로 위기를 자처하는 경우도 있다. 그러므로 위기가 발생되는 것을 줄이기 위해서는 기본적으로 상식적인 수준에서 지켜야 하는 기준과 원칙을 반드시 지켜야 한다. 더불어 모든 일은 자기에게서 비롯되는 결과라는 것을 인식하고, 자신이 행해야 하는 바를 올곧게 행한다면 그다지 큰 위기는 발생되지 않을 것이다. 한편 자기가 신중하게 행해도 간혹 타인에 의해 위기에 빠지는 경우도 있다. 그러므로 타인의 말에 마음이 흔들리지 않아야 한다. 특히 전문가의 말이라고 해서 맹신(盲信)하지 말고 살피고 또 살펴야 한다. 이외

나쁜 습관 다루기

에도 권모술수가 뛰어난 사람의 간계에 걸려 함정에 빠지는 상황이 도래할 수 있으므로 늘 사람 경계를 늦추지 말아야 한다.

한비는 『한비자』에서 사람은 손익(損益)에 따라 마음을 달리하기 때문에 사람을 믿지 말아야 함을 누차 강조하고 있다. 사실 이해관계가 얽히지 않으면 위기가 발생될 여지는 적다. 그러므로 이해관계가 얽혀 있거나 갈등이 발생될 여지가 있는 사람은 특별히 신중하게 교류해야 한다. 특히 자기와 절친한 사람이 등을 돌리지 않도록 주의해야 한다. 왜냐하면 자기의 속내를 훤히 아는 사람이 자신을 공격하면 속수무책(束手無策)으로 당할 수 있기 때문이다. 공자는 『논어』에서 가까이 있는 사람을 기쁘게 하면, 멀리 있는 사람이 자연스럽게 찾아온다고 했다. 그렇다. 자기와 가까이하는 사람에게 호의를 베풀면 멀리 있는 다른 사람들에게 덕이 있는 사람으로 알려져서 자기 주변에 사람이 많아지게 된다. 내가 남을 대하는 태도가 남이 나를 대하는 태도이다. 사람만큼 큰 위기를 가져오는 것도 없다. 그러므로 주변 사람들을 무조건 믿기보다는 조금이라도 의심을 해야 위기가 발생되는 것을 줄일 수 있다. 물론 모든 사람을 의심하라는 말은 아니다.

『명심보감』에서는 선한 사람에게는 하늘에서 복을 내리고 악한 사람에게는 벌을 내린다고 하지만 요즘에는 선한 사람이 오히려 사기를 당하는 경우가 많다. 그러므로 의심을 바탕에 깔고 믿음을 갖는 것이 상책이다. 소객택인(김客擇人)이라는 말이 있다. 이 말은 사람을 잘 가려서 사귀어야 욕을 당하지 않는다는 말이다. "친구 따라 강남 간다"는 속담이 있듯이 위기관리 차원에서 볼 때 어떤 사람을 사귈 것인가는 매우 중요하다. 공자는 자기보다 못한 사람과는 거리를 두어야 하고, 가급적 자기와 뜻이 같은 사람과 어울려야 한다고 말한다. 그렇다. 위기가 발생되는 것을 줄이기 위해서는 사람도 취사선택해서 만나는 것이 바람직하다. 봉황은 자신이 앉을 곳이 아니면 앉지 않는다. 마찬가지로 자신이 섬겨야 하는 사람 역시 자신에게 위기를 줄 사람인지 아닌지를 잘 판단해서 섬기는 것이 위기를 줄이는 길이다. 결론적으로 위기를 피하고 기회를 맞기 위해서는 위기를 가져올 가능성이 높은 사람은 피해야 하고, 기회를 가져올 가능성이 높은 사람과 지내야 한다. 사람 사는 곳에서는 사람이 알파이자 오메가이다.

02.

교두보를 확보해야
기회가 온다

　위기가 발생되는 것을 미연에 방지하기 위해서는 가장 기본적으로 안전이 확보되어야 한다. 인간은 기본적인 의식주가 해결되면 안정된 상태를 유지하고 싶어 하는 욕구가 생긴다. 우리네 생활은 모든 부문이 함께 연계되어 있다. 그래서 한쪽에서 불안전한 위기가 생기면 다른 분야에서도 불안전한 위기가 초래될 확률이 높다. 그러므로 어느 한쪽 분야에 치중해서 국부적인 안전을 기대하기보다는 전방위에 걸쳐 안전을 확보해야 한다. 그중 가장 먼저 확보해야 하는 것은 자신의 생존권 확보를 위한 교두보를 마련하는 것이다. 제갈공명이 융중대에서 유비에게 천하삼분지계(天下三分之計) 전략을 제시하면서, 천하통일을 위해서는 형주를 주요 근거지로 삼아야 한다고 했던 것처럼 자기 생활의 근간을 이루는 근거지를 마련해야 한다. 그 근거지는 지리적 기반이 될 수 있고, 자신과 끈끈한 유대관계가 형성된 인맥이 될 수도 있다. 중요한 것은 외부 세력에 쉽게 침해당하지 않거나 적으로부터 쉽게 공격당하지 않을 정도의 세를 형성하고 있어야 한다는 점이다. 그래야 위기 없는 안정된 생활을 유지할 수 있다. 그런 연후, 외세에 공격당하지 않도록 철저하게 수비하고, 필요시 공격도 해야 한다. 익히 아는 바와 같이, 전쟁에서 승리하기 위해서는 적에게 약점을 보이지 말아야 하고, 적의 강점을 무력화시킬 수 있어야 한다. 또 자신의 강점으로 적의 약점을 쳐야 쉽게 승리할 수 있다. 한비 역시 『한비자』에서 군주는 세(勢)를 형성해서 다른 사람들이 함부로 넘볼 수 없게 해야 하고, 법(法)을 만들어서 상벌에 따라 백성을 다스리며, 술책(術策)으로 위기 상황을 잘 극복해야 한다고 했다. 마찬가지로 자기에게 위기가 발생되는 것을 예방하기 위해서는 세법술로 자기의 입지를 강하게 하는 정치를 해야 한다. 직장인의 경우 제아무리 성과를 많이 내도 사내 정치에 의해 그 성과가 폄하되는 위기에 처할 수 있다. 즉 성과를 내는 동안 소홀히 했던 관계 측면의 약점을 부각시켜, 성과를 폄하시키는 사내 정치에 휘둘리게 된다. 그러므로 성과 중심의 직장생활을 하더라도 기본적으로 사내 정치에 휘둘리지 않을 정도의 세(勢)를 형성하고 있어야 한다.

사실 정치의 본질은 세를 형성하는 데 있는 것이 아니라, 사람의 마음을 얻는 것에 있다. 결과적으로 정치는 우군의 세력을 강화하는 것이고, 적군의 세력을 약화시키는 것이다. 중요한 것은 역사는 강한 자에

나쁜 습관 다루기

의해 써진다는 점이다. 그러므로 강한 힘을 가진 사람들에 의해 위기에 처하지 않기 위해서는 사내 정치를 통해 자신의 세력을 견고히 하는 것도 필요하다. 즉 직장생활을 하면서 일만 열심히 할 것이 아니라, 주변에 자기편을 많이 만들어야 한다. 그래서 필요시 그들의 힘으로 자기에게 발생될 수 있는 위기를 사전에 예방해야 한다. 아울러 군주가 세법술에 의해 정치적 입지를 견고히 하듯이 성과 중심의 활동으로 인해 얻어진 결실을 더욱 돋보이게 해야 한다. 아울러 그 결실에 따른 이익은 다른 사람에게 돌리고, 자신은 명분을 취해야 한다. 그러면 성과와 관계라는 두 마리 토끼를 다 잡아 쉽게 무너지지 않는 교두보를 확보하게 될 것이다.

03.

시간을 지배하는 자가
기회를 잡는다

삶에서 발생하는 위기를 줄이기 위해서는 시간(時間)이 주는 위기를 줄이는 데 힘써야 한다. 그런데 시간이 주는 위기는 통찰력(洞察力)이 없으면 쉽게 발견할 수 없다. 왜냐하면 미래를 명확하게 예측할 수 없기 때문이다. 그러므로 시간으로 인해 발생되는 위기를 줄이기 위해서는 무엇보다 통찰력을 기르는 것에 주력해야 한다. 그래서 현재의 상황으로 미뤄 볼 때, 앞으로 무슨 일이 벌어질 것이라는 것을 예측하고, 그것을 토대로 현(現)시점에 무슨 일을 어떻게 해야 할지에 대한 전략을 세워야 한다. 아울러 시간적인 여유가 확보된 상태에서 행동하는 것이 바람직하다. 왜냐하면 시간에 쫓기다 보면 평소와는 다른 프로세스에 의해 불안전한 행동을 할 확률이 높기 때문이다. 아울러 자기 시간의 주

나쁜 습관 다루기

도권을 확보하는 것이 중요하다. 익히 아는 바와 같이, 모든 사람들에게 동일하게 주어진 것 중 하나는 시간이다. 그런데 주어진 역할과 책임에 따라 하루 24시간 중 자기의 시간을 절반도 쓰지 못하는 사람도 적잖다. 그렇다. 자신에게 주어진 시간에 남이 시키는 일을 하는 사람은 시간으로 인해 발생되는 남의 위기도 떠안게 된다. 사실 시간을 지배한다는 것은 자신에게 주어진 시간을 자기가 주도적으로 설계하고, 자신의 전략과 전술에 따라 시간을 쓰는 것을 의미한다. 이에 더하여, 자기에게 주어진 시간 동안 다른 사람의 시간까지도 자신이 지배할 수 있을 정도의 역량을 가졌다는 것을 의미한다.

동일한 시간에 다른 사람과 동일한 속도로 생활하면서 남보다 앞서 간다는 것은 모순(矛盾)이다. 남보다 앞서고 더 나은 생활을 하기 위해서는 남의 시간까지도 자신의 시간으로 쓸 수 있어야 한다. 이론적으로는 모든 사람이 시간을 동일하게 써야 하는데, 어떤 사람은 자신의 시간을 남을 위해서 쓰고, 어떤 사람은 남의 시간까지도 자신의 시간으로 쓰는 것이 엄연한 현실이다. 그래서 시간을 지배하는 자가 진정한 강자(强者)라는 말이 일반 상식으로 통용되고 있는 것이 아닌가 싶다. 그런 것을 보면 시간을 지배한다는 것은 다른 사람을 지배할 수 있는 힘을 가진 것이라고 볼 수 있다. 손자는 『손자병법』에서 싸울 수 있는 경우와 싸워서는 안 되는 경우를 아는 자가 승리하고, 많거나 적은 물량에 대해 각각의 운용법을 아는 자가 승리하며, 윗사람과 아랫사람이 목표하는 것이 같다면 승리한다고 했다. 또 준비를 끝낸 상태에서 준비하지 못한

자를 기다리는 자가 승리하고, 장수가 유능하고 군주가 간섭하지 않으면 승리한다고 말한다. 그렇다. 위기를 줄이기 위해서는 손자가 말하는 승리 요건을 토대로, 주어진 상황에 따라 적절하게 타이밍에 맞춰 임기응변(臨機應變)의 자세로 응해야 한다. 지금 이 순간에도 위기는 호시탐탐 시간의 빈틈을 노리고 있다. 그러므로 위기가 침투할 수 있는 시간적인 여지를 주지 않는 것이 최상이다. 그러기 위해서는 끊임없이 변화를 추구해야 한다. 매너리즘에 빠져 있다는 것은 시간에 지배당하고 있다는 것을 의미한다. 그래서 변화를 거듭하는 사람이 시간의 지배자이고, 그런 사람에게 기회가 주어지는 것이 지극히 당연한 세상의 이치이다.

04.

서두름의 천적은 휴식이다

서두름은 2개의 얼굴을 가지고 있다. 상황에 따라 위기를 부르기도 하고 때로는 기회를 부르기도 한다. 그런데 객관적으로 볼 때 서두른다는 것은 위기를 부를 확률이 더 높다. 물론 정해진 순서에 입각하여 신속 정확하게 행하면 유리함이 더 많다. 하지만 생각과 행동의 속도가 빨라지면 평소와 다른 행동을 하게 되고 그로 인해 위기가 발생될 여지가 더 많다. 무엇보다 주변을 돌아볼 겨를이 없고 여유 있게 주변 상황을 헤아릴 수 없다. 그러므로 서둘러야 하는 상황에 처한다면 늘 심호흡을 하면서 한 박자 쉬어 가는 타임이라고 생각하고 여유를 갖자. 주어진 환경은 바꿀 수 없지만 자기의 생각과 행동의 속도는 자기가 조절할 수 있다. 『도덕경』에 고요한 것이 조급한 것을 이기고 차가운 것이

뜨거운 것을 이기며, 맑고 고요한 것이 천하를 바로잡는다는 말이 있다. 그렇다. 조급하게 서두르는 것보다 고요하게 침묵하는 것이 실익이 더 크다. 물론 서둘러야 하는 경우에는 서두르는 것이 맞다. 하지만 그런 과정에서도 여유로운 태도로 고요하게 서두르는 것이 좋다. 조급함은 고요함을 이길 수 없다. 높은 산이 묵묵히 그 자리를 오래도록 지킬 수 있는 것은 고요하기 때문이다. 『도덕경』에 움직이지 않는 것이 오히려 움직이는 것이라는 모순된 말이 있다. 갈등을 조급하게 해결하려고 하다 보면 긁어 부스럼이 되는 경우도 있다.

결론적으로 열정과 냉정의 경계, 고요함과 서두름의 경계, 정(靜)과 동(動)의 경계, 음(陰)과 양(陽)의 경계를 넘나들면서 주어진 상황과 여건에 따라 행동하는 것이 위기를 줄일 수 있는 최선의 방책이다. 적당히 서두르는 것은 문제가 되지 않는다. 더불어 적정하게 행하는 것은 경계에 서는 것이고 중용(中庸)을 유지하는 것이다. 그렇다. 중용은 중간을 의미하는 것이 아니라 상황에 따라 시의적절하게 행하는 것을 말한다. 공자는 『논어』에서 조급히 이루려 하지 말고 작은 이익을 탐내지 않아야 한다고 했다. 또 조급히 이루려고 하면 오히려 닿지 못하고 작은 이익을 탐내면 큰일을 이룰 수 없다고 했다. 그러므로 급하면 오히려 평상심을 유지하면서 일부러 여유를 가지려고 애써야 한다. 대부분 서두르는 행동은 주어진 환경과 여건에서 비롯되는 경우가 많다. 그래서 거센 물살에 휩쓸려 가듯이 주어진 환경과 여건에 휩쓸려 조급한 행동을 하는 경우가 많다. 그러므로 평소에 무위자연(無爲自然) 사상에 입각하여

나쁜 습관 다루기

제삼자의 관점에서 자신을 관조해 볼 줄 알아야 한다. 대부분 서두르지 않아야 한다는 것을 알면서도 서두르게 되는 것은 심신의 컨디션이 좋지 않아서이다. 즉 과로로 인해 판단력이 흐려진 것이다. 사노라면 심신이 피곤해서 무작정 쉬고 싶을 때가 있다. 그럴 때는 무조건 쉬자. 휴식 없는 생활은 위기를 안고 사는 것과 같다. 아울러 기나긴 인생을 건강하고 행복하게 살기 위해서는 무리하게 살 필요는 없다. 없는 여유도 만들어서 쉴 수 있어야 한다. 제아무리 성능이 좋은 자동차도 연료가 충분하지 않으면 멀리 갈 수 없다. 또, 브레이크 성능이 좋지 않으면 고속으로 주행할 수 없다. 브레이크 성능이 좋아야 자기가 원하는 속도로 주행할 수 있다. 서두름의 2개의 얼굴 중 기회를 부르는 서두름으로 살 요량이면 이 칼럼을 읽고 있는 지금 이 순간 즉시 휴식 모드에 돌입하자. 멈춰야 비로소 보인다는 말의 의미를 깨닫게 될 것이다.

05.

위기를 생각하는 만큼
기회가 온다

거안사위(居安思危)라는 말이 있다. 이 말은 평안할 때에도 위험과 곤란이 닥칠 것을 생각하며 미리 대비해야 함을 이르는 말이다. 다시 말해서 잘나간다고 방심하거나 경거망동하지 말고 위기에 대비해서 유비무환(有備無患)의 정신으로 준비를 거듭해야 한다는 말이다. 사람들은 성장의 흐름 속에 있으면 계속해서 성장할 것이라고 방심하는 경향이 있다. 하지만 자신의 경험이 풍부해서 이제는 그 어떤 위기가 닥쳐도 아무 걱정이 없다고 자만하는 순간 커다란 위기가 온다는 사실을 알아야한다. 어떻게 생각하면 위기라고 생각하지 않을 때가 위기이고, 잘나갈때가 위기라는 말은 모순이다. 하지만 이 말은 부정의 부정은 강한 긍정이듯이 이율배반(二律背反)이 아니다. 그러므로 위기를 피하고 싶다면

296   나쁜 습관 다루기

자만하지 말고 겸손해야 하며, 방심하지 말고 늘 위기를 생각하면서 긴장감을 놓지 않아야 한다.

미국 월가의 투자전문가 나심 니콜라스 탈레브는 그의 저서 『검은 백조(The Black Swan)』에서 방심하거나 긴장을 늦추고 있으면 도저히 일어날 것 같지 않은 일이 일어날 수 있다고 했다. 평소에 주인에게 먹이를 부족함이 없이 제공받는 가축은 축제의 날에 자신이 갑자기 죽을 수도 있다는 생각을 하지 못한다. 그러므로 오늘 걷지 않으면 내일은 뛰어야 하고, 오늘 뛰지 않으면 내일은 날아야 하는 상황이 발생될 수 있다는 생각을 품고 늘 위기에 대비하는 삶을 살아야 한다. 위기와 친해서 결코 좋을 것은 없다. 위기가 기회라는 말은 위기 상황에 처했을 때 희망의 끈을 놓지 말고 포기하지 말라는 의미에서 만들어진 말일 뿐, 위기는 결코 기회가 될 수 없다. 그런 점에 착안하여 가능한 한 위기는 피해야 한다. 늘 위기를 생각한다는 것은 만약의 경우를 생각하며 위기를 예측하는 것이다. 위기가 발생할 것이라고 예측했는데 위기가 발생되지 않으면 더없이 좋고, 자신이 예측한대로 위기가 발생되었다면 준비했던 계획대로 위기에 대처하면 보다 쉽게 위기를 극복할 수 있다. 문제해결 기법으로 5Why 기법이 있는데 이처럼 일을 착수하기 전에 만약에 발생될 수 있는 비정상적인 것들을 간추려서 준비한다면 위기가 발생되어도 크게 당황하지 않고 지혜롭게 대처할 수 있을 것이다. 또 『논어』에 "스스로 혼자 있어도 결코 하늘을 우러러 부끄러운 행동을 하지 않는다"는 신독(愼獨)이라는 말이 있는데, 위기를 줄이기 위해서는 늘 신독의 생활태도를 유지하는 것이 최상이다. 그러기 위해서는 자기 성찰의 시간을 많이 가져야 한다. 즉 자신의 생활을 돌아보고 앞으로 해야 하는 행동에 대해서 먼저 생각을 재고한 연후에 위기가 생기지 않는 길을 택해서 행동해야 한다. 즉 올바른 계획과 실천이 뒤따르도록 충분히 생각한 연후에 행하는 것이 위기를 줄일 수 있는 좋은 방책이다. 아울러 『손자병법』에 "지혜로운 자는 이로움과 해로움을 같이 생각해야 한다"는 말이 있는데, 위기가 발생되는 것을 예방하기 위해서는 율곡 이이가 평생의 생활신조로 삼았던 견리사의(見利思義), 즉 이익을 보면 의를 돌아본다는 말처럼 자신에게 이익이 도래하면 반드시 손해를 먼저 생각하는 생활태도로 임하는 것이 위기를 줄이는 지혜로운 처세이다.

06.

익숙한 것을 낯설게 보자

루이스 캐럴의 『이상한 나라의 앨리스』에 "강둑에 언니와 나란히 앉아 있던 앨리스는 아무 할 일이 없다는 게 슬슬 지겨워졌다"라는 내용이 있다. 대부분의 사람들은 이처럼 아무 일이 없으면 지겨워하는 경향이 있다. 그래서 뭔가 특별한 일이 생기기를 원한다. 새로운 일이 생기면 현재보다 더 즐거워질 것이라고 생각하기 때문이다. 그런데 위기가 발생되는 것을 줄이기 위해서는 매일 반복되는 생활을 즐길 줄 알아야 한다. 그 안에 있으면 그 패턴이 위기를 막을 수 있는 든든한 보호막이 되기 때문이다. 교통사고도 매일 다니는 도로에서 발생하는 경우보다 낯선 도로를 다닐 때 많이 생긴다. 그러므로 매일 반복되는 생활을 하거나 유사한 일을 계속한다고 해도 결코 지루해하지 말아야 한다. 왜냐하면 그것이 위기를 줄일 수 있는 최상의 방법이기 때문이다. 일반적으로 식생활이 규칙적이고 매일 규칙적으로 운동하는 사람이 건강하다. 마찬가지로 규칙적인 생활을 하는 사람에게는 위기가 발생할 확률이 낮다. 실력이 쌓이고 내공이 쌓였다는 것은 규칙적이고 기본적으로 해야 하는 것들이 몸에 익었다는 것을 의미한다. 실력이나 내공은 반복의 힘에서 생긴다. 마찬가지로 인생의 내공은 동일한 생활 패턴을 반복하는 과정에서 쌓인다.

한편으로 생각하면 일정한 패턴을 가진 생활을 한다는 것은 어느 정도 예측된 삶을 사는 것이라고 할 수 있다. 비가 올 것을 예측하면 우산을 준비할 수 있어서 비를 맞는 위기에서 벗어날 수 있듯이 일정한 패턴을 가지고 규칙적으로 생활하는 사람에게는 위기가 발생될 여지가 적다. 왜냐하면 앞서 말했듯이 무슨 일이 일어날 것이라는 것을 예측해서 그에 대한 대비책을 세울 수 있기 때문이다. 물론, 변하지 않아서 더 큰 위기를 맞는다면 기꺼이 새로운 패턴으로 바꿔줘야 한다. 단순히 매일 반복되는 생활 패턴을 유지하는 것이 능사가 아니다. 결과적으로 평소의 생활 패턴을 유지하면서 점진적으로 진화를 꾀하는 것이 위기를 줄이는 길이다. 그렇지 않고 단숨에 큰 변화를 도모한다면 반드시 위기가 온다는 점을 감안하여 그전에 먼저 위기관리 스킬을 키우는 것이 상책이다.

한편, 위기를 줄일 수 있는 가장 좋은 방법은 위기가 생기지 않는 상

나쁜 습관 다루기

태를 유지하는 것이다. 세상은 끊임없이 변하고 있다. 자기는 변하지 않으려고 해도 주변 환경과 상황이 계속 변하고 있다. 그러한 세상을 사는 것이 우리네 인생이다. 그러므로 자신도 느끼지 못하는 사이에 세상은 끊임없이 변하고 있다는 것을 인지해야 한다. 그렇지 않으면 새로운 변화를 꾀하는 과정에서 겪는 위기보다 더 큰 위기와 마주치게 될 것이다. 아울러 매일 반복되는 일상이라고 해서 무기력한 모습을 보이는 것보다는 관점을 달리하여 현실 속에서 끊임없는 변화를 꾀해야 한다. 실제로 많은 것을 다양하게 경험하고 각양각색의 새로운 것을 많이 경험해서 고수가 되는 것은 아니다. 가장 기본적으로 해야 하는 일 속에서 남이 보지 못하는 새로운 것을 발견하는 과정에서 고수가 된다. 즉 반복되는 일상에서 뭔가 부족한 점을 찾고 뭔가 개선해야 할 것을 찾는 관점으로 산다면 그 생활은 이미 새롭게 태어나는 삶이다. 매일 반복되는 익숙한 삶을 낯설게 보자. 그러면 그 속에서 고수의 경지에 오르는 새로운 삶이 열릴 것이다.

07.

드러내면 위기, 겸손하면 기회

사람은 자기가 이뤄 놓은 공적과 업적을 자랑해서 남들에게 인정받고 싶어 하는 나르시시즘의 본능을 지녔다. 물론 모수자천(毛遂自薦)의 고사성어에 등장하는 모수처럼 자기가 하고 싶은 일을 하기 위해 마케팅 차원에서 자기를 어느 정도 드러내는 것은 좋다. 하지만 더불어 함께 다른 사람들과 조화를 이루면서 안정된 생활을 하려면 자기를 자랑하지 않는 것이 좋다. 『논어』에서 공자는 자기가 높이 오르고 싶으면 남을 먼저 높이 오르게 하고, 남이 자기를 알아주기를 바라는 것보다 자기가 남에게 인정받을 수 있는 사람인가를 먼저 돌아보라고 했다. 그렇다. 자기 자랑을 하기보다는 겸손한 마음으로 남의 장점을 칭찬해 주고 높여 주면 자기에게 다가오는 위기를 줄일 수 있다.

나쁜 습관 다루기

『도덕경』에 "강과 바다가 모든 골짜기의 왕이 될 수 있는 까닭은 낮은 곳에 위치하기 때문이다"는 말이 있다. 낮은 곳에 머무는 겸손은 양보이고 겸허이며 상대방을 존경한다는 묵시적인 의사표시이다. 또 자기를 과시하지 않으며 상대방을 배려한다는 의미가 담겨 있다. 익히 아는 바와 같이 겸손한 사람은 다음과 같은 3가지 공통점을 지녔다. 첫째, 말수가 적고 남의 말을 잘 경청한다. 남의 말을 경청한다는 말에는 상대방을 존경한다는 의미가 내포되어 있다. 자기가 하고 싶은 말을 하기보다는 상대방이 하고 싶은 말을 하도록 분위기를 조성해 주는 사람이 겸손한 사람이다. 둘째, 겸손한 사람은 상대방과 공감하려 애쓴다. 상대방의 처지를 이해하며 상대방의 마음에 공감하는 사람이 겸손한 사람이다. 셋째, 겸손한 사람은 예의 바르다. 예의를 잘 지킨다는 것에는 상대방을 존중한다는 의미와 시대적 상황과 주어진 여건에 맞춰 적정하게 상대방을 배려한다는 의미가 내포되어 있다. 상대방의 마음을 편하게 하고 상대방이 긴장하거나 불안해하지 않게 하는 사람이 겸손한 사람이다. 그런 사람에게는 위기가 오지 않을 것이라는 것은 불을 보듯 뻔하다. 자기 자랑을 하거나 자기를 드러낸다는 것은 다른 사람보다 자기가 앞서가고 있다는 것을 과시하는 표징이다. 위기와 적게 접하기 위해서는 너무 앞서가는 것보다 자기를 낮추는 겸손한 마음으로 적당히 뒤처져 따라가는 편이 낫다. 너무 앞서가다 보면 다른 사람들의 시기와 질투를 견뎌 내야 하고, 선두를 노리는 경쟁자의 칼날에 다칠 염려가 적잖다. 이왕이면 다홍치마라고 2등보다 1등이 낫다고 말하는 사람도 있다. 물론 그 말도 일리는 있다. 1등이 2등보다 누릴 수 있는 혜택이 많은 것은 사실이다. 하지만 빛이 있으면 어둠이 있듯이 1등의 뒤에는 남들에게 드러나지 않는 많은 고통이 수반된다. 그래서 특별하게 사는 것보다 보통사람처럼 생활하는 것을 선호하는 사람들은 1등의 자리에 선뜻 앉지 않는다. 왜냐하면 1등의 자리에 올라 단명하기보다는 2등의 자리에서 장수하는 것이 오히려 더 낫다고 생각하기 때문이다. 힘의 논리에 의해서 돌아가는 현재의 세태는 1등에 준하는 권력이 없으면 강자의 힘에 의해서 언제든 나락으로 떨어질 수밖에 없는 사회구조로 되어 있다. 그래서 많은 사람들이 뒤에 있기보다는 앞서 나가는 편을 택하고 있다. 높이 나는 새가 보다 멀리 볼 수 있고 다양한 것을 볼 수 있듯이 1등의 자리에 있으면 2등의 자리에 있을 때보다 훨씬 더 많은 것을 얻을 수 있다. 그럼에도 불구하고 1등의 자리에 머물려고 하지 말고, 기꺼이 겸손한 마음으로 1등 같은 2등의 자리를 고수하는 것이 위기를 줄이고 기회를 늘리는 상책이다.

나쁜 습관 다루기

08.

독서가 기회를 부른다

　평생 배운다는 생각으로 학습(學習)하지 않는 사람은 위기를 맞을 확률이 높다. 학습은 자기를 더 나은 사람으로 만들고, 보다 새로운 사고를 하게 한다. 바야흐로 21세기에는 자기 스스로 시대적인 변화를 선도하지 않으면 필연적으로 위기를 맞게 된다. 그래서 앞서가는 사람들은 잘나갈 때 더 많은 변화와 혁신을 꾀한다. 현실에 안주하거나 과거를 답습하는 사람은 생존경쟁에서 밀릴 수밖에 없다는 사실을 알기 때문이다. 변화는 위기를 제거해 주는 청소기이고 기회를 부르는 명약이다. 그런 변화는 학습에서 시작된다. 그러므로 변화하기 위해서는 가장 먼저 배우고 익히는 데 주력해야 한다. 그래서 위기의 씨앗을 뿌려도 그 새싹이 자라지 못하도록 토양을 만들어야 한다. 그런 토양을 만드는 가장 좋은 양분이 독서(讀書)다. 독서를 할 때는 책의 내용을 이해하는 차원을 넘어 그 내용이 삶에 농축되어 있어야 한다. 그래서 참된 독서가는 신중하게 말하고 조심스럽게 행동하며 늘 배운다는 낮은 자세로 생활하기에 자만하지 않고 겸손하다. 그런 사람에게 위기가 발생될 확률은 지극히 낮다. 대부분의 위기는 주어진 상황을 면밀하게 살피지 않고 무턱대고 행동하는 데에서 발생되는 경우가 많다. 그러기에 자만과 오만을 줄이기 위해서는 독서를 통해 모르는 것을 배우고 익히며, 자신의 삶을 반추하는 시간을 많이 가져야 한다. 책은 자기 생활의 모든 것을 비춰 주는 거울이다. 또 책에 담긴 한마디 문장이 자기의 삶을 통째로 바꾸는 단초가 되기도 한다. 그러므로 위기가 발생되는 것을 미연에 막아 주는 책, 위기가 발생되었을 때 이를 슬기롭게 극복하는 비결을 담은 책 등 위기와 직간접적으로 관련된 책을 읽으면서 위기 대처 능력을 길러야 한다. 더 나아가 인간이 가진 본성과 인류의 흐름 혹은 시대적인 상황이나 인간관계에 대한 본질적인 원리 등을 담은 인문학 관련 책을 읽는 것도 좋다. 사람이 만든 책보다 책이 만든 사람이 더 많다는 말이 있듯이 책은 위기에 약한 사람을 위기에 강한 사람으로 단련시켜주는 명약이다. 책은 수많은 기회가 숨어 있는 인생의 보물 창고다. 위기를 피하는 방법도 책에 있고 기회를 얻는 방법도 책에 있다. 아울러 나이 들수록 자기계발 도서를 읽어 보기를 권한다. 대부분의 자기계발 서적에는 꿈과 목표에 대한 내용이 즐비하다. 또 성공적인 미래를 꿈꾸는 청소년들에게 힘과 용기를 주는 내용들이 주를 이룬다. 그래서 일반적으로 자기계발 관련 도서는 청소년들이 읽는다고 생각한다. 하지만 중년 넘어 위기를 줄이고 기회를 잡기 위해서는 청소년기에 읽었던 자기계발 도서를 다시금 읽어 보기를 적극 권한다. 중년에 다시금 자기계발서를 읽다 보면 이미 상식적으로 알고 있던 사실들을 실제 행동으로 구현하지 못했다는 것을 깨닫게 된다. 또 청소년기에 읽으면서 깨달은 것보다 더 깊이 있는 지혜를 얻을 수 있다. 자기계발은 평생에 걸쳐 해야 하는 계발이다. 더군다나 나이를 먹을수록 혼자 있는 시간이 많다는 점을 생각하면 자기계발 서적을 읽어야 하는 핵심 계층은 중년이다. 어렵고 혼란스러울수록 기본을 돌아봐야 한다는 말이 있듯이 나이 들어 위기를 줄이고 기회를 늘리기 위해서는 과거 청소년기로 돌아가 자기계발 서적을 필독하기를 적극 권한다. 사실 자기계발을 한다는 것은 자기를 자기 스스로 잘 관리하는 것을 의미한다. 그러기에 자기관리를 잘하는 사람이 기회와 매우 친하게 지내는 것은 지극히 당연하다.

09.

사회적 거리를 위반하면
위기에 처한다

    사람들이 함께하는 곳에는 서열과 위계질서라는 것이 있기 마련이다. 군신유의, 부자유친, 장유유서, 부부유별, 붕우유신 등 오륜(五倫)에는 그것을 유지하기 위해서 지켜야 하는 것들이 구체적으로 명시되어 있다. 즉 임금과 신하 사이에는 의로움이 있어야 하고 부모와 자식 간에는 친함이 있어야 하며, 연장자와 연하자 간에는 순서가 있어야 하고 부부간에는 다름이 있어야 하며, 친구 간에는 믿음이 있어야 한다. 그렇다. 각각의 관계에서 지켜야 하는 것들을 지키는 것이 서열과 위계질서를 잘 지키는 것이다. 또 서열을 지킨다는 것은 자기가 맡은 역할과 책임을 다하는 것이다.

일례로 부하가 상사의 역할과 책임을 떠맡거나 상사가 자신의 역할과 책임을 부하 직원에게 떠넘기는 것은 위계질서를 무너뜨리는 단초가 된다. 서열이나 위계질서는 단순히 아랫사람만 지켜야 하는 것이 아니다. 맹자는 군주가 백성의 뜻에 반하는 행위를 하면 군주를 왕좌에서 끌어내릴 수 있다고 했다. 군주가 군주로서 행해야 하는 바를 행하지 않거나 백성을 잘 다스리지 못하는 군주는 군주로서 자격이 없다는 것이다. 이에 더하여 공사를 구분하고 주어진 규정과 원칙을 준수하며 자신의 본분에 맞게 행동하고 공중도덕을 잘 지키는 것도 서열과 위계질서를 잘 지키는 것이다. 그래서 서열이나 위계질서를 잘 지킨다는 것은 인간으로서 가장 기본적으로 행해야 하는 도리를 다하는 것이라고 볼 수 있다. 서열을 지킨다고 하면서 불법을 자행하거나 위계질서를 지킨다고 하면서 공적인 일을 사적으로 활용하는 사람은 이미 선을 넘어서는 것이라고 할 수 있다. 앞서 말했듯이 서열을 지키는 것은 단순히 순서를 지키는 차원을 넘어 하늘의 이치와 인간으로서 가장 기본적으로 지켜야 하는 것들을 지키는 것을 의미한다. 또 서열과 위계질서를 지켜야 한다는 의미에는 서로 유사한 사람은 유사한 사람과 어울려야 한다는 의미가 함축되어 있다. 사람은 서로 수준이 같거나 유사한 사람끼리 어울린다. 부자는 부자들과 어울리고 정치인은 정치인과 어울리며, 상인들은 상인들과 어울린다. 그렇다. 위기가 발생되는 것을 최대한 줄이기 위해서는 자기와 유사한 사람들과 어울려야 한다. 여기서 중요한 것은 자신의 처지를 정확하게 파악하는 것이 필요하다. 오리가 백조를 가장해서 백조와 어울릴 수는 있지만 결국에는 진면목이 드러나 백조의 무리에서 추방을 당하는 위기에 처하게 될 것이라는 것은 자명하다. 물론 선박왕 오나시스가 부자가 되기 위해 부자들과 어울리며 그들의 사고방식과 습관을 학습했던 것처럼 자기가 이상적으로 생각하는 사람들과 어울리면서 자신의 목표를 향해 정진하는 것은 좋다. 하지만 그렇다고 해서 흑이 백이 될 수 없다는 점을 인지하고 그들과 적당한 거리를 두는 것이 상책이다. 뱁새가 황새를 쫓아가다가 가랑이가 찢어진다는 말이 있듯이 단시간에 가난한 사람이 부자가 되려고 한다거나 낮은 지위에 있는 사람이 높은 지위에 오르려고 하다 보면 위기가 발생하기 마련이다. 그러므로 이상은 높은 곳에 두되 몸은 늘 현실감각을 가지고 주변의 여건이나 흐르는 동향에 따라 적정하게 자신의 역할과 책임을 다해야 한다. 중요한 것은 자신이 어떤 그룹에 속하고 자신의 수준이 어느 수준이며, 자신의 지위와 역할이 무엇인지를 명확히 아는 것이 중요하다. 그래서 그에 맞게 처신하고 그와 다른 사람이나 무리와는 어느 정도 거리를 두는 것이 위기를 줄일 수 있는 최상의 방법이다.

10.

맹신은 위기의 덫

　대부분의 위기는 사람에게서 온다. 실수나 실패로 인해서 오는 위기 역시 자기라는 사람에게서 비롯되는 위기이다. 그러므로 위기가 발생되는 것을 줄이기 위해서는 사람을 맹신하지 말고 의심해야 한다. 특히 타인을 의심하거나 불신하기에 앞서 자기 자신을 먼저 의심하고 불신해야 한다.

　한비는 『한비자』에서 군주가 위기 상황에 빠지는 궁극적인 원인은 신하를 전적으로 믿는 데에서 출발한다고 했다. 그래서 군주는 결코 다른 사람들을 믿지 말아야 하며, 다른 사람들로 하여금 군주를 믿도록 해야 한다고 했다. 물론 믿음을 주고 격려하고 위로하면 더욱 열정적으로 일을 할 것이라는 것은 자명하다. 하지만 그렇다고 해서 그 사람을 전적으로 믿지는 말아야 한다. 역사 이래 군주에 대항하고 왕권을 어지럽힌 사람들은 대개의 경우 군주와 대등한 힘을 가진 사람들이다. 그래서 한비는 상은 다른 사람이 줄 수 있도록 권한을 위임할 수 있지만 벌은 군주가 직접 행해야 한다고 했다. 일반적으로 사람들은 벌을 주는 사람을 더 두려워하기 때문이다. 그런 관점에서 볼 때 타인에게 비롯되는 위기를 줄이기 위해서는 상을 주기보다는 벌을 주는 것이 효과가 더 크다. 마찬가지로 사람을 의심하거나 불신하는 것이 신뢰하고 격려하는 것보다 위기를 줄일 확률이 높다. 믿는 도끼에 발등 찍히는 형국과 같은 상황이 발생되지 않으리라는 보장은 없다. 특히 사람은 자신의 이익과 명예를 위해서는 언제든 등을 돌릴 수 있는 여력이 있고 경우에 따라서는 타인의 부와 명예를 빼앗기 위해 배신을 밥 먹듯이 행하는 사람도 있다는 점을 유념해야 한다. 그렇다. 불신의 철학이 위기관리의 철학이다. 모두가 이상 없다고 생각하는 일도 자신만은 이상이 있을 수 있다는 생각을 가져야 하고, 모두가 좋다고 말하는 사람도 자신은 그 사람이 나쁜 사람일 수 있다는 생각을 가져야 한다. 의심하는 것이 나쁜 것이 아니다. 맹자가 말했듯이 세상 사람들은 모두 천성이 선하다. 하지만 사람들은 모두가 자신의 이익과 명예를 위해서는 무슨 짓이든지 하는 본능이 있다는 점을 망각하지 말아야 한다. 여하튼 위기라는 것은 믿음에서 온다. 위기가 생기지 않을 것이라는 믿음, 그 사람은 결코 자신에게 위기를 가져올 사람이 아니라고 생각하는 믿음이 결국 위기를 불러온다. 그러므로 자신도 믿지 않는다는 생각으로 늘 의심에 의심을 해야 하고 또 불신해야 한다. 여기서 말하는 불신은 상대방을 전폭적으로 믿는다는 관점에서 벗어나 상대방이 자신에게 위기를 가져다줄지도 모른다는 생각으로 접근하는 불신을 의미한다. 아울러 더욱 중요한 것은 상대방의 마음을 아는 것이다. 즉 무턱대고 상대방을 의심하는 것이 아니라 자기 입장이 아닌 상대방의 입장에서 생각해 보는 것이 필요하다.

『도덕경』에 "성인은 자기 마음이 없다. 백성의 마음을 제 마음으로 삼기 때문이다"라는 말이 있다. 또 노자는 성인은 백성의 마음을 자기 마음으로 삼는다고 했다. 이 말의 진정한 의미는 성인의 마음 안에는 백성의 마음이 있어야 한다는 말로 이해할 수 있다. 즉 자기만 생각하는 것이 아니라 남과 더불어 조화와 상생을 이루면서 사는 것이 올바른 삶이라고 말하는 것이다. 결론적으로 도를 깨달은 성인이라고 해서 특별한 마음으로 사는 것이 아니라 지극히 평범한 사람들의 마음을 가지고 산다는 것을 강조한 말이다. 요즘 말로 남의 마음을 이해하는 공감 능력을 지녀야 하고 역지사지의 마음을 지녀야 한다는 의미이다. 그런 사람에게는 위기가 발생할 확률이 낮다. 왜냐하면 대부분의 위기는 자기만 생각하는 이기적인 불신의 마음에서 발생하는 경우가 많기 때문이다.

11.

위기의 일 촌, 방심

　가만히 있는데 저절로 이루어지는 것은 아무것도 없다. 그러므로 자기가 원하는 것을 얻고자 한다면 무엇이든지 해야 한다. 특히 위기에 처해서 고통을 겪지 않기 위해서는 적극적으로 위기가 오지 않도록 방어해야 하고, 때로는 선제 타격 차원에서 위기의 원인을 박멸하기 위해 적극적으로 공세를 가해야 한다. 그렇지 않고 주어진 환경에 순응한다는 생각으로 사는 것은 자기 스스로 자신의 삶에 위기를 자처하는 것과 같다. 자기 인생에는 자기만의 인생이 아니라 자기와 직간접적으로 관여한 모든 사람들의 인생이 농축되어 있다. 그러므로 1분 1초도 허투루 보내지 말아야 한다. 그러면 위기가 오는 것을 줄일 수 있을 것이다. 아울러 작은 위기라고 해서 무시하지 말고 발생 초기에 이를 제거해야 한

나쁜 습관 다루기

다. 화재 진압도 초기에 해야 하듯이 위기가 발생되면 즉시 이를 제거해야 한다. 그렇지 않고 방치해 두면 훗날 큰 위기 상황에 처하게 된다. 위기의 8할 이상은 대부분 일의 시작과 마지막 부분에서 발생하는 경우가 많다. 처음과 끝은 변화의 시작이자 끝이며, 모든 일의 종착지이자 새로운 출발지이다. 그러므로 처음과 끝이 있는 곳에서는 평소보다 더 조심하고 긴장해야 한다. 그래야 위기를 최대한 줄일 수 있다. 위기는 언제 어디서든 발생한다. 그렇다. 위기의 정도 차이가 있을 뿐 위기는 늘 우리네 삶에 상존해 있다. 그러므로 평상시 위기가 고개를 들지 못하도록 위기의 머리를 가끔씩 두들겨 주어야 하고, 위기의 싹이 자라지 못하도록 환경을 만드는 것이 무엇보다 중요하다. 위기는 방심을 먹고 자라지만 조심 속에서 성장하지 못하는 속성이 있다. 또 무관심 속에서 성장하고 관심 속에서 쇠퇴하는 속성도 있다. 그러므로 위기가 발생되지 않도록 하기 위해서는 적정하게 긴장하고 방심하지 않으며 자기 삶에 관한 모든 것에 관심을 기울여야 한다.

　　노자는 『도덕경』에서 난제를 처리하려면 쉬운 곳부터 손을 대고, 큰 일을 해결하려면 작은 일부터 시작해야 한다고 했다. 그러면서 성인은 쉬운 일을 어려운 일처럼 대하기에 쉽사리 어려운 일을 만나지 않는다고 했다. 위의 노자의 말은 극히 평범한 말이다. 하지만 세 살 먹은 아이가 아는 것을 팔십 살 먹은 노인도 행하기 어려운 일이 바로 지극히 평범한 일이다. 굳이 노자의 『도덕경』에 있는 글귀를 생각하지 않아도 큰 일을 하기 위해서는 작은 일부터 잘해야 한다. 천 리 길도 한 걸음부터

라는 말이 있듯이 모든 것은 작은 것에서 출발한다.

『중용』 23장에 "작은 일도 무시하지 않고 최선을 다해야 한다. 작은 일에도 최선을 다하면 정성스럽게 된다. 정성스럽게 되면 겉으로 드러나고, 겉으로 드러나면 이내 밝아진다. 밝아지면 남을 감동시키고, 남을 감동시키면 변하게 되고 변하면 생육 된다. 그러니 오직 세상에서 지극히 정성을 다하는 사람만이 나와 세상을 변하게 할 수 있는 것이다"라는 말이 있다. 사소한 습관 하나가 자신의 운명까지도 결정한다는 말처럼 지극히 작은 일에 정성을 다하면 자기는 물론 세상도 변하게 된다. 대부분의 위기 역시 극히 미미하고 사소한 것에서 발생하는 경우가 많다. 그렇다. 위기를 줄이기 위해서는 작은 것을 작다고 무시하지 말고 최선을 다해야 한다. 작은 것과 기본적인 것에 정성을 다하는 것이 바로 나쁜 습관으로 인해 발생되는 위기를 줄이는 길이다.

나쁜 습관 다루기

평생 해야 하는 숙제

이 책을 쓰는 순간은 정말로 행복했다. 왜냐하면 나쁜 습관이 하나하나 고쳐지는 것을 실제 피부로 느낄 수 있었기 때문이다. 또 무엇보다 기존에 있던 좋은 습관이 더 강화되고 새로운 좋은 습관이 형성되어 이제껏 경험해 보지 못한 큰 기쁨을 만끽했기 때문이다. 그중 새벽에 일찍 일어나는 습관은 모든 일을 순조롭게 풀어 가는 단초가 됐다. 또 시간을 아끼고 근검절약하는 습관은 가정 경제를 풍요롭게 하는 기쁨을 줬다. 또 하루하루 예견되고 계획된 삶을 사는 것이 정서적으로 큰 안정을 줬고, 무엇보다 사랑하는 사람들에게 아낌없이 사랑을 베풀 수 있어서 좋았다. 그래서 내가 사랑하는 사람들의 행복을 위해 하루하루를 정성을 다해서 살게 됐다는 것이 너무 행복했다. 어떨 때는 너무 행복해서 이런 행복이 얼마나 오래갈까 하는 두려움마저 든다. 애당초 나쁜 습관을 고칠 요량으로 책을 쓴 것이 좋은 습관을 형성하는 계기가 됐다. 그러고 보면 나쁜 행동을 고친다는 것은 좋은 습관을 형성해 가는 과정이라는 생각이 든다. 두뇌 학자들이 나쁜 행동은 결코 제거되지 않으므로 나쁜 습관을 고치기 위해서는 좋은 습관으로 대체해야 한다는 말의 진의를 이제야 알 것 같다. 이제는 나쁜 행동을 하려는 생각보다는 좋은 행동을 하려는 생각을 더 많이 한다. 사실 나의 나쁜 습관을 고치는 데 힘쓴 일등 공신은 무의식이다. 객관적인 현실 속에 사는 의식이 전하는 소리를 무의식이 받아 주었기 때문이다.

한편으로는 이 책을 탈고하는 지금 이 순간 무의식에 새겨진 나쁜 행동이 다시금 발동할지 모른다는 걱정도 있다. 그럼에도 불구하고 이제 나는 나를 믿는다. 또 내가 어떤 사람인가를 알았고, 나쁜 습관을 어떻게 다뤄야 하는지를 알았기에 그다지 큰 걱정은 없다. 아울러, 나쁜 행동을 고치기 위한 노력은 평생에 걸쳐 해야 한다는 것을 알았고, 하루라도 방심하면 다시금 무의식에 새겨진 나쁜 행동이 발동한다는 메커니즘을 알았다. 물론 내 생활 전부가 좋은 습관으로 채워진 것은 아니다. 이제야 나쁜 습관 하나가 고쳐졌을 뿐이다. 앞으로 고쳐야 하는 나쁜 습관이 산적해 있다. 중요한 사실은 하나의 나쁜 습관이 고쳐지면 수많은 좋은 습관이 형성된다는 점이다. 그래서 기대가 된다. 또 하나의 나쁜 습관을 고치기 위해 노력하는 과정에서 얼마나 많은 좋은 습관이 형성될지 말이다. 그렇다고 호들갑을 떨면서 자만하거나 결코 방심하지 않으련다. 자만하거나 방심하는 순간 이미 내가 나쁜 행동을 행하고 있는 순간이라는 것을 깨달았기 때문이다.

나쁜 습관
다 루 기

초판 1쇄 발행   2023. 9. 25.

지은이   김해원
펴낸이   김병호
펴낸곳   주식회사 바른북스

편집진행   김재영
디자인   김민지

등록   2019년 4월 3일 제2019-000040호
주소   서울시 성동구 연무장5길 9-16, 301호 (성수동2가, 블루스톤타워)
대표전화   070-7857-9719 | **경영지원**   02-3409-9719 | **팩스**   070-7610-9820

•바른북스는 여러분의 다양한 아이디어와 원고 투고를 설레는 마음으로 기다리고 있습니다.

이메일   barunbooks21@naver.com | **원고투고**   barunbooks21@naver.com
홈페이지   www.barunbooks.com | **공식 블로그**   blog.naver.com/barunbooks7
공식 포스트   post.naver.com/barunbooks7 | **페이스북**   facebook.com/barunbooks7

ⓒ 김해원, 2023
ISBN 979-11-93341-38-4 03190